职场妈妈别自责
与超能女性对话

POWER MOMS:
How Executive Mothers Navigate Work and Life

〔美〕乔安·S.卢布林 (Joann S. Lublin) _著   张芸_译

图书在版编目（CIP）数据

职场妈妈别自责：与超能女性对话/（美）乔安·
S.卢布林著；张芸译.--北京：中译出版社，2022.7
书名原文：POWER MOMS: How Executive Mothers Navigate Work and Life
ISBN 978-7-5001-7067-9

Ⅰ.①职… Ⅱ.①乔…②张… Ⅲ.①女性—成功心理—通俗读物 Ⅳ.①B848.4-49

中国版本图书馆CIP数据核字（2022）第086283号

POWER MOMS: How Executive Mothers Navigate Work and Life by Joann S. Lublin
Copyright © 2021 by Joann S. Lublin
Published by arrangement with HarperBusiness, an imprint of HarperCollins Publishers.
The simplified Chinese translation copyright © 2022 by China Translation and Publishing House
ALL RIGHTS RESERVED
版权登记号：01-2022-1530

出版发行：中译出版社
地　　址：北京市西城区普天德胜大厦主楼 4 楼
电　　话：（010）68359101　（010）68357328
邮　　编：100088
电子邮箱：book@ctph.com.cn
网　　址：http://www.ctph.com.cn

出 版 人：乔卫兵
策划编辑：郭宇佳　马雨晨
责任编辑：郭宇佳　马雨晨
文字编辑：马雨晨　邓薇
营销编辑：张晴　张梦凯
封面设计：黄浩
版权支持：马燕琦　王立萌　王少甫

排　　版：北京中文天地文化艺术有限公司
印　　刷：北京中科印刷有限公司
经　　销：新华书店

规　　格：880mm×1230mm　1/32
印　　张：8.75
字　　数：188千字
版　　次：2022年7月第1版
印　　次：2022年7月第1次

ISBN 978 - 7 - 5001 - 7067 - 9　　　　定价：68.00元

版权所有　侵权必究
中 译 出 版 社

前言

> 献给我的母亲贝蒂·卢布林
> 她是最爱评论我的人
> 也是最支持我的人——支持我当一个职场妈妈

我年近40岁时，已是《华尔街日报》（*Wall Street Journal*，下文中可简称为日报）华盛顿分社一名颇受尊敬的记者。那时，日报任命我为伦敦分社的社长，这一职位的重要程度相当于"二把手"。这也是美国主流财经报纸的历史上，女性首次担任分社主管。

可以加入管理层并成为女记者的带头人，我自然激动万分。可是我4岁的女儿阿布拉（Abra）并不高兴。

她和7岁的哥哥丹（Dan）不得不与我的父母住上两个星期，由我为他们安排托儿服务、办理入学，并在伦敦寻找我们一家人的住所。那是一个寒冷的冬夜，母亲带着孩子们送我到华盛顿杜勒斯国际机场。我拥抱了他们，然后朝着登机口走去。

这时，阿布拉突然朝我跑来，抱紧了我的左脚踝，令我动弹不得。她歇斯底里地哭喊着："妈妈，不许走！妈妈，不要走！"见到女儿如此失控——因为她不知道何时才能再见到我，内疚感开始在我的胸口翻涌,那是每个职场妈妈都懂的内疚。

我艰难地挣脱女儿的怀抱,跌跌撞撞地走向登机口,泪水从我脸上滑落。我啜泣着问自己:"天啊!我该怎么做?我怎么可以把孩子留给我的父母?"我忧虑地反思着,这个痛苦的决定是否意味着事实上我把工作看得比孩子更重要?我觉得自己不是个好妈妈,我也不知道该如何更好地处理这一情形,这让我感到更加沮丧。

那次痛苦的起程是我身为一名职场妈妈在长久的家庭和工作拉锯战中的一个低谷。后来我晋升到新闻编辑的管理职位,开设了《华尔街日报》第一个职业建议专栏,与同事一起获得了2003年的普利策新闻奖。如今,阿布拉和丹都已成年,丹成家了,还有了3个小孩。

我自己作为职场妈妈的经历让我起意写这本书。回顾养育孩子的那些年,我既是一名母亲,也是一名干劲十足的记者。我想知道今天的职场妈妈们所处的环境是否已发生了变化。

X 一代①(GenX)的女性在面对为人母的巨大挑战时,和几十年前像我这样属于美国婴儿潮一代②(baby boomers)的母亲们,有什么不同吗?我认为,X 一代的妈妈们如今可以更加自如地应对工作和生活抛给她们的难题,因为这一代有更多女性占据了有利的位置,也不必面对从前那样多的社会污名。我决定对"超能

---

① X 一代指出生于 20 世纪 60 年代中期至 70 年代末的人。——译者注
② 婴儿潮一代,在本书中特指"二战"结束后,出生于美国 1946 年年初至 1964 年年底的人。婴儿潮是指在某一时期、某个特定地区,出生率大幅度提升的现象。——译者注

妈妈"（Power Moms）的别样世界做一番探究，我对超能妈妈的定义是：在养育孩子的同时也拥有成功的事业、经验丰富的女性企业高管。

我采访了 86 位这样的超能妈妈，她们有的是婴儿潮一代，有的是 X 一代，但都无一例外在美国大型企业工作过，她们的职业领域涵盖食品、媒体、科技、金融、零售、美容、资讯和广告等行业。这些妈妈们与我分享了她们精彩的人生和动人的故事。

我花了一年的时间与这些妈妈们交谈。听了她们的故事，我也逐渐原谅了自己身为职场妈妈的不足之处。对于当今每一位有抱负的女性来说——无论是否有孩子，这些超能妈妈应对职场和家庭的策略都可以是一块指路牌。读懂她们和你自己的人生剧本，你将在职场内外都活得更加从容。

我还发现这两代妈妈们之间存在着一番深刻的文化转变。当代社会更接纳女性作为母亲和商业领导的双重角色。而在几十年前，以一个母亲的身份踏上雄心壮志的事业之路，并不常见。创业有风险，当今的许多超能妈妈依然选择加入创业队伍，就足以证明这番变化。

如今的超能妈妈们更有胆量也更为积极地追求着自己崇高的事业，在处理工作和生活的矛盾上，她们比我想象中的更加沉着冷静，也更机敏灵巧。可我意识到她们仍然过着高压的生活，并且未能完全战胜作为职场妈妈的自责感，我也不免为此感到失落。这是个让人忧心的征兆：美国社会亟须改善职场父母的生存环境。

出生于 1946—1964 年的婴儿潮妈妈们，是第一代攀上美国商业巅峰的母亲。她们这一代迫于压力不能表现真实的自己，常对同事同行隐瞒自己的育儿问题。她们之中缺乏女性楷模，也很少坚持要求自己的伴侣亲力亲为、合作育儿，几乎没有享受过家庭友好福利政策。受我采访之际，第一代先锋的超能妈妈都已年过花甲。

我还采访了其中25位婴儿潮妈妈的已经成年的女儿。她们与我分享了自己和母亲之间时而亲密时而紧张的母女关系。这些女儿如今平均年龄在30岁，她们之中有些人发誓决不会走妈妈的老路，因为她们目睹了母亲长久工作的辛劳和挑战那个时代狭隘的社会规范有多么困难。

第二代超能妈妈则由年轻的女性高管组成，她们大多出生于1974—1985年。我从2018年年底开始采访这一批妈妈，她们的平均年龄在45岁，其中约有三分之二是X一代，余下的是千禧一代① (millennials)。

与婴儿潮妈妈们不同，以X一代为主的第二代超能妈妈（下文中多用X一代来指代）对于自己职场妈妈的身份通常较少纠结，因为她们更坚持要把本真的自我带到工作中。她们也得益于更先进的科技、更得力的伴侣和更体贴的雇主。多亏了先锋的婴儿潮妈妈们开了先河，第二代超能妈妈大多在生育时就已经执掌了重要的管理岗位。精英的地位和财力的支持给予了她们掌管自己工作安排的自由。并且她们不是单打独斗，在她们的圈子里，还有一批像自己这样的超能妈妈互帮互助。

事实上，很多在美国大型企业工作的女性都有孩子。63%的

---

① 千禧一代也叫Y一代，指出生于1983—1995年的人。——译者注

大型企业女性首席执行官都已为人母,这些企业有:通用汽车(General Motors)、好时公司(the Hershey Company)、尤她美容(Ulta Beauty)和百思买(Best Buy)等。截至 2020 年 3 月上旬,已有 19 位超能妈妈跻身由"标准普尔 500 指数"①(S&P 500 Index)发布的 30 位女性公司高管之列。该数据来自非营利组织"触媒"②(Catalyst)就女性话题所做的研究。

随着女性高管的队伍越发茁壮,超能妈妈们在职场上得到了更好的发展,在生活中也更应对自如。由麦肯锡咨询公司(McKinsey & Company)和脸书(Facebook)公司首席运营官雪莉·桑德伯格(Sheryl Sandberg)领导的"向前一步"(Lean In)组织共同发布的报告显示,到 2020 年,全美 21% 的高管职位由女性掌握。③麦肯锡咨询公司和桑德伯格领导的该非营利机构通过 317 家美国和加拿大公司提供的数据追踪妇女职业进程。麦肯锡和"向前一步"组织分别调查了 4 万名员工的职场体验,与 5 年前相比,位居企业阶梯顶端的女性数量增长了 17%。

"触媒"的普查显示,截至 1996 年,美国财富 500 强公司只有 10% 的企业高管是女性。不过没有数据显示几十年前的企业有多少女性高管同时也身为母亲。2013 年,据某专业组织发布的调查报告,全国女高管协会约有 2 万名会员报告自己有孩子。

---

① "标准普尔 500 指数"是由世界权威金融分析机构"标准普尔"提出的股票指数,数据覆盖美国 500 家上市公司。——编者注
② "触媒"是一个成立于 1962 年的全球非营利组织,其宗旨是"通过职场包容促进女性发展"。——译者注
③ Rachel Thomas, Marianne Cooper, Gina Cardazone, et al., "Women in the Workplace 2020," McKinsey & Co., September 30, 2020, 8. ——作者注

科里·巴里（Corie Barry）可以说是前人栽树、后人乘凉的典型例子。巴里有个12岁的儿子和一个8岁的女儿。2019年4月，在她满44岁的那个星期，百思买宣布她将晋升为公司首席执行官。

巴里是这家电子产品零售商的3位超能妈妈之一。20年前她从金融分析师做起，一步步获得晋升，2016年被提拔为金融主管。该职位的前任也是一名女性，她大力支持巴里的晋升。

婴儿潮一代和X一代的超能妈妈们之间还有一个明显的差别，那就是后者灵活掌握了如何"在工作和生活之间摇摆"。她们的生活是数字化的，她们有意识地游走在职场和个人生活之间，接受各种不可避免的打断工作的状况，比如不得不在工作日带孩子看医生。

在这些超能妈妈看来，工作被孩子打断，也是一种理所应当的休息。换句话说，她们奉行"顺其自然"原则。游走在工作和生活之间的超能妈妈们懂得何时说"不"，她们也会大方地向伴侣和上司寻求帮助。

"工作生活摇摆"并非"工作生活平衡"，二者相去甚远。"工作生活平衡"几乎是个不可能达到的概念，也是婴儿潮一代的超能妈妈们奋力追求却很少达成的目标。我们设想的平衡就是同时完成各个领域里的各项要求，就好比一边摇晃着身体一边做瑜伽。

我第一次听说"工作生活摇摆"这个概念，是在拜访瓦妮莎·哈利特（Vanessa Hallett）的时候。她是一名X一代妈妈，也是菲利普斯（Phillips）拍卖行全球影像部门的负责人。这位38岁的执行官用她两个幼子的照片装点着自己位于曼哈顿摩天大楼内的办公室，一组照片拼贴成鲜艳的红色爱心形状。她拿出一本厚厚的笔记本，向我展示她两个儿子和保姆一天的详细日程安排。

几年前的一天下午，已过了5点，哈利特还在忙工作。她在和保姆的视频通话中见证了自己11个月大的儿子迈出人生中的第一步。"我的眼眶湿润了，"回忆起那一幕，哈利特说，"我立刻结束工作赶回家。到现在我都很遗憾错过了儿子走出的第一步。不过我也提醒自己要放眼大局。"

对哈利特来说，放眼大局意味着在拥有一份充实事业的基础上，偶尔放下工作见证孩子们的成长——"那些让我感受与他们相连的日常时刻"。

在我采访的第二代超能妈妈中，有几位妈妈选择在自己家中的房间管理公司的全球团队。有的妈妈在踏进会议室的那一刻还在网上下单为家庭购买食材，有的则是离开企业，成立了自己的业务公司。女企业家往往会创造家庭友好型职场环境，而不会期望为人父母者假装自己没有孩子。遗憾的是，这一作为在由男性领导的公司里并不常见。

拿美妆电商桦木盒子（Birchbox）的首席执行官凯蒂娅·比彻姆（Katia Beauchamp）举例来说，曾是银行分析师的比彻姆在2010年从哈佛商学院拿到了工商管理硕士学位之后，就与人联合成立了在线美容业务。每个月桦木盒子都会给注册用户邮寄一盒化妆品、护肤品和护发产品试用装，顾客试用后可以从该网站购买完整商品。这家初创公司在2014年的估值已接近5亿。

创建一家公司"让我得以思考要建立怎样一种企业文化，不但适合我自己，也能让更多的女性受益"，这位36岁的企业家对我说。我们约见在2018年年末,那是她生下第4个孩子后返回公司的第3周。我俩坐在桦木盒子曼哈顿总部一间洒满阳光的会议室里交谈。我注意到她双眼下方有很大的眼袋,她带着倦意不停地擦拭它们。

就在我到达她办公室不久前,比彻姆在总部办公楼的育婴室里一边为自己4个月大的女儿泵着母乳,一边开电话会议。她没有自己的私人办公室,这间育婴室里摆着一张沙发、一提果篮,还有鲜花和冰箱。桦木盒子的女性员工占了大多数,其中有10%的女员工有孩子,这间育婴室被这些妈妈员工频繁使用。

比彻姆坚信,一个女人的职业轨迹不应在休完产假之后停滞不前。她指出:"我们的社会存在一种隐形偏见,就是一旦你做了妈妈,你在工作上就不如从前得力了。我希望桦木盒子可以支持身为职场妈妈的你。"

比彻姆要求公司的运营经理接受额外培训,培训内容是如何迎接重返职场的母亲和父亲们。她解释说:"我们允许你按照自己的时间表重回公司上班,慢慢地适应和回归职场。我们会协助你一起找到最佳的工作方式。"

同许多初创企业一样,桦木盒子也遭遇过低谷。2020年1月,公司宣告大规模裁员,总部的94名员工之中有44人被迫离职。

第一代超能妈妈作为先锋,试图从根本上重塑美国商业图景,她们遭遇的是另一番困境。那一代对抗的是职场上的种种性别歧视,男女同工不同酬的政策以及各种关于女性企业领导的刻板印象——这是美国历史上婴儿潮时期涌现出的奇怪论调。

我采访的婴儿潮妈妈里约有30%曾经或者现在正担任上市公

司高管。第一个掌管雅虎（Yahoo!）公司和欧特克（Autodesk）公司的女性卡罗尔·巴茨（Carol Bartz）给我讲述了她精彩绝伦的职业历程。我还采访了好时公司的首席执行官米歇尔·巴克（Michele Buck），杜邦（DuPont）的前任首席执行官埃伦·库尔曼（Ellen Kullman），现已退休的埃梯梯公司（ITT Corporation，原ITT工业集团，下简称ITT公司）前任首席执行官丹尼丝·拉莫斯（Denise Ramos），WW国际（WW International，原慧俪轻体）集团的首席执行官明迪·格罗斯曼（Mindy Grossman），还有原卡夫食品（Kraft Foods）公司——现在的卡夫亨氏公司（Kraft Heinz Company）前任联合执行官贝齐·霍尔登（Betsy Holden）。

霍尔登回忆道："我们是第一批说'要找到一种方式同时拥有事业和家庭'的人。问题是'怎么挤出时间兼顾这二者'。"卡夫食品一度是美国最大的食品公司，当时霍尔登是公司的掌舵人。

卡夫食品生产的吉露果冻（Jell-O）和冷冻比萨（DiGiorno pizza）广受欢迎。身为在消费品行业久经沙场的老手，霍尔登升到卡夫食品的中高层管理之后，生下了一儿一女。她第二次怀孕时，已是卡夫食品战略和新产品部门的副总裁。她的男上司说："之前从没有人带着两个孩子还担任这个职位呢。"他的潜台词是：在卡夫食品还没有哪个妈妈担任过这个职位呢。

"您有几个孩子呢？"霍尔登问她的上司。

"两个。"他答。

"那就说明有人带着两个孩子做过这个职位喽。"霍尔登想。她的女儿朱莉（Julie）出生在1991年6月，两个月前，另一位高管刚刚提拔她为公司营销部副总裁。她是卡夫食品第一个拿到这一高级职位的女性。

当时霍尔登和一个女同事刚刚成立了一个公司内部的职场妈妈交流组织，因为她们没有一个高层的女性榜样角色。霍尔登回忆："我们把这个组织当作姐妹团，身为职场妈妈，你的某些经历其他职场妈妈们也经历过。"

这个不寻常的互助帮扶组织的成员每个月聚会一次，就不称心的保姆等常见问题交流解决方案。霍尔登亲自主持了一整场会议，话题是如何给予孩子高质量的陪伴。

她很珍惜和两个孩子在一起的难忘时光，有时她会即兴安排和孩子们一起相处一天。她记得1995年12月的一个星期五早上，4岁的朱莉问她："你今天非得去上班吗？"霍尔登当时是卡夫食品奶酪部门的总裁，和家人住在芝加哥当地的富人社区。

她查阅了当天的工作安排，没有什么工作迫在眉睫，于是她对女儿说："其实呢，今天我也可以不去上班。"女儿欣喜若狂。那天寒风刺骨，母女二人在芝加哥市中心共度了一天，逛了儿童博物馆，去餐厅吃了午餐，还坐了摩天轮。

对朱莉来说，母亲逃班一天专门陪她，让她感觉自己很特别。霍尔登说那一天母女二人的狂欢"对她意义重大"。她2005年离开卡夫食品，如今是麦肯锡咨询公司的高级顾问。

年轻的职场妈妈们今天要同时应付工作和孩子，依然比大多数职场爸爸们承受着更大的负担。这背后的原因是总体上的性别偏见和"母职惩罚"的就业歧视。即使许多女性在今天的职场已取得巨大的成就，"我还是远远没有完美地兼顾二者"，梅拉妮·斯坦巴克（Melanie Steinbach）这样说。在我们采访之际，她是麦当劳（McDonald's）集团的首席人才官（随后她成为麦当劳集团美国总部的首席人事官并于 2020 年 8 月离职）。

我和这位时年 44 岁、有两个孩子的妈妈约见在快餐巨头麦当劳芝加哥总部一间没有窗户的会议室里。几个月前，就在这同一间会议室，一个男同事否定了斯坦巴克要提拔一个经理的计划，因为该经理生产在即。这个男同事建议等到该女士的产假结束之后，再将她晋升到工作职能更重要的高阶职位。

"我们现在就要让她晋升，"斯坦巴克死死地盯着这个男人，回击他，"她怀孕跟晋升有什么关系？"

第二代超能妈妈要面对一连串工作和生活上的挑战，因为来自社会的固有观念认定女人应该承担大部分家事。一个三十几岁的高科技初创公司的负责人抱怨道，她希望自己的先生可以分担类似煮饭和洗衣这样的家务活，"可是他从来不会主动做这些事"。所以她宁愿自己去把衣服洗了，而不是"告诉他再等着他做"。

在那次采访后不久，她不再主动洗先生的脏衣服。她说："我得减轻自己的工作量。"这位首席执行官和我采访的另外 10 位第二代超能妈妈都曾是初创公司或上市公司的领军人物。这其中就有雅虎公司的前首席执行官玛丽萨·迈耶（Marissa Mayer）。

我和这些妈妈的采访几乎都是面对面的。从东海岸到西海岸，我一共去了 8 个州。在本书中我常常描绘我们约见时这些妈妈们的样子，读者可以设想和我们共处一室，一同聆听她们的故事。

在受访的妈妈们之中，有 3 位目前和伴侣同居，还有几位离异的超能妈妈以单亲妈妈的身份独自抚养孩子长大。她们之中有人出身卑微，从没想过自己未来有一天能成为一家大企业的领导。

玛格丽特·基恩（Margaret Keane）就是这样一位女子，她在自己小的时候可没有想过将来自己的职业可以腾飞得多么高，而她如今已是美国最大的信用卡发行商同步金融（Synchrony Financial）公司的首席执行官。

基恩于 1959 年出生在一个爱尔兰移民大家庭，现在有两个孩子。她的父亲曾是纽约市的一名警察，和妻子住在皇后区约翰肯尼迪国际机场附近，一起养大了 7 个孩子。

基恩告诉我："我以前常看见飞机在空中飞，我想：'有一天我也要登上飞机。'"我们约见在康涅狄格州斯坦福市同步金融公司总部属于她的宽敞办公室。她说第一次坐飞机那一年她 16 岁，曾短暂地渴望成为一名空姐，"那样我就可以飞遍全世界了"。

还有一些受访的妈妈对我敞开了家门，也敞开了心房。有 10 位超能妈妈在讲到心酸之处时，在我面前不禁泣不成声。她们回忆起和疏远的丈夫之间发生过的丑陋争吵，职场上遭遇过的恶意打击，对频繁出差的后悔以及小孩患上病痛时，都忍不住泪流满面。

对我讲述这些催人泪下的故事的妈妈之中就有一位 X 一代妈妈，名叫赵人熙（Inhi Cho Suh）。我们见面之时她是国际商业机器公司（International Business Machines Corporation，下简称 IBM 公司）百万美元软件业务负责人。说起自己的妈妈为她所做的牺牲，赵女士忍不住落泪。我在她位于旧金山市中心的办公室采访了她。"真有些伤感。"她说着，从办公桌上的纸巾盒里抽出一张纸擦眼泪。

那天早上，这位 44 岁的超能妈妈身着一件高档小黑裙和一件格纹外套，因为几个小时后她要在一场为科技行业女性举办的重大会议上发言。赵女士是韩国首尔人，5岁时和父母一起移民到美国。她回忆起那个时候父母一句英文也不会讲。"他们来的时候只随身带了几个包和一点儿现金。"

赵女士的父母在南卡罗来纳州的斯帕坦堡定居下来，后来成了小有成就的小企业主。她的父亲开办了一所武术学校，母亲则在学习了缝纫技术后开了一家裁缝店。

赵女士于1998年加入IBM公司，担任市场营销助理。她的晋升之路走得很顺利，32岁时已经是这家计算机巨头最年轻的副总裁。2011年，她考虑离开当时的工作地点——北卡罗来纳的达勒姆。她的先生也是IBM公司的一名高管，夫妇二人对公司总部极具吸引力的项目动了心，想搬去纽约市郊。

只是她的两个儿子一个尚在吃奶，一个还在学步，她担心在新环境找不到好的育儿机构，又没有直系亲属帮衬。她打电话向父母寻求指引，父母许诺会卖掉他们各自的店铺，同她们一家人搬到康涅狄格州的里奇菲尔德，帮她带几年外孙。赵女士在对我复述她母亲这么做的理由时，忍不住落泪了——母亲用韩语对她说："我的太阳下山了，你的太阳刚刚升起。"

一项大规模研究表明，像赵女士这样的职场妈妈对女儿的职业前景有所影响，但是对儿子的就业似乎并无什么冲击。这项发表于2018年的研究[1]给出了两份问卷，在2002—2013年调查

---

[1] Kathleen L. McGinn, Mayra Ruiz Castro, and Elizabeth Long Lingo, "Learning From Mum: Cross-National Evidence Linking Maternal Employment and Adult Children's Outcomes," *Work, Employment and Society*, April 30, 2018. ——作者注

了来自29个国家的逾10万名男女。研究人员对于为什么男孩们没有从职场妈妈那里获得职业福利这一问题没有过多解释，但他们发现，这些儿子普遍比全职妈妈的女儿们持有更加平等的性别意识。

这项研究还表明，比起全职妈妈的女儿，职场妈妈的女儿在成年后更有可能踏入职场成为超能女性，担任管理岗位，工作更长时间，挣得更高的收入；尤其是在那些母亲受过高等教育、从事高技能工作的例子中，女儿的职业道路通常更加辉煌。

在任何年龄段，母亲对我们的影响都是深远的。对女性来说，母女之间的关系无疑是最重要的人类联系，母女在一生之中都保持紧密的连接。2016年一项小型研究调查的结果表明，我们主管情绪的那一部分大脑结构在母女间的相似度是最高的，胜过任何世代的任何其他配对。

除亲密之外，第一代超能妈妈和她们已成年的女儿之间也可能掺杂着复杂和愤怒的情感。女儿或许会对妈妈的业余职业指导感到反感，因为她想要自己探寻一条成功的道路——哪怕她的超能妈妈完全知晓如何在商业上取得成功。

这情况被22岁的梅拉妮·赫尔舍（Melanie Herscher）撞上了。2014年春季，她从史密斯学院数学专业毕业，她的母亲彭妮·赫尔舍（Penny Herscher）当时是商业分析公司初雨（FirstRain）公司的首席执行官，母亲当年也选择了同样的专业。此前，彭妮是美国第一批从事半导体业务的女性之一。

梅拉妮说，母亲曾敦促她仿照自己找一份计算机科学的入门工作。彭妮利用自己在高科技公司的人脉给刚毕业的女儿送来一块敲门砖。

事实上，梅拉妮向113家公司投递了职位申请，只有少数几家认识她母亲的公司给了她电话面试的机会，没有一家向这个年轻女子发出正式的工作邀约。

"每收到一封拒信，我都感到自己离绝望更近了一步，"梅拉妮回忆道，"我辜负了她的期望。"于是她暂停了工作申请，那个夏末她几乎是在爸妈的沙发上度过的，"一边和狗玩耍，一边看电视"。

彭妮将女儿艰难的求职经历告知了初雨公司的同事，公司的销售负责人安排她女儿来公司短暂实习。梅拉妮说，这份短期的工作让她"厘清了头绪，想清楚自己将来想做什么"。在尝试了几份工作后，她于2016年12月加入了数据存储公司——雪花（Snowflake）公司，担任数据分析师。

然而她并不想成为母亲那样位高权重的超能妈妈，梅拉妮在少女时期曾多次目睹母亲中风。"我见证了她为了担当那个角色承受了多大的压力、肩上的担子有多重，我知道她放弃了多少。"梅拉妮伤感地说。

在接下来的章节里，你将会读到超能妈妈们对今天各地职场女性所面临的种种问题持有哪些见解：从定时分娩以最低程度地打乱工作，到充分利用自己为人母的经验做个更好的上司。你还将读到这些妈妈是如何处理以下难题的：频繁出差、双重职业冲突、伴侣不分担家务，还有身处推崇过度工作的国家所必须面对的"时刻待命"的要求。我在她们的故事中也穿插了我自己的故事。

第十章提供了10种帮助职场妈妈甩掉自责感（这是两代超能

妈妈都体验过的情绪）的创意方法，通过这些方法，她们的事业和子女都有所受益。本书的最后一章则记录了几家美国创新公司是如何服务职场父母的，其中一点是改变男性对自身角色的既定印象，我还详细说明了公共部门和私营企业在这一议题上仍需完成的待办事项。

但我仍对职场妈妈的前景保持乐观，尤其是书中这些超能妈妈在迎接来自工作和生活的挑战上取得的巨大进步，让我更受鼓舞。第二代超能妈妈可以更加从容地在生活和工作间做出取舍，因为第一代超能妈妈为自己和员工收获了播种的果实——已有研究证实，那些领导团队重视性别多样化的企业通常能创造更高的利润。

以下是两代超能妈妈之间关键差异的细分：

一位出生于 1946—1964 年的第一代超能妈妈

- 她大概率是工作单位里唯一担任高层管理职位的女性。
- 面对强大的社会压力时要当一个凡事亲力亲为的好妈妈，却不指望自己的伴侣尽到为人父的职责。
- 通常不会与男同事交流自己怀孕的艰辛历程、生病的小孩以及任何工作与生活之间的矛盾，为的是隐藏自己作为职场妈妈慌乱的一面。
- 不敢要求公司给自己减少工作安排，因为她希望自己在别人眼中是一个全身心投入工作的人——换句话说，和男员工没两样。
- 很难在合理的时间离开办公室，因为当时没有先进的科技让她可以晚些时候在家中轻松结束工作。
- 不认识多少其他公司的超能妈妈，没法树立楷模。
- 当时没有足够的员工福利激励男性参与共同育儿，比如带薪陪产假和远程办公。

一位出生于1974—1985年的第二代超能妈妈

- 在她的工作单位，她是若干女性高管之一。
- 期望并要求伴侣分担家务，共同育儿。
- 惯常与男同事讨论工作和生活的矛盾，不介意在办公室打电话给孩子的保姆或托管机构。
- 愿意以其他方式把真实的自己带到工作中——比如，选择一个愿意配合她育儿需求的雇主。
- 利用先进的科技成果游走于工作和生活之间，做到工作和生活职责的无缝对接。
- 拥有一个庞大的、由一群超能妈妈组成的社交圈，这些妈妈互帮互助，也是彼此的楷模。
- 享受男性高管认可的额外员工权益，诸如带薪休假、在家办公、灵活的日程安排等。

我采访了86位超能妈妈和其中25位妈妈已成年的女儿，她们都受过良好教育，有着优渥的经济条件。尽管她们不代表所有女性，我还是挑选了那些更高成就者仔细观察，因为她们代表的是商业社会中重要且有影响力的人物，也在某种意义上为职场妈妈们未来在家庭和职场的成功定下了标杆。

在采访她们之前，我以为超能妈妈们凭借富裕的经济条件，就能灵活地应对工作和生活的冲突。而事实上，许多职场女性高至今仍在全力应对这个问题，不管身处哪个行业，职场妈妈都会承受更广泛的社会压力。这股压力在新冠肺炎疫情期间进一步增加，因为许多女性既要在家工作又要教育孩子、操持家务，这真是艰难的任务。接下来，第一章谈论的就是来自社会的压力。

目 录
CONTENTS

第一章　职场妈妈不容易 / 001
　　美国的职场妈妈 / 002
　　母职惩罚 / 007
　　工作主义 / 011
　　精细育儿 / 015
　　处于紧急关头的父母 / 017

第二章　超能妈妈对母职寄予厚望 / 020
　　健康的孕程 / 023
　　临产之际还在工作 / 028
　　可行的产假 / 034
　　新手爸爸去哪儿 / 037
　　重回职场的新手妈妈 / 039
　　对女儿们的厚望 / 043

第三章　当工作与家庭发生冲突 / 045
　　兼顾工作和晚餐 / 049
　　一而再再而三的自责 / 053
　　当事业和孩子发生冲突 / 060
　　远程妈妈 / 062
　　是缺席的保姆还是永久的保姆 / 064

第四章　家务劳动的试错与成功 / 069

代沟 / 071
被多重需求淹没 / 077
脏衣篮 / 081
孩子的职责 / 082
做饭之争 / 084
生病的孩子 / 086
独夜猫头鹰 / 088
称不上"黄金职业"的母职 / 091

第五章　时刻待命并非上策 / 095

和智能手机的枕边话 / 098
在外地也要待命 / 099
需要陪伴的孩子和任务繁多的妈妈 / 103
关闭永久开关 / 106

第六章　为孩子和事业腾出空间 / 110

双赢体系 / 115
用较少的时间收获更多的进步 / 119
在家办公也要下一番力气 / 121
带孩子上班 / 127
起来，起来，带上孩子出差 / 129

第七章　我的妈妈，我的向导 / 132

年轻女孩的偶像妈妈 / 136
摇摇欲坠的亲子关系 / 139

　　　　打开闪亮的机遇大门　　　　　　　　　　/ 143
　　　　对付职场的各种难题　　　　　　　　　　/ 146
　　　　工作晋升的巨大推力　　　　　　　　　　/ 151

第八章　**更好的妈妈，更好的老板**　　　　　　　/ 154
　　　　善于倾听，善于领导　　　　　　　　　　/ 159
　　　　把经理气魄带回家　　　　　　　　　　　/ 162
　　　　教女儿当个好老板　　　　　　　　　　　/ 163
　　　　女性领导助力职场父母　　　　　　　　　/ 166

第九章　**意志战胜病痛**　　　　　　　　　　　　/ 171
　　　　当父母患上致命疾病　　　　　　　　　　/ 175
　　　　病重的婴幼儿　　　　　　　　　　　　　/ 177
　　　　职业中期的健康危机　　　　　　　　　　/ 179
　　　　当首席执行官患上重病　　　　　　　　　/ 182
　　　　不知孩子的病痛而苦恼万分　　　　　　　/ 185
　　　　照顾一个患有慢性病的成年人　　　　　　/ 187

第十章　**职场妈妈别自责**　　　　　　　　　　　/ 190
　　　　寻找并留住一个优秀的育儿者　　　　　　/ 194
　　　　让孩子在你的职场生活中发声　　　　　　/ 197
　　　　带上孩子一起出差　　　　　　　　　　　/ 198
　　　　从大家庭寻求帮助　　　　　　　　　　　/ 199
　　　　腾出时间关爱自己　　　　　　　　　　　/ 200
　　　　简化你的优先事项　　　　　　　　　　　/ 202
　　　　学会战略性地歇息　　　　　　　　　　　/ 203

每天练习钟摆术　　　　　　　　　　　　／ 205
　　　支持全职爸爸　　　　　　　　　　　　　／ 206
　　　接纳自己的不完美　　　　　　　　　　　／ 208

第十一章　当今与往昔　　　　　　　　　　／ 211
　　　当今：被科技服务而非为科技服务　　　　／ 213
　　　当今：超能妈妈努力推动共同育儿　　　　／ 216
　　　当今：妈妈们在职场上互帮互助　　　　　／ 218
　　　往昔：奋力开辟的先锋道路　　　　　　　／ 219
　　　往昔：独自踏上孤独的小径　　　　　　　／ 222
　　　往昔：种下明智育儿的果实　　　　　　　／ 224

第十二章　让父母可以成为职场父母　　　　／ 227
　　　美国运通：完善育儿假福利　　　　　　　／ 233
　　　贝恩：会议上的宝宝们　　　　　　　　　／ 235
　　　强生：帮助全球的新手父母　　　　　　　／ 236
　　　普华永道：向"妈妈导师"寻求经验　　　　／ 237
　　　职场父母未完成的议题　　　　　　　　　／ 240
　　　美国雇主们的待办事项　　　　　　　　　／ 242
　　　对未来的大胆愿景　　　　　　　　　　　／ 246

致谢　　　　　　　　　　　　　　　　　　／ 248

附录　本书作者采访的 86 位妈妈和 25 位女儿　／ 250

第一章

职场妈妈不容易

25岁那年，我打定主意这辈子不生孩子。

当时我在《华尔街日报》就职，是那里为数不多的几个女性记者之一。记者是个受人尊敬的职业，我喜欢这份工作。我们这几个女记者都没生孩子。我担心结婚生子会毁了我的职业前途，我不愿意放弃新闻事业成为全职妈妈，我也无法想象自己可以二者兼顾。

"生在当今这个社会，我没法轻松地同时拥有家庭和事业。"我曾在《华尔街日报》的社论版块以第一人称谈及自己的困境。[①]我还补充道，当时少有雇主能提供弹性工作制，并且"全美上下，质量过得去、妈妈们又能负担得起的托儿所简直少得可怜"。

以上是我在20世纪70年代写下的文字。最终我还是克服了

[①] Joann S. Lublin, "Questions a Woman Asks Herself," *Wall Street Journal*, January 2, 1976. ——作者注

自己到底要不要生孩子的矛盾心理，决定勇敢地成为一名母亲。因为我不想错过女性独有的生产体验，也不想错失和我先生迈克（Mike）一同生儿育女的经历。

从我决定生孩子到现在已经过去了几十年。这几十年间，尽管社会已有进步，可是 21 世纪美国的职场妈妈们在平衡工作和生活这个问题上，仍旧比职场爸爸们的处境要艰难得多，这不公平。美国的职场妈妈们身处于这样一个国度：社会传统认定父母必须亲自抚养孩子，同时对性别分工有着根深蒂固的刻板印象，职场父母们能得到的制度性支持微乎其微。

美国的职场妈妈

对美国许多低收入有色人种妇女来说，出门打工不是什么新鲜事。经济政策研究所（Economic Policy Institute）是一家非营利性智库，它们在 2019 年提供的一份分析材料中指出：19 世纪 80 年代，已有 35.4% 的已婚黑人女性参与了就业，这其中包含已生育和未生育的女性。造成这一现象的部分原因是，黑人男性在职场面临着无处不在的歧视，而与此同时，"白人女性通常在婚后就离开了职场"。[①]

记者埃米·韦斯特维尔特（Amy Westervelt）在她 2018 年出版的《别想拥有一切：美国是如何搞砸女性育儿，又该如何解决》

---

① Nina Banks, "Black Women's Labor Market History Reveals Deep-Seated Race and Gender Discrimination," Working Economics Blog, Economic Policy Institute, February 19, 2019. ——作者注

(*Forget "Having It All": How America Messed Up Motherhood—and How to Fix It*)一书中提到，在1920年的美国，非洲裔女性参与就业的可能性是白人女性的两倍。①

美国女性的整体就业情况自第二次世界大战开始就发生着变化。征兵导致劳动力短缺，各个公司又要赶制急需的军备用品。雇主们本来不放心聘用那些孩子不满14岁的妇女，可因为急缺人手也就雇用了她们。

这些战时母亲把家庭之外的有偿工作看作她们的爱国主义职责。但愿意雇用这些妈妈的雇主们抱怨没人来应聘，因为没人给她们照看孩子。后来呢？韦斯特维尔特写道："美国政府在历史上头一回，也是仅此一回，看到了为职场妈妈群体提供育儿补贴的必要性。这一补贴政策在1944年达到巅峰，当时全国有3000多家托儿所，托管儿童多达13万。"②

然而，随着"二战"的结束，一股社会压力向这些中产白人妇女袭来：她们不得不放弃工作，把职位让给退伍军人。大批妇女从职场撤离，致使妇女整体就业率大幅下跌。就这一现象，我在2016年出版的书中写过，书名是：《靠自己赢得：世界顶尖商业女性辛苦打拼的经验教训》(*Earning It: Hard-Won Lessons from Trailblazing Women at the Top of the Business World*)。

得益于现代女性运动、避孕药的应用以及具有里程碑意义的联邦立法明文禁止工作中的性别偏见，到了20世纪60年代，一

---

① Amy Westervelt, *Forget "Having It All": How America Messed Up Motherhood—and How to Fix It* (New York: Seal Press, 2018), 72.——作者注
② 同①，第114页。——作者注

批美国中产阶级妇女重新踏入职场。到 1966 年，已就业和待就业的女性加在一起，已有 40% 之多，创下战后新高。①

据经济学家们估计，1960—2008 年，相当一部分生产力增长得益于白人女性实现自身经济潜力的障碍被移除。确实，到 21 世纪开端，美国妇女的就业率在世界主要发达国家之中已占领先地位。②

已育女性在美国职场也开始占据更多席位。据美国劳工统计局报告，自 1994 年，在那些孩子不满 8 岁的妈妈们之中，每 10 位就有 7 位有工作或正在找工作。这一百分比在 2018 年达到 71.5%，也是 2000 年以来的最高比例。

白领职场妈妈们取得的成绩就更为显著了。到 2017 年，有 47% 的美国母亲从事管理、专业技术相关的工作，远高于该领域职场爸爸 40% 的比例。劳工统计局数据显示，在 4 年前，白领职场妈妈和爸爸的百分比分别是 45% 和 38%。

24—54 岁的美国成人整体就业率曾持续数年下滑，但在 2016—2018 年出现回升。据《华尔街日报》报道，这是因为许多年近 30 岁和 30 岁出头的女性选择踏入职场。"不少美国公司向为人父母者提供了更多福利，这可能是促使女性劳动参与率回升的因素之一。"在此之前，女性职场就业率已经连续 16 年下滑。

不过，随着其他国家扩展了财政资助的育儿假和幼儿托管项

---

① Joann S. Lublin, *Earning It: Hard-Won Lessons from Trailblazing Women at the Top of the Business World*（New York: HarperCollins, 2016），16. ——作者注
② 同①，第 15 页。——作者注

目，美国在帮扶职场父母这一政策上的大国地位不再。① 经济合作与发展组织汇集的数据显示：德国、澳大利亚、英国已赶超美国。

美国之外，公共政策的干预缓和了母亲们在职场和家庭之间的矛盾。这是社会学家凯特琳·科林斯（Caitlyn Collins）在她2019年出版的《为母之道：女性如何管理事业和育儿》（*Making Motherhood Work*: *How Women Manage Careers and Caregiving*）一书中陈述的观点。科林斯是华盛顿大学社会学系的助理教授，在与135名分别来自美国、瑞典、德国、意大利的职场妈妈们交谈之后，她在书中提及：美国的职场妈妈们比起其他发达国家的职场妈妈们要更辛苦。

科林斯写道："在美国，产假福利最少、政策扶持最弱、父母的时间被最大程度挤压，男女薪酬差距最大，这里的孕产妇和儿童贫困率也最高。"② 她把这一系列现象归根于美国社会约定俗成的理念：抚养孩子是私人责任。直到1993年，美国才颁布了法案，规定新生儿父母每年拥有12周"不带薪"（unpaid）产假，这才让父母们放下了照顾新生儿会丢工作的担忧。

职场妈妈所处的这般窘境让林赛·卡普兰（Lindsay Kaplan）深感怨愤。她是一名千禧一代的超能妈妈，长久以来都在奔走呼吁政府改善职场妈妈们的困境。我和34岁的卡普兰相约在曼哈顿首领（Chief）公司的会所见面，这家私人会所是她和卡罗琳·奇

---

① Vanessa Fuhrmans, "Female Factor: Women Drive the Labor-Force Comeback," *Wall Street Journal*, March 1, 2019. ——作者注
② Caitlyn Collins, *Making Motherhood Work: How Women Manage Careers and Caregiving*（Princeton, NJ: Princeton University Press, 2019）, 1. ——作者注

尔德斯（Carolyn Childers）一起为有影响力的女性领袖创办的，为系列演讲、人脉拓展和职业指导系列会谈等提供场地。

奇尔德斯是好帮手（Handy）家庭保洁公司的前任执行官。她和卡普兰在2019年1月份开创的这家首领公司会所，不到6个月就吸引了700多名会员加入。

卡普兰此前曾在一家售卖床垫的卡斯帕睡眠（Casper Sleep）公司任职副总裁。公司成立4年多时间，营收从零直奔3.5亿美元。她目睹了公司的腾飞，也在这期间生下了儿子马克斯（Max）。经过不懈努力，卡普兰终于为卡斯帕睡眠公司的全部员工争取到了育儿产假和弹性工作制。

"身为母亲，我最希望看到美国齐心协力支持工薪家庭。"林赛·卡普兰说这番话时语气激昂。她坐在会所后方的一间小房间里，这里房梁挑高、陈设雅致。会所一半的会员们都做了妈妈。卡普兰主张：政府服务的扩大化、全方位的育儿假和高额育儿补贴能够"让妈妈们集中精力，既能做一个好妈妈，也能当一个好员工"。

美国的私营部门长久以来同样忽视了职场父母们的需求。出生在婴儿潮时期的这一批女性到了20世纪80年代适逢育龄，却不得不面对严峻的现实。截至1988年，全美雇员超过百人的公司之中，只有2%的全职女性享有带薪产假，这是来自劳工统计局的数据。想知道同时期可以获得带薪产假的男职员比例是多少吗？低到只有可怜的1%。

X一代和千禧一代父母们的处境要好一些。人力资源管理学会对人力资源专业人士的问卷调查显示，到2019年，全美范围内有27%的雇主为员工提供带薪产假，相较于2016年的17%已有了大幅度提高。

说得具体些,越来越多的企业开始认识到父亲在照顾新生儿方面的重要贡献。2019年的一项研究表明,有30%的雇主为新生儿父亲提供带薪产假,同比于2016年的21%,真是不小的飞跃。然而在当下,新手爸爸们对带薪陪产假也是犹疑不决的,他们担心育儿会影响工作,也担心社会不认可。

2013年的一份研究显示,比起传统的父亲角色和那些没有孩子的男性,主动照顾孩子的男性更易招致嘲讽和侮辱。[1]这篇论文的观点基于两处实地研究,研究的对象则是在工作场所遭遇苛待的中产阶级雇员,积极参与育儿的父亲们通常被视为工作不够积极。被这种误解伤害的还有职场妈妈。

"比起过去,当今社会的男人和女人们会更加大方地对雇主提出要求,希望他们能多为职场父母们做点什么。"斯坦福大学社会和组织行为学教授雪莱·J. 科雷尔(Shelley J. Correll)在一次采访中如是说。但是,"如果我们不改变对于男人、女人分别该做什么、不该做什么的刻板印象,就不会有越来越多的父亲们主动休育儿假"。

母职惩罚

科雷尔是这个话题的行家。身为一名性别研究学者,她详细阐释了"母职惩罚"(motherhood penalty)这一概念——许多女性

---

[1] Jennifer L. Berdahl and Sue H. Moon, "Workplace Mistreatment of Middle Class Workers Based on Sex, Parenthood, and Caregiving," *Journal of Social Issues* 69, no.2(June 12, 2013): 341. ——作者注

因为母亲这一身份在就业市场遭遇挫折和不公。她说,雇主们觉得"有了生养孩子的需求,就会同本职工作产生竞争关系,母亲们对待工作就不会像之前那般投入"。

科雷尔和两名研究员在2007年完成了一项具有突破性的研究:他们用18个月,面向638名求职者进行调查,他们在招聘的用人单位投递了1276份虚拟简历和求职信。这些虚拟求职者之中有一半已经为人父母。结果显示,同样是入门级和中级的市场营销和普通商务职位,没有孩子的女性求职者得到雇主的回复率是有孩子的女性求职者的2.1倍。

科雷尔和她的合著者指出,这项研究"第一次提供了已育女性遭遇职场歧视的偶然证据"。[①]他们还预言,只要进一步调查,就能发现职场妈妈们在工作上面临着更严苛的标准(比如上司在考虑是否给她们加薪时)。

母亲身份增大了本就存在的男女工资差距。造成这一不幸局面的原因,除了雇主对职场妈妈的刻板印象,还有职场妈妈因缺乏社会支持而不得不过度付出时间和精力照顾孩子。这巨大经济鸿沟的表象揭露了长久以来美国妇女们的职场地位上升缓慢这一现实。非营利性智库妇女政策研究所(the Institute for Women's Policy Research)在2019年的一份报告中指出:按照目前的趋势,女性要等到2059年才能实现薪酬平等。

男女薪酬差距招致了极大的不满,这不难理解。2019年3月,

---

① Shelley J. Correll, Stephen Benard, and In Paik, "Getting a Job: Is There a Motherhood Penalty?," *American Journal of Sociology* 112, no.5(March 2007): 1297-1339. ——作者注

表现优异的美国女子足球队为了讨到同工同酬,把美国足球联盟(the U.S. Soccer Federation)一举告上了法庭,申诉理由是美国女子足球队员比男足队员取得的优胜赛事更多,报酬却不如后者。

4个月后,美国女足赢了世界杯。随着终场赛事的胜利,足球场里响起震耳欲聋的呼喊:"同工同酬!同工同酬!"成千上万球迷们的呼声响彻了法国里昂的体育馆。这起性别歧视诉讼索求的赔偿金额逾6600万美元。可是在2020年5月,一名联邦法官驳回了这起薪酬偏见的索赔案,其理由是:女足队员没有提供足够证据,不足以进入审理阶段。

职场女性面临的薪酬差距是很明显的了。美国国家妇女法律中心(the National Women's Law Center)一项2019年的分析报告显示,职场妈妈和职场爸爸之间的薪酬差距要大于所有就业男女之间的薪酬差距。该机构还报道,职场父亲们每挣得1美元,意味着那些至少有一个未成年孩子的全职女性雇员只能挣得69美分;总体比较而言,全职男性雇员每挣得1美元,女性员工的报酬则只有80美分。

有色人种妇女面临的薪酬差距就更大了。白人和非拉美裔白人男性每挣得1美元,黑人女性只能挣到61美分,拉丁裔女性只有53美分。

美国人口普查局(the U.S. Census Bureau)2017年的一份工作文件指出,随着一对夫妇第一个孩子的出生,夫妻之间的薪酬差距能达到2倍之多。孩子的出生会直接导致妈妈的收入下降,并且在接下来的5年里,夫妻间的收入差距将持续扩大,因为妻子的收入一直呈下降趋势。人口普查局的研究员还指出,母亲的收入直到孩子长到近10岁才渐渐恢复。是哪些原因导致了为母者的收入下降？是因为延长的产假，还是从前的全职变成了兼职？对此，这份文件没有过多讨论。

2016年的一项研究报告显示：高技能、高薪的白人女性为成为母亲而付出的代价最高。该研究成果来自一个追踪同一批女性从青年到中年生活工作变化的调研项目。

高薪女性大多占领了专业性或管理性职位，她们也由此获得了更丰厚的升职加薪机会。波拉·英格兰（Paula England）是纽约大学社会学系的教授，也是该论文的首席作者，她在一次访谈中说："一个女性在生育和休产假这段不工作的时间里，失去了潜在的升职加薪机会。"据她与另外3名合著者估计，与没有孩子时相比，这些职场妈妈每生一个孩子，收入即下降10%。[①]

苏迈娅·巴尔巴莱（Sumaiya Balbale）是一名年轻的超能妈妈。她告诉我，2014年她的儿子泽恩（Zayn）出生后，她遭遇了一种不同以往的母职惩罚。当时她是亚马逊（Amazon.com）旗下如果（Quidsi）公司的总经理，多年的工作让她从电商巨头这里累积了一笔可观的股票期权。

本来在配股完成后，员工可以用期权购买公司股票。可巴尔巴莱发现公司在她休4个月产假期间，未说明原因就停止了给她的配股，这让她很沮丧。

[①] Paula England, Jonathan Bearak, Michelle J. Budig, and Melissa J. Hodges, "Do Highly Paid, Highly Skilled Women Experience the Largest Motherhood Penalty?," *American Sociological Review* 81, no.6 (December 2016): 1161-1189. ——作者注

巴尔巴莱懊恼极了，因为她多年来为亚马逊辛苦工作的一大部分回报是股份而不是现金。她回忆道："从感情的角度讲，这像是一场不平衡的关系——作为企业，它只想索取而不想给予。从现实层面说，公司政策没有保障员工在休产假期间的利益。这造成的经济损失是巨大的，对母亲们来说，损失尤为重大，因为她们通常比父亲休更长的带薪产假。"

时年37岁的巴尔巴莱是美国沃尔玛（Walmart）集团电商、移动、数字营销副总裁。不久后她辞去了在这家零售巨头的工作，成为纽约连锁汉堡店昔客堡（Shake Shack）董事会的一员，同时为初创企业提供咨询服务。2020年6月，她以首席营销官的身份加入了一家全球投资银行——华利安投行（Houlihan Lokey Inc.）。

工作主义

今天额外的社会压力以不同以往的方式影响着当下职场妈妈们的生活。如今在美国，受过高等教育的精英们把工作奉若神明，视其为个人身份的核心。《大西洋月刊》（*The Atlantic*）曾把这股强劲的"信仰"调侃为"工作主义"（workism）。①

哈佛商学院教授兼性别研究员罗宾·J. 伊莱（Robin J. Ely）对此表示认同。她是2020年《哈佛商业评论》（*Harvard Business Review*）的撰稿人之一，她写道："阻碍女性职场之路的，并非平衡工作和家庭这一特殊挑战，而是在当今企业文化中盛行的过度

---

① Derek Thompson, "Workism Is Making Americans Miserable," *The Atlantic*, February 24, 2019. ——作者注

工作。这才是问题。"①

对许多职场女性而言,她们需要长久地耗在工作岗位上,并且在工作以外的时间也要让人随时联络得上。一个明显的代际断层线标志是:我采访过的第二代超能妈妈,为了完成手中的高强度工作,必须保持时刻待命,尤其是在远程指挥团队的时候。这一代的许多妈妈们睡觉时都不远离她们的智能手机,有一位妈妈总是在发布新产品的前一天晚上把手机放在枕头下面。

这也难怪大多数职场妈妈对工作感到胜算渺茫。2018年一项针对2143名美国成人的调研显示,将近四分之三的职场妈妈认为"她们得到的职业发展机会要少于未生育的女性"。这是因为美国文化在"孜孜不倦地诱导人们相信,有孩子的女人工作不如未育的同辈努力,她们也没有能力同时驾驭好工作和家庭两边的职责"。

另一个令人不安的发现是:接受民调的妇女之中,怀孕了却不敢告诉上司的比例从2014年的12%上升到2018年的21%,几乎翻了一番。②委托执行这项调研的是一家名为"光明地平线"(Bright Horizons Family Solutions,简称Bright Horizons)的为家庭提供解决方案的机构,它也是全美范围内最大的由雇主赞助的托儿所。

虽然"光明地平线"无法给出这个比例上升背后的原因,但2018年的这次调研阐明了"母职惩罚的范围不仅限于找工作和同工同酬。它几乎是一个看不见的障碍——雇主们几乎不会把职业

---

① Robin J. Ely and Irene Padavic, "*What's Really Holding Women Back?*," *Harvard Business Review*, March–April 2020, 58–67. ——作者注

② Bright Horizons, *Modern Family Index 2018*, January 2019, 7. ——作者注

发展机会给职场妈妈们，仅仅因为她们的母亲身份"①（至于 20 世纪七八十年代的已育女性如何看待自己事业成功的概率，我没有查阅到相关文献的对比数据）。

我以为第二代超能妈妈的处境会容易一些，比如从前做过杂志主管，如今是企业家的吉纳维芙·罗思（Genevieve Roth）。我们看到许多年轻妈妈做到了管理层岗位。她们树立的榜样效应，正是婴儿潮一代的母亲们所没有的。可这仍然没有缓解这一代超能妈妈们在生育问题上的焦虑情绪。

罗思在 2004—2009 年供职于《魅力》②（*Glamour*）杂志，当时她的很多女同事都有了小孩。这 5 年间的见闻让罗思有了这辈子都不生孩子的想法。她记得每天一到下午 4 点左右，这些有孩子的同事就开始坐立不安，她们得赶在托儿所关门之前或是保姆交班时间去接孩子。20 多岁的罗思一次又一次地目睹了这些同事夺门而出时满脸的焦虑。

"紧张忙碌成这样，生活似乎倒退了。要我说，何必呢？"罗思啜了一口咖啡，跟我聊着天。我俩坐在曼哈顿市中心一家叫"展翅高飞"（the Wing）的女性共享工作区。她不停用手摩挲着一头短发，对我说："我可不想当了妈妈后过上那样的生活。"

后来她在一封邮件里写，回过头看，她才意识到当年那些艰苦打拼的同事们是如何在一个并不支持职场妈妈的大环境下拼命兼顾工作和母职的。

---

① Bright Horizons, *Modern Family Index 2018*, January 2019, 7. ——作者注
② 《魅力》是由英国 GLAMOUR 杂志主管、康泰纳仕主办的英国高端女性时尚周刊。——译者注

罗思后来辞去了在《魅力》杂志的管理职位,加入了希拉里·克林顿(Hillary Clinton)的总统竞选团队,后者的竞选未能取得成功。遇见自己的爱人之后,罗思曾经不想要孩子的想法也随之改变了。罗思于2017年推出了"看不见的手"(Invisible Hand)——一个致力于打造社会影响力的策划与会展组织,奥巴马基金会(the Obama Foundation)是她的客户之一。也是在这一年,罗思和乔丹(Jordan)陷入了热恋。

2018年,罗思生下了他们的女儿弗朗姬(Frankie)。13个月之后,她和乔丹完婚。我采访她的那天,38岁的罗思已是一名企业家,她的办公室和跃层公寓在同一栋楼的同一层楼,这儿离"展翅高飞"只有5个街区,她在工作日也常常可以见到弗朗姬。

多数晚上在先生乔丹到家之前,她可以替下保姆,自己接管孩子。乔丹是一名数字通信专家,在曼哈顿中城办公。罗思说她"工作时间灵活,而且离孩子也近",可以雇得起保姆也是他们"可以生活得更平和顺畅"的诸多有利原因之一。

相对富足的经济状况让罗思可以高效率地工作而不必担心女儿没人照看。相形之下,许多不得不出门打工以求生存的低收入美国妇女,长时间以来都无法获得高薪工作。

"来自社会的约束告知女性什么工作是她们可以做的,比如洗衣、做饭、打扫卫生、纺布制衣。"这番评论来自洛伦·哈里顿(Lorraine Hariton),她是"触媒"研究机构的总裁和首席执行官。哈里顿在1976年作为计算机程序员开启了自己的职业生涯,后又在硅谷带领了两家初创公司。她回忆自己一路走来,像她这样的白领女性是"受益于妇女运动的第一代人"。

哈里顿补充说，有孩子的职业女性在20世纪80年代同样面临着僵硬的规章制度。她的儿子和女儿都出生于20世纪80年代。她说："我们得适应一个由男性主导的职场文化——没有产假，着装要男性化，也没有弹性时间保障工作和生活的平衡。"

在我采访的44位和哈里顿同辈的婴儿潮妈妈里面，有13位通过运营上市公司达到权力巅峰，她们之中的每一位都是公司的第一个女性领军者。

除了罗思，我还与10名年轻的妈妈进行了交谈。她们如今都在服装、玩具、运动、科技领域独闯出一条新路。这些妈妈在职业初期都在年营收超过一亿美元的大公司工作过。那些没创业的超能妈妈们基本都还留在这些大企业工作。

比起婴儿潮一代，第二代超能妈妈们对自己既是妈妈又是职场精英的身份要轻松坦然得多。身为两个小男孩的母亲，《职场妈妈》（*Working Mother*）杂志主编梅雷迪斯·博加斯（Meredith Bodgas）说："我们不会隐藏自己的母亲身份。上班的时候，如果托儿所打来电话，我们会毫不含糊地接起电话。"

她这种大胆的心态，体现了她们这一代不同的追求：要寻求工作生活的平衡，进行适度的公司结构变革，改进社会风气，好好利用第一代超能妈妈辛苦搏来的战果。

精细育儿

美国的职场妈妈一直尽可能做到事无巨细、亲力亲为。可是父母的标杆一直在升高。20世纪80年代涌现了一批"直升机父母"①（helicopter parents）。他们终日徘徊在孩子周遭，担心他们的安全，怕孩子受到一点儿伤害。

从20世纪90年代开始，直升机式育儿演变成了精细育儿（intensive parenting）。大批的母亲们和父亲们觉得他们必须时时刻刻监管、教育孩子。《纽约时报》（New York Times）在2019年一篇谈及精细育儿的文章里指出："如此一来，父母们使劲儿把每个下午、周末都填满，给孩子们报各种兴趣班、补习班，还有各种旅行运动比赛。"②

尽管大家都认同父亲应该更多地与孩子相处，可就文化层面而言，精细育儿仍旧对母亲提出了更多的要求。斯坦福大学的社会学家科雷尔声称："孩子出了什么事，那就是妈妈的问题——不关爸爸什么事。那些把事业放在家庭前面的母亲们常常招致负面的评价。"

精细育儿有可能是"冰箱母亲"（refrigerator mothers）这种心理学说的残余现象，该心理学说已经被证伪。黛博拉·丹宁（Deborah Tannen）在她2006年《你真要穿成这样？理解对话中的母女》（You're Wearing That? Understanding Mothers and Daughters in Conversation）一书中提及，在20世纪五六十年代，大多数专家认为"自闭症的成因是孩子的母亲不够温暖有爱"（即"冰箱母亲"学说的观点），而实际上，自闭症是生物原因致病。③

---

① "直升机父母"指过分介入儿女生活，过度关心、保护子女的父母。因为他们就像直升机一样一直盘旋在子女身边。——译者注

② Claire Cain Miller and Jonah Engel Bromwich, "The Unstoppable Snowplow Parent," *New York Times*, March 17, 2019. ——作者注

③ Deborah Tannen, *You're Wearing That? Understanding Mothers and Daughters in Conversation*（New York: Random House, 2006), 43. ——作者注

年轻的凯蒂娅·比彻姆是电商化妆品初创公司桦木盒子的联合创始人之一和首席执行官,她也是精细育儿的范例。这位年轻的妈妈在 2014 年产下双胞胎儿子,第一次做妈妈的她片刻不离地悉心照料两个宝宝至 10 周大,才回归工作。她还向我透露:"我有一本日记,记录的是双胞胎的排尿、排便情况,足足记录了 4 个月。"

"作为妈妈,你当然要确保孩子们没事,"她说,"我紧张极了,一切都压得我喘不过气来。"

处于紧急关头的父母

当下,那些严苛的父母有个绰号叫"铲雪机父母"(snowplows parent),因为他们为了铲除子女面前的障碍,不惜花费重金和时间,哪怕子孙后代已长大成人。

《纽约时报》2019 年发起的一次调研结果显示,在那些拥有 18—24 岁子女的父母中,有 74% 曾为孩子预约医生。[①] 这项全国调研的对象分为两组:一组是 1136 名父母,另一组是 1508 位 18—28 岁的成年孩子。《纽约时报》和民意测验执行者都没有透露这些为成年孩子预约医生的是父亲还是母亲。该报引用的另一个"铲雪机父母"例子是,有的父母会在成年孩子实习结束未能转正的时候,跑去公司找领导抱怨。

亚历山德拉·莱本塔尔(Alexandra Lebenthal)是一名第一代

[①] Kevin Quealy and Claire Cain Miller, "When Parents Jump In Even When You're 28," *New York Times*, March 13, 2019. ——作者注

超能妈妈。我俩在曼哈顿公园大道的一家高雅餐厅共进午餐之时，她告诉我，自己还在帮 23 岁的女儿夏洛特·戴蒙德（Charlotte Diamond）预约医生。直到 2017 年，她都是家族债券公司——莱本塔尔公司（Lebenthal & Co.）的负责人。来赴约时，这位华尔街老将身穿黑色毛衣、豹纹短裙，戴一副黑框眼镜。

莱本塔尔谈起自己职场妈妈的身份："等孩子上了高中或大学，他们成人了，职场妈妈就容易多了，因为你不需要像他们小的时候那样时刻陪伴左右。"除了戴蒙德，她还有一个已成年的儿子和一个正处于青春期的女儿。她并不认为帮戴蒙德预约医生是她作为母亲的责任："可我还是帮她做了。"莱本塔尔目前是一家服务女企业家的精品投资机构——帝国全球风投（Empire Global Ventures）的高级顾问。

莱本塔尔的大女儿戴蒙德是一名珠宝营销助理，就职于《时尚》（*Vogue*）杂志。她说，妈妈通常只帮她预约与医生的初次问诊，这样她就不必再专门请假。这位年轻的女士现在自己打电话预约医生，因为她"有一段时间没有换新的医生了"。

我好奇，莱本塔尔之所以成为一名"铲雪机父母"，是否出于她对自己早年育儿失误的后悔。她自己也承认，从前既要养儿育女，又要管理错综复杂的公司业务，确实没有办法面面俱到。有一次戴蒙德在曼哈顿就读的学校举办母女亲子午餐，她却迟到了。"我搞错了时间，从华尔街匆忙赶去上城区，就晚到了。"想起自己曾错过女儿学校的活动，这位超能妈妈忍不住在街头掩面哭泣。

当莱本塔尔出现在公众视野的时候，她总是被问及如何保持工作和生活的平衡。这位超能妈妈则告诫妇女们，不要用自己作为家长的不足之处来定义自己的母亲角色。

莱本塔尔相信职场妈妈们一直在努力解决这一问题，哪怕她们不像莱本塔尔一样可以负担得起请保姆和每周一次的家庭保洁服务。兼顾事业和母职带来许多挑战，这些挑战"是每一个母亲都会面临的情感和个人问题"。

"你今天可能做得很完美，你可以举起胜利的双手，"她一边说着一边高举起双手，"可到了明天，你也许就会在街头哭泣。不管完美还是失误，都不会持续太久。"

越来越多的美国母亲进入职场，走上了有影响力的管理岗位。可是她们仍旧面临着社会层面的障碍：社会对事业心强的女性有着根深蒂固的成见，国家政策也没有规定公司必须提供带薪家事假。工作主义带来的压力又使问题进一步复杂化。

不过事态还是有乐观的一面。比起婴儿潮一代，可供第二代超能妈妈选择的家庭友好型雇主要多得多。X一代的职场妈妈既可以选择加入有同理心的企业巨头，获得丰厚的津贴，也可以选择加入由某个已育女性执掌的初创公司——因为她自己也有孩子，能够更加公平、将心比心地对待职场妈妈。

第二章

超能妈妈对母职寄予厚望

✶

每个要当妈妈的女人都梦想拥有一次完美的孕育。

我第二次怀孕的经历简直是一场梦魇。我患上了先兆子痫,血压一度飙升,还可能引起致命的中风。

先兆子痫基金会(the Preeclampsia Foudation)称,血压紊乱一直是母婴死亡的头号杀手。所有孕妇中约有5%曾深受先兆子痫的困扰。

那是1983年,预产期的5周前,我在华盛顿中心医院焦急地等待剖宫产手术,这样就可以免受先兆子痫的痛苦。我的手上套着一个可以读取实时血压的护腕。护腕频频测试到我的血压数据偏高,每次都发出响亮的"哔哔"声。手术前,我躺在手术室隔壁的一间屋子里,一个护士用手戳了戳我的大肚子。

"孩子小得像一粒花生米,"她冷不丁地抛出这么一句,"你应该把剖宫产推后两周,让孩子再长大些。"

我瞬间忍不住放声大哭，结果我的血压升得更高了。匆匆赶来的产科医生再三安抚，向我保证胎儿已经足够大，可以出生了。两小时后，我的阿布拉来到了这个世界，体重 4 磅 8 盎司（英美制质量或重量单位，1 磅等于 16 盎司，合 0.4536 千克）。我给我的早产儿骄傲地取了个小名——"小小妇人"。

所幸我和宝宝后来都没有受到先兆子痫的持续不良影响，可这惊悚的经历让我断了再度怀孕的念头。

斯泰茜·覃克（Stacey Tank）是一名第二代超能妈妈，她对两次先兆子痫的处理方式与我不同。她不像我，我患上这个病的时候质疑自己是不是因为工作上压力过大才导致血压升高，为此痛苦不堪。覃克告诉我，在她的大儿子杰克逊（Jackson）于 2009 年出生之前，先兆子痫导致的抽搐差点儿让她丧命。

5 年之后，在她的小儿子克罗斯比（Crosby）出生 5 周前，覃克再次因患上先兆子痫入院。彼时将满 33 岁的覃克是荷兰酿酒商在喜力啤酒美国分部（Heineken USA）的高级副总裁。她曾多次帮助企业化解公关危机，其中包括美国分部第一次召回一批瓶子里含有碎玻璃渣的啤酒。

覃克说她直到住院前还在工作，12 英尺（英美制长度单位，1 英尺等于 12 英寸，合 0.3048 米）见方的病房就像一间牢房。开电话会议时，有个同事问外面是不是有卡车在倒车，因为一直听到"哔哔"的声音。她回忆道："我关掉佩戴的病人监护仪，这样他们就听不到'哔哔'声了。"她的经历并非独一无二。我见过许多辛勤工作的两代超能妈妈，她们敬业到什么程度？不论是个人生活还是职场上的磨难都不能让她停止工作。

两次先兆子痫的发作甚至让覃克失明了几天。就算血压紊乱和子痫是由高强度工作导致的，她发誓："我会撑到最后一口气，拒绝接受这一现实。"我们会面的地方位于她的办公室——家得宝（Home Depot）公司亚特兰大总部的 27 楼。从窗户望去，可见远处亚特兰大市中心的天际线全景。家得宝是一所家装连锁店，有 5000 名雇员，服务全美那些有家庭装潢和整修需求的顾客，业务金额多达数十亿美元，覃克任运营副总裁。

她说："工作对我一直很重要，我喜欢在白天把该做的事都完成，这样到了晚上才可以心安理得地入睡。"2020 年 6 月，她成为喜力啤酒的首席转型与公共事务官。

我采访的这些超能妈妈不仅对母职和孩子寄予厚望，她们对自己产后的职业轨迹同样充满期待。这两代女性不约而同地把生育年龄推到 30 岁之后，因为这个时候她们在事业上已经小有成就了。

不过说起备孕、怀孕、休产假、回归职场，这两代超能妈妈的处境和选择都各有不同。X 一代和千禧一代的妈妈们遇见更愿意出力共同育儿的伴侣和更富有同情心的老板，负担就会减轻很多。相较而言，婴儿潮一代的妈妈们从伴侣或雇主那里获得的帮扶甚少。如果她们在新生儿到来时，不搁置事业或减轻工作量，那么势必得不到社会的认可。不过，面对难以预料的为人父母之旅，她们都没能找到应对这巨大变化的万全法则。

健康的孕程

第一代和第二代超能妈妈之中都有无法顺利怀孕的,受此困扰的准妈妈们遍及各个工作级别。贾娜·施洛德(Jana Schreuder)在北方信托公司(Northern Trust Corporation)工作了38年,职位一路攀升。北方信托是芝加哥的一家大银行,服务于高净值客户和全球企业。在这38年将近一半的时间里,她都在尝试受孕。

1980年,施洛德作为应届毕业生申请了北方信托的4个入门级工作岗位,却都遭到了拒绝。"就他们的招聘条件来看,我要么是资历过高,要么是资历不足。"我和施洛德相约在曼哈顿中城一家喧闹的法国酒馆,她对我回忆起自己当年的求职经历。

在第4次收到这家银行的拒信之后,这位21岁的商业新手向一位内部招聘人员恳求道:"我真的很想在这里工作,除了会计,我什么都能做。"在学校的时候,会计这门课就不是她的强项。

这位内部人员回复说:"很遗憾,我们这里仅有的一个职位就是会计了——员工福利会计师。"

施洛德在别无选择之下接受了这份工作,成了一名员工福利会计师。她负责为北方信托的企业客户制订养老金计划书。身高只有1.5米左右的施洛德总是穿着4英寸高的鞋子去公司,她几乎每天工作14—16小时。

施洛德的先生埃里克(Eric)是一名酒店经理。夫妇俩为生下一个孩子辛苦了14年。她说:"我一直都想成为一名母亲,我知道这是生活的一部分,也是定义我成功不可或缺的一部分。光有事业对我来说是不够的。"

随着施洛德在管理职位上的步步晋升,她的最佳生育年龄则在渐渐远去。这是有事业野心的女性常会走上的一条冒险道路。怎样既可以登上崇高的职业目标,又可以不为母职所累呢?要如何选择一个家庭友好型的工作单位,才能避免一些艰难的取舍?施洛德说,如果生孩子会阻挠她在北方信托公司事业进展的话,她宁可换一家公司效力。

施洛德和先生经历了7轮不孕不育的治疗,包括4次试管婴儿手术。"都没用。"她觉得不可能跟银行里大多数的男同事讨论治疗的细节,因为与工作无关。

施洛德和先生还尝试过领养,可是因为埃里克已步入中年,他们的申请未被接受。这对夫妇终于在1994年放弃了要孩子的努力。

而让她大吃一惊的是,不久之后她竟然怀孕了。已是银行副总裁的施洛德在38岁那年生下了女儿艾莉森(Allison)。她欣喜地宣告:"她是我的奇迹宝贝。"

2014年,施洛德成为北方信托的第一位女性首席运营官。4年后,她在60岁这一年正式退休。

在我所采访的每一代超能妈妈之中,都有人曾经历艰难的怀孕过程或没能顺利等到宝宝出生。与我见面的几个婴儿潮妈妈告诉我,她们从不向男同事透露自己的流产经历——因为不想因此削弱自己的执行官威严形象。与她们相比,第二代超能妈妈在经历流产后,一般不避讳让同事知道。因为她们相信把真实的自己带到职场，能收获女同事的支持，也有助于打造一个透明的企业文化。

贾内尔·比勒尔（Janelle Bieler）可以说是这两代女性之间观念转化的代表人物。比勒尔是总部在瑞士的全球人力资源巨头公司德科集团（the Adecco Group）美国分部的高级副总裁，负责监管美国地区的零售业务。

比勒尔23岁时已是企业租车（Enterprise Rent-A-Car）的分行经理，企业租车这个品牌颇受欢迎，它的母公司负责人也是一名女性。她在2011年离开了企业租车，加入了万宝盛华集团（ManpowerGroup），因为后者准许她拥有灵活的工作时间。她说："我可以在保留将来生育需求的同时拥有成功的事业，万宝盛华真的做到了'工作以人为本'。"这名36岁的超能妈妈在2013年产下爱女布里（Brie）。

次年，比勒尔加入了竞争对手德科集团，担任地区副总裁。不幸小产两次之后，她在2016年再度生产。每一次流产之后，比勒尔都会得到上司和同事的许多宽慰。

她的直属上司自己也是一名有两个孩子的母亲。2014年比勒尔第一次流产之后，这位上司鼓励她根据自己的需要休假，调整好身心。上司说："我知道你想尽快回来上班，但我更需要确保你平安。"在今天的职场，不论性别，做一个善解人意的领导已成为企业标准的行为规范。

和比勒尔关系亲近的骨干成员，12位副总裁（其中10位都是女性）同样给予了她莫大的关心。她说自己第一次怀孕才两个月的时候就兴冲冲地与同事分享了好消息，却不幸在两周后流产。

比勒尔回忆，这些高管同事不只是对她的损失表达同情。"同事们会问我：'你需要什么吗？我能帮你做点什么吗？工作上有什么可以帮忙的？你要是请假，我可以帮你分担些什么？'"她说。她在家休息了一周，期间其他几名女性副总裁对她坦言她们自己也曾流产过。

比勒尔的第二次流产仍是痛苦万分，但是同事们再次伸出的援手让她倍感温暖。"我意识到她们许多人其实是我的朋友，如今谈论起来，我还是抑制不住激动的情绪。"她强忍眼泪对我说。

身为德科集团执行官，比勒尔觉得自己可以坦率地分享流产的经历，这说明职场交际和对话方式正在悄悄地改变。"许多像我这样年轻的女性决策者愿意大方分享和谈论这些自我关爱的话题，"比勒尔说，"我们不再害怕说出自己的心声，这也鼓励了其他人大胆分享。"

另一位年轻的超能妈妈，米根·施密特（Meaghan Schmidt）在经历了怀孕的艰辛之后，毫不犹豫地成为职场父母的拥护者。她是全球管理咨询公司艾睿铂（AlixPartners）集团的执行董事。2017年，在初入职场13年之后，时年36岁的施密特赢得了这一高管职位，兼任公司董事会成员。

施密特曾为多家跨国公司开展高风险金融调查。拆穿伯纳德·麦道夫（Bernard Madoff）高达500亿美元的金融诈骗案，她功不可没。

施密特在儿子瑞恩（Ryan）还是学步孩童的时候，曾在几个月内流产两次。第一次流产发生在2014年的一场会议中。在客户位于曼哈顿的董事会议室里，11名与会者中10位都是男高管，她是在座的唯一女性。

我与施密特的采访约在她位于曼哈顿中城狭小的办公室。她说："我恨不得钻到桌子底下，逃出那个房间。"会议期间与客户的探讨变得异常激烈，她仍坚持熬完了整场会议。她没有逃离，因为她要证明自己的价值，要让年长于她的男同事们认可她的能力。施密特说："我好不容易才在这张会议桌上有了一席之地。"

两代的超能妈妈们多少都觉得自己在职场上不得不树立某种公共形象，这一点施密特表示赞同。拿她自己的例子说，她不得不在一同与会的男同事面前展现出强大的勇气。

那场会议结束后，施密特步行了4个街区回到艾睿铂的办公室。痛苦不堪的她把自己关在卫生间里，再也忍不住眼泪。"为了生下这个孩子，我们已经努力了两年多。"

施密特几次流产的痛苦经历，促使她在艾睿铂内部创立一个专门服务职场父母的员工资源小组。2015年她的儿子欧文（Owen）出生后6个月，该小组成立。截至2020年1月底，加入这个小组的全球成员已达443名。

也正是这个职场父母人脉网说服了艾睿铂扩大给员工的亲子福利。通过该小组，施密特接触到许多担心怀孕生子会影响事业的同事。她观察到："一旦员工有了这样的困惑，她们第一个想要求助的人就是我。"2016年，施密特产下女儿凯西（Casey）。"这就是公司有更多女性和更多与我同辈的妈妈们的益处。"

她的超能妈妈小组规模已经足够大了，小组里的女性就工作上的事常常互相支持和引导。她们所处的工作环境与几十年前婴儿潮妈妈们面对的职场已大不相同，因为那个年代几乎没有女性高管，也没有女性榜样和导师。

想当妈妈的年轻女性会对施密特吐露自己难以怀孕的苦恼。她会大方地回复："知道吗？我也曾怀不上宝宝，我们来聊聊吧。"当她给予这些女性面对面的抚慰时，她说："你可以看到，她们瞬间就放下了那股压力和焦虑。"

施密特指着她办公室的一面墙，上面挂着孩子们画的色彩鲜艳的画。"我们常说艾睿铂有一种家庭氛围，这个小组的存在就加深了这种氛围。"

临产之际还在工作

1979年，我满怀欣喜地期待第一个孩子的出生，并未料想即将到来的婴儿对我的记者工作带来的种种影响。

彼时身怀六甲的我正为《华尔街日报》华盛顿分社报道一起重大新闻事件。那是临近我7月预产期的一个盛夏午后，我和一个矮个子红发男人试图挤进一场人山人海的新闻发布会现场，会议主持人是马萨诸塞州的参议员泰德·肯尼迪（Ted Kennedy）。集会的房间被摄像师、游说集团、观光客和记者们挤得水泄不通。大家都想一睹这位来年要参选美国总统的进步派民主党候选人的风采。

"记者！记者！"我身旁的这位矮个子男士捏着嗓子喊。可人群没有移动丝毫。

"怀孕的记者！怀孕的记者！"我低吼一声，弥漫着汗臭味的人群即刻为我裂开一条通道。

遗憾的是，作为一个怀着孕的职场女性，我也有过一些不好的遭遇。我膨胀的身躯曾在一天之内两次被视作公共财产。一个医疗产品制造商的公关经理和另一名男性在未经我允许的情况下，上来就拍了拍我滚圆的肚子。

拍我肚子的男人让我极其反感，这是对我个人空间的入侵。这跟我拍他们的屁股没有什么不同，二者都是不受欢迎也不应该发生的。女性为主宰自己的生育权已经历了漫长的斗争，为了身体自主她们要寻求更多尊重。即将临盆的母亲们更容易丧失自己的身体自主权——这是我自身的经历。

我在沉默中煎熬。20世纪70年代晚期，性骚扰还没成为一个广泛受到关注的话题。尽管一项1978年通过的法令明文禁止歧视孕期女性，职场上对怀孕员工的歧视仍然肆意泛滥；尽管法律规定不能对怀孕的员工区分对待，雇主们仍然可以解雇、遣散怀孕的员工，也可以明目张胆地不雇用她们。

我自己的不愉快经历并非新鲜事。出生在婴儿潮时期的第一代超能妈妈告诉我，她们在孕期都曾担心自己不被善待。这一代超能妈妈之中有两个代表人物，她们是安妮·韦斯伯格（Anne Weisberg）和艾达·萨博（Aida Sabo）。

1985年，韦斯伯格以优异的成绩毕业于哈佛法学院。她在宝维斯律师事务所（Paul，Weiss，Rifkind，Wharton & Garrison）负责妇女倡议活动。这家纽约的法律事务所把她招来担任这个职位，就是为了让她"识别公司在人才管理上的任何性别差异并进行干预"。我们的采访约在一栋摩天大楼，她的办公室就在那儿。随后，她的职责范围从干预性别差异扩大到给全公司的在职父母们提供小孩托管等服务。

在 2015 年加入宝维斯律师事务所之前，韦斯伯格曾在好几家公司担任多元化主管，专注提高女性地位。她供职的这些前东家里面就有世界最大的财富管理公司贝莱德集团（BlackRock，又称黑岩公司）。这期间韦斯伯格还与人合著了一部给职场妈妈的生存指南，于 1994 年出版。

韦斯伯格说，在她自己眼里，她是一个专业的女性主义者。她说："我看待万事万物都透过性别的镜头。"说这话的时候，她注视着我，鼻梁上架着一副深色镜框眼镜。她宽阔的办公桌边放着一个陶器茶包架，上面写着标语"女孩们都想成为 CEO"。韦斯伯格如此执着地要解决性别平等的问题，有一部分原因是她在另一家纽约律师事务所就职时恰逢第二次怀孕，这期间她与上司发生了一次激烈的冲突。

她是 1987 年加入那家公司的，当时也没有别的去处。几家大事务所听说她有一个婴儿，都拒绝雇用她。韦斯伯格的女儿莎拉（Sarah）才 10 个月大。"我要工作的地方，必须是我不必隐瞒自己有孩子的地方。"她的新雇主招聘了六七个女律师，开出的薪酬并不慷慨。韦斯伯格说："我从哈佛法学院毕业一年，工资只有同事的一半。"

1989 年 6 月，31 岁的韦斯伯格的第二个孩子要出生了。她拖着沉重的步子走进一位男主管兼公司合伙人的办公室，向对方要求 4 个月的带薪产假。

男主管不耐烦地说："我为什么要付钱给你休假呢？我恨不得也去休 4 个月的假。是你自己要生孩子的。"

韦斯伯格恼羞成怒地回应他:"怀胎十月不是我的错误啊!这就叫作性别歧视。"律所后来通过伤残保险支付了她要求的带薪产假,休假结束后她立即返回了工作岗位。

1991年,韦斯伯格休了一段时间的事假,这期间她着手撰写那本给职场妈妈的建议书。她本打算写完这本书就回去上班,可是等她回去的时候律所已经解散了。不过,她说自己在成为女性权益倡导者的过程中"找到了真正的意义和热情"。她还说,自己作为职场妈妈的角色也让她"更加了解了性别在职场中的角色"。

和韦斯伯格有着相似经历的萨博是一名久经职场的多元化领导,多年前怀孕待产之时,她也曾与种种职场障碍抗争。自2014年起,她担任百瑞精鼎国际股份有限公司(Parexel International Corporation)的多样性和包容性事务副总裁,这是一家总部设在马萨诸塞州沃尔瑟姆的医药研究公司。

萨博3岁的时候和全家一起从墨西哥移民硅谷。身为清洁工的父亲一直鼓励她努力学习,取得优异的成绩。勤奋奠定了萨博后来在经济上的成功。

采访她的那天碰巧是同工同酬日(Equal Pay Day),她告诉我:"工作永远是我生活的焦点。"在她眼里,努力工作是逃脱"全家人挤在一间逼仄公寓"的办法。我们相约在一个清凉的春天早晨,这位58岁的西班牙裔女性高管出现在我面前时,头戴一顶土灰色棒球帽,藏不住那一对绿松色耳环摇曳生姿。

1987年,持有电机工程学位的萨博被惠普公司(Hewlett-Packard Company)录用,成为一名"解决方案架构师"。在这里她开发了天线测量的专业知识。怀孕之后,为了把事业保持在正轨，萨博很久都没有向这家科技巨头透露自己怀孕的消息。

她觉得惠普的公司文化倾向于认为新手妈妈们在工作上不会那么上心，她担心怀孕的消息一旦暴露，公司会觉得她从此更顾家，而不是专注于工作。她回忆道："怀孕这个事实就是一头'房间里的大象'①（"big elephant in the room"）。"她只能和一群女同事在洗手间里悄悄分享她们第一次怀孕的喜悦之情。

孕期中的前4个多月，在惠普实验室里工作的萨博会扎一根腰带，不让男同事注意到自己日益凸起的肚子。那会儿她是实验室里唯一的女工程师——若干年后，X一代的职场女性面对的图景已大不相同。萨博在1991年生下了儿子大卫（David）。

随着时间推移，惠普公司职场妈妈们的境遇慢慢得到了好转——坐在角落办公室②的人员的流动也证明了这一点。萨博后来晋升为业务拓展经理，她于2000年从惠普离职。

此前一年，卡莉·菲奥里纳（Carly Fiorina）成为第一位执掌财富20强公司的女领导。2011年，梅格·惠特曼（Meg Whitman）被任命为惠普公司首席执行官。这两位女性都是职场妈妈，菲奥里纳有一个继女，惠特曼有两个儿子。

第二代超能妈妈在孕期受到的良好待遇与婴儿潮一代的先锋妈妈们的经历形成了鲜明对比。珍妮弗·海曼（Jennifer Hyman）就是一个代表人物。作为美国时尚服装品牌租赁公司——租赁跑

---

① "房间里的大象"是一句英语俗语，指某件显而易见的事，却被集体视而不见，刻意回避。——译者注
② 角落办公室即处于公司最佳位置的高级办公室，通常是总裁或总经理办公室。——译者注

道（Rent the Runway）公司的首席执行官，她把这翻天覆地的变化归功于"我与我的高管团队和董事会成员达成了一定的开放性和透明度，这在30年前大概是不可能的"。猜测背后的原因，大概是：那些财大气粗的风投集团希望在他们的投资组合公司中扮演第一决策者的角色。而在几十年前，由女性创立、风投支持的公司少之又少。

海曼在2008年与人合伙成立了服装租赁公司——租赁跑道，在这之前她曾担任几家大酒店和度假集团的经理，雇主包括喜达屋酒店（Starwood Hotels）和全球度假村（Resorts Worldwide）。在租赁跑道位于纽约潮流社区苏豪总部没有窗户的办公室，我见到了这个身高近1.8米、一头黑发的执行官，她正怀着第二个孩子。她坐在一架白色书柜旁，书柜里面塞满了照片。她拿出一张银色边框里的照片给我看，那是她和先生本·斯托弗（Ben Stauffer）2017年的结婚照，照片里他们怀抱着第一个孩子——6个月大的奥若拉（Aurora）。

租赁跑道一开始的服务范畴是租赁昂贵礼服，后来转向了会员服务：顾客每月支付会费，可租借日常着装和特殊场合服饰。公司发展迅猛，在2016年收入达1亿美元，实现盈利。

同年春天，35岁的海曼订婚。几个星期后，她同公司几个董事会成员在格林尼治村的一家叫"拉图西"的意大利餐厅吃庆功宴。席间她当着众人宣布了一个私人决定："我要跟在座的董事会成员说——'告诉你们一声哦，我要开始备孕了。'"

海曼觉得，公司董事会成员男女对半，他们都有权知晓她个人的生活抉择，何况没有一个人曾对她暗示"有了孩子你就该担心事业不保了"。她还说,在创业过程中,"那些投资你的人将变成你大家庭的一员"。她觉得自己是"真心喜爱这些董事会成员,也把他们当朋友"。在座的每个人都向海曼报以热烈的欢呼。"他们欢呼、拥抱、亲吻我。"

怀孕没有影响海曼展示自己在融资上的非凡实力。2019年3月,怀孕9个月、就要临盆的海曼为租赁跑道融资1.25亿美元。这是公司成立以来的最大一笔融资,也一举将市值推向10亿。很少有初创企业能企及这样高的市值,租赁跑道因此成为行业翘楚。随后她产下二女儿塞勒涅。

海曼说,她对一些怀孕的企业家在大笔融资上的糟糕经历有所耳闻,潜在的投资者会怀疑她们没有能力同时管好一个初创企业和一个嗷嗷待哺的婴儿。谈及自己在即将迎来第二个孩子的时候去融资,她表示:"我没有遇到这样的情况。因为我已经在这里投入了这么多的热情和心血,我的工作动力不会停止。这是毫无疑问的。"换句话说,她已经向租赁跑道的投资人成功证明了自己完全可以一边经营好公司,一边照顾好孩子。

可行的产假

第二代超能妈妈通常会在生产后休假几个月照顾新生儿。海曼在2017年3月生产后,休假4个月照顾女儿奥若拉。不在公司的这段时间,她全权信赖管理团队的决策。

"公司的事不是一个人说了算。他们在每一个决策上都会协同合作。"海曼回忆道,在第一次休产假前的那几年,自己在会议上必须拍板做决定的次数用一只手就能数得过来。她说这是因为她"在团队中建立了一种信赖合作的氛围,他们只需要将这股信赖的氛围延续下去就可以了"。

我采访海曼的时候,她的 7 人团队之中有 5 位是女性,并且都做了母亲。2019 年 4 月,二女儿塞勒涅出生后,海曼休了近 5 个月的产假。

海曼可以休这么长的产假,这与她的前辈们相比,可谓是相当大的变化。出生在婴儿潮时期的第一代超能妈妈能得到 6 周的产假,就是公司莫大的慷慨福利了。有的人根本休不了这么长的假就要匆匆回来上班,以证明自己对工作的专注。

林恩·朱克曼·格雷(Lynn Zuckerman Gray)的经历就颇具戏剧性。律师出身的她做到了雷曼兄弟控股公司(Lehman Brothers Holdings)的高管职位,这家曾在业内颇受敬重的投资银行于 2008 年宣告破产。格雷接下来创立了"校园童子军"(Campus Scout)组织,致力于协助雇主在大学进行招聘,办公室就是她在曼哈顿公寓的其中一间卧室,她在这里已经住了几十年。

1982 年,32 岁的格雷在整合资源(Integrated Resources)地产投资公司任高级副总裁。身材结实、额头布满皱纹的她此时正怀着女儿埃米莉(Emily)。尽管她已跻身公司最高层,她仍表示:"所有的男同事都想当然地以为我生了孩子就不会回来了。"

因为他们已经这样认为了,所以在格雷的孕晚期,这些男同事不再让她参与地产成交案。"他们越是认定了我不会回来,我越是坚定地要回来上班,"她说,"我倒是要让他们看看。"

格雷压根儿就没有申请产假。她这样严苛的决定可以说是 20

世纪 80 年代的女性为了同时拥有孩子和事业的一个极端例子。她们不顾一切地要向男同事证明自己可以全心全意扑在工作上。与今天的职场女性不同，那个时候她们缺乏一群富有同理心的同事，身边也没有其他的女性经理。

格雷在一个星期二出院，怀里的埃米莉才出生 3 天。第二天她就回公司上班了，公司离家两个街区。她的身体还未从生产的疼痛中恢复，不得不带一个产后枕头去公司，才能勉强坐下。

她承认："我一天产假都没休，糟糕透了。"说这话时，她的手掌摊在胸前，似乎是在表达歉意地说道："我想要证明自己，证明我就是要重返职场，他们应该认真对待我。"尽管事业对她如此重要，如今她还是对自己的决定后悔了。"如果可以重来，我会去休产假，让身体慢慢恢复，我会享受和孩子的宝贵时光。"

格雷的例子在婴儿潮妈妈群体之中并非常态，但也不是新鲜事。研究顾问米歇尔·马丹斯基（Michele Madansky）在 2018 年进行的一次针对 362 名科技行业女性职员的民调，呈现了两代职场女性在休产假上的不同倾向。这 362 名女性大多都在旧金山湾区工作。44% 的受访者说自己并没有休满规定的假期，因为她们觉得休完全部假期势必对重返职场不利。年龄在 45 岁之上的女性之中有 53% 不休满产假，年纪在 45 岁以下的女性中只有 38% 选择不休完整个产假。

马丹斯基在 2016 年写过一篇相似的报道，是她与风险投资家特雷·瓦萨洛（Trae Vassallo）合著的《硅谷里的大象》（"Elephant in the Valley"）。2018 年的调研是这篇报道的续篇。

新手爸爸去哪儿

多丽特·J.伯恩（Dorrit J. Bern）是第一代超能妈妈。她在1979年生下老大查德（Chad）的时候，先生几乎没有帮什么忙。时年29岁的伯恩是美国联合百货公司（Allied Stores）达拉斯总部的一名采购员，她的丈夫史蒂夫（Steve）是波音公司某部门金融副总裁。

儿子查德出生后，史蒂夫只请过一天假。他不愿意向单位申请更多的陪产假，因为"他担心会丢了面子"。孩子出生才一周，史蒂夫就丢下他们母子，独自去西雅图出差了10天。

查德第一年频繁生病，伯恩要兼顾工作和生病的孩子，这让她"心力交瘁"。她跟史蒂夫摊牌，如果要更多的小孩，他不能把所有的活儿都丢给她一个人。史蒂夫答应了。

伯恩后来又生了两个儿子。这期间她也开始在零售行业担任越来越高的职位。老二和老三出生后，她的先生"从喂奶到换尿布，再到起夜照顾宝宝，凡事亲力亲为"。老大8岁那年，伯恩成为西尔斯·罗巴克公司（Sears, Roebuck & Company）的第一位女商务经理。她于1995年离职，加入并执掌购物迷（Charming Shoppers）公司——一家大号女性服装连锁商店，这份工作她一做就是13年。

与上一代相比，第二代超能妈妈的伴侣倾向于休更长的产假。本·斯托弗就是一个很好的例子。斯托弗是一名电影电视编辑，太太是租赁跑道的首席执行官珍妮弗·海曼。他们的宝宝奥若拉出生时，夫妇俩休了同样长的产假，这可以说是男性文化转变的标志。海曼回忆，这4个月期间，"我们一起享受了这段特殊而宝贵的时光"。像斯托弗这样职业自由的爸爸们可以自主定义工作原则、自主掌握工作日程安排，那些在公司企业工作的爸爸们就不一样了。

而这也是玛丽·哈密尔顿（Mary Hamilton）和保罗·斯滕黑根（Paul Sternhagen）的新手父母之旅并不那么顺利的原因之一。哈密尔顿和斯滕黑根二人同为管理顾问，也是长久的生活伴侣。2016年，将近41岁的哈密尔顿生下双胞胎儿子。就在他们出生5天前，斯滕黑根刚刚以合伙人身份加入麦肯锡咨询公司。俩人还育有一个2岁的儿子。

哈密尔顿在另一家全球管理咨询公司埃森哲（Accenture）咨询公司工作。1997年，我们在她位于加州圣马特奥郊区的家中交谈时，她刚刚晋升为埃森哲在美研发实验室的领导。

双胞胎在重症监护室待了4个星期。尽管麦肯锡准予了长达两个月的陪产假，斯滕黑根也只暂停了一星期的工作。"我作为刚加入公司的新人，怎么可以休满整整两个月？不可以的，"他对哈密尔顿说，"我有同事才休两天假就觉得已经很多了。"

哈密尔顿并不认同他的看法。她指出，麦肯锡肯雇用他自然是有原因的，所以"他根本不必觉得充分享受公司给予的新爸爸福利有何不妥"。可是她的伴侣就是不肯。哪怕职场父母的福利扩大了，仍不够满足新手爸妈的需求，企业文化也得适度调整。

斯滕黑根后来患上了父亲产后抑郁症①，全世界男性患这一疾病的比例仅为10%。哈密尔顿回忆，他对自己能否成为一名好父亲深感忧虑。"他觉得自己无法胜任父亲这一角色，于是就干脆疏远孩子们。"

接受我的采访时，这位埃森哲高管坐在饭厅，紧握的双手按在桌上的玻璃板上，忍着不让眼泪涌出。她说，当年要照顾3个孩子和生病的伴侣成了她"肩上沉重的负担"。斯滕黑根后来换了工作，二人还接受了伴侣心理咨询，最终这位父亲康复了，走出了抑郁症的阴霾。前面曾提及，贾内尔·比勒尔在择业时选择相信和依赖男同事，希望和伴侣共同育儿的年轻男士们在选择雇主时也要考虑这一因素。

重回职场的新手妈妈

我们这一代出生在婴儿潮的女性作为职场妈妈的先锋，在重新回到全职工作岗位的时候，常会遇到些意想不到的"工伤"，其中最糟糕的一种就是来自同事的冷漠。

我的儿子丹出生后，我把产假和年假一起休了，有3个月没来上班。第一天回到《华尔街日报》时，男同事就对我冷嘲热讽。

一个同事问："你每天来上班，把孩子扔到哪儿啊？"

另一个同事和我一起等公交车时，观察到我焦急的神色，便开玩笑说："我说你啊，乔安，你根本没必要来上班啊，何不待在

---

① Peggy Drexler, "It's OK for Parents to Feel Ambivalent About Their Childern," *Wall Street Journal*, June 22, 2019. ——作者注

家里摇椅上摇你的宝贝啊?"

后来我在日报的社论版块以第一人称写过一篇散评,其中就引用了同事们对我说过的这些嘲讽。① 那篇文章写于不是人人都有电脑的 1980 年,文章旁边是一幅插画,画的是一个婴儿对着打字机皱起眉头。"我没料到,既要工作又要照料一个小孩是如此艰难,让人筋疲力尽又满是自责,"我还写道,"社会依然对职场妈妈充满了评判,觉得她们既然还要上班,就当不好一个母亲。"尽管我所描绘的职场妈妈受到的社会成见在当今已经消退了许多,但没有全然消失——尤其是对于位高权重的超能女性而言。

重返职场后,我也无法在工位上吸奶和存奶。母乳喂养的妈妈靠一天之内多次哺育婴儿或使用吸奶器泵奶,来维持奶水的持续产出,有时一个小时就得喂一次或泵一次。我在《华尔街日报》公司大楼的厕所里挤着奶,想到孩子流失的营养,忍不住流下懊恼的泪水。那个时候没有便携式吸奶器,办公楼里也没有专门的哺乳室。每日独自躲在厕所挤奶让我倍感孤立和孤独,这感觉糟透了。当时我是《华尔街日报》华盛顿分部唯一一个有了孩子还在上班的女性。

同步金融集团首席执行官玛格丽特·基恩也与我分享了相似的经历。1989 年,30 岁的基恩是花旗银行(Citibank)纽约地产业务的首席营销官,她的儿子布莱恩(Brian)在这一年出生。基恩产后回到公司上班,没有一个同事伸出援手帮她顺利度过重返职场的过渡期。

---

① Joann S. Lublin, "What Should a Mother Do About Her Career?," *Wall Street Journal*, March 21, 1980. ——作者注

"孩子也出生了,你已经回来上班了。你不需要再说这个话题了。"基恩回忆。她从不向女主管诉说自己夜里多次起来照顾布莱恩的疲惫,因为那名主管"自己没有孩子,也不是很支持有孩子的女员工"。基恩说:"那个年代社会有种约定俗成的观念——女人生了孩子就安心待在家里吧。现在这根本不是问题。"

我遇见的其他超能妈妈基本都同意基恩的观点,少数美国人却并不赞同。据皮尤研究中心①(the Pew Research Center)在2019年针对9834名美国人做的调研结果,差不多每5个美国人里面就有一个认为:孩子小的时候,母亲应该待在家里全职照顾孩子,这才是理想的状态。

职场环境对回来上班的新手妈妈的态度显然在转变。艾睿铂的米根·施密特在自己5年休3次产假期间,见证了极大的变化。说到哺乳妈妈的吸奶经历,职场环境的变化尤为真实。

2012年施密特第一次产后回到职场,当时艾睿铂没有专为员工提供的哺乳和吸奶设施,她不得不跑到办公室楼上的员工储餐室吸奶。她回忆起一个窘迫的场景:"当时公司法务总监的午餐也存在这屋子的冰箱里,我在里面吸奶,他在外面时不时敲门问我:'米根,你弄完没有?'"

2017年施密特在休完第3次产假回到公司时,她有了一间门上带遮帘的办公室,她在里面可以一边办公一边吸奶。有时候,客户会从电话会议的那一端询问这奇怪的噪声是从哪儿来的,施密特则会大方地回答:"不好意思,我在吸奶。"她强调:"承认自己在吸奶,我从来不觉得尴尬。"

---

① 皮尤研究中心是一家美国民调和智库机构。——译者注

艾睿铂很快在全球各个公司设置了"健康室",用来服务哺乳期的妈妈们。这些房间有自动带锁功能,房间内设有迷你小冰箱和妈妈们用来洗泵奶器的深水池。截至2020年7月,艾睿铂在全球23间办公点之中,有20个已经设置了健康室,剩下的3处于2021年完工。用人单位做出的这番努力,其意义和影响是深远的:企业为员工提供一个舒适的挤奶环境,证明了他们愿意留住职场妈妈。

当今也并非每一个哺乳期的妈妈在返回职场的时候都能幸运地拥有一间舒适的泵奶室。2010年的一条法律条文规定,全美所有雇主必须为员工提供"合理的休息时间",便于员工吸奶用于哺乳,并且雇主须提供有别于卫生间的隐蔽场所以供哺乳期员工使用。

可事实上,只有47%的待产妇女说她们上班的地方有专供吸奶的场所,63%的孕期妇女表示许多人对于职场上的哺乳期妇女仍存在偏见和耻辱感。这一结果来自吸奶器制造商爱热福医疗保健(Aeroflow Healthcare)公司在2018年针对774名孕期妇女所做的调查。

加利福尼亚大学哈斯汀法学院工作生活法律中心在2019年发布了一份类似的报告。[1]该报告指出:在过去10年涉嫌母乳喂养偏见的案件中,近三分之二的女性失去了工作。该报告引用的一些歧视表现方式包括:在"员工感到疼痛,奶水溢出的情况下",雇主仍不准许她们去吸奶。

第一代超能妈妈在生产之后较少得到升迁的机会,即使有也

---

[1] Liz Morris, Jessica Lee, and Joan C. Williams, "Exposed: Discrimination Against Breastfeeding Workers," Center for WorkLife Law, University of California, Hastings College of the Law, January 2019, 4. ——作者注

要付出代价。彭妮·赫尔舍是一名科技行业资深人士，后来成为初雨公司掌门人。1993年，赫尔舍在新兴软件设计公司新思科技（Synopsys）工作。同年，她生下儿子的4个星期后，公司的首席执行官邀请她成为部门经理。

而代价是什么呢？赫尔舍没能休完6周的产假，就得回到公司协助领导修复新思的企业组织架构。她回忆起那时刚刚出生的宝宝："宝宝5周大的时候我把他带到公司，一边喂奶一边工作。这个举动在当时令周围的人惊诧不已。"[1]

既养育孩子又收获事业上的突破，是第二代超能妈妈的普遍经历。2007年11月，IBM公司的赵人熙在家照顾3个月大的儿子雅各布（Jacob），她得知自己返回公司时将晋升为副总裁。赵女士回忆："32岁那年，我第一次当妈妈，还在这一年当上了副总裁，领导一个专业知识、规模、地点都不相同的全球团队。"她还说，高压形势迫使她养成了灵活利落的办事风格。她在IBM公司也一直晋升。2020年1月她成为全球战略合作伙伴总经理，掌管IBM公司与企业伙伴的数十亿美元业务。

对女儿们的厚望

我采访过的好几位妈妈都强烈渴望能有一个女儿，或许是因为母女之间常常有种亲密的连接。婴儿用品倍儿乐（Playtex Products）公司副总裁玛莎·奥尔森（Martha Olson）在1993年

---

[1] Joann S. Lublin, *Earning It: Hard-Won Lessons from Trailblazing Women at the Top of the Business World* (New York: HarperCollins, 2016), 141. ——作者注

生下女儿梅甘（Megan）时已经38岁了，此前她不幸流产过4次。她告诉我："我想要孩子想疯了，能得到一个女儿我真是太开心了。我自己小时候就是女孩中的女孩。"

我的女儿阿布拉出生时，我和先生同样欣喜若狂。我们已经有了一个健康活泼的儿子，我还想要养育一个意志坚强、对性别平等抱有崇高理想的女儿；通过养育她，我能让自己的精神不朽。

可是后来阿布拉对我在事业上的付出颇有负面情绪。我意识到女孩会格外激起母亲身为职场妈妈的自责感，任何一个挑战世俗文化的母亲都会跟女儿产生矛盾。

每一代超能妈妈在成为新手妈妈并要寻求个人抱负的同时，面对产生的一系列问题，都有自己应对的方法。出生在婴儿潮那一代的妈妈们为了获得男同事的敬重，做了些下狠心的决定。她们在备孕时不诉说自己面临的困难，怀孕后拼命掩盖日渐凸起的肚子，孩子出生了又立刻返回工作岗位。

相比之下，20世纪六七十年代出生的女性，在成为母亲之时，更容易遇到一个对家庭友善的工作环境和愿意支持她们的管理团队。反过来，当下有不少超能妈妈拥护她们的职场妈妈同事，为她们争取公司福利。她们这么做，也彰显了公司内部的透明度和继续晋升的可能。

随着员工开启为人父母的人生新篇章，美国的公司其实还可以做更多的努力来帮他们减少为职业做出的取舍。比方说，只有大企业的高层男性休陪产假成为常态，社会才会逐渐接受男性休陪产假这一现象。

第三章

当工作与家庭发生冲突

身为两个孩子的母亲和奋力工作的职场女性,我从未能完美地平衡工作和生活的钟摆。如今回头看,我真希望当时有人教教我如何完美地游走在工作和生活之间。

我的妈妈和两个孩子倒是完美掌握了一门艺术,那就是让我对职场妈妈身份倍感自责的艺术——有时候她们哪怕什么都不说,我就能感到自责。

时钟倒回 1986 年。我和先生迈克、6 岁的儿子丹、3 岁的女儿阿布拉住在马里兰州的贝塞斯达郊区。迈克也是一名记者,我们每天去往华盛顿特区市中心的《商业周刊》(*BusinessWeek*)和《华尔街日报》,往返通勤路上就要花费两个小时。邻居范妮(Fanny)帮我们照看孩子。

迈克和我争取每天下午 5 点半就做完手头的工作,匆忙赶在 6 点半之前回家,那是范妮的下班时间。我们的晚餐吃得很简单——微波炉加热的汉堡包,不知别人是否也是这样,和孩子们简单果腹。每次我把第一口食物送进嘴里,电话铃就响了——我妈妈来查房了。

"现在方便讲话吗?"她在电话那头问。每个工作日的晚上7点,她都会准时打来电话,问同样的问题。

"现在不方便,"我也毫不客气地回她,"我们刚准备吃晚饭。"

她的潜台词是:"你的工作有那么重要吗?至于每天让孩子们这个点儿了才吃得上晚饭吗?"

这一年,丹和阿布拉对他们的职场妈妈也表达了微妙的不满。我当时在考虑申请成为第一个登上宇宙飞船的记者。[①]太空之旅是让人振奋、千载难逢的经历,如果可以呼啸上天,不仅对我的职业生涯是一大助推力,对我的自我价值也是极大的鼓舞——我将会被载入史册啊。想到这一幕,我鸡皮疙瘩都起来了。

一开始,丹和阿布拉为妈妈能成为宇航员感到万分激动。可当他们得知,如果我去参加太空飞行训练,他们将几个月都见不到我,就改变主意了。孩子们求我不要去了。

他们的潜台词是:"我们和你相处的时间已经少得可怜了。你总是在工作,我们想你。"我于是放弃了申请。错失这一绝妙的职业机会,我自然感到灰心丧气;可得知孩子们想与我有更多时间相处,我又感到欣慰。

当工作和生活发生冲突的时候,职场妈妈们总是比职场爸爸们承受更大的压力。女性因为卓越的绩效获得工作上的晋升,她们为

[①] Joann S. Lublin, "Alas! Countdowns to Bedtime," *Wall Street Journal*, January 14, 1986. ——作者注

自己的母亲角色同样设置了严苛的标准——没能及时赶回家给孩子做饭、哄孩子入睡，她们就会焦虑自责。父亲们则不易陷入同等程度的不安，因为社会对他们的父职期待相对较低。有的父亲只是提前下班去参加孩子学校的活动，就能获得同事的赞扬。

研究显示，女性为工作和家庭的冲突付出了更多代价。2019年的一项大型研究表明，工作和生活的矛盾会使"心理压迫感上升、压力升高、幸福感降低"。[①] 调研者分析了来自 6025 名英国成人的数据，该数据涵盖包括高血压在内的 11 种慢性病。英国曼彻斯特大学和埃塞克斯大学的研究结论是：有两个孩子并全职工作的妇女，她们的慢性压力指数要比常人高出 40%。

这本书里提到的两代超能妈妈，对如何舒缓长时间工作带来的压力，如何处理长期出差见不到家人和远距离通勤等问题，有不同的应对策略。她们所做的尝试有：告诉孩子自己为什么要辛勤工作，带着想象力和个性化的方式对孩子表达爱。两代超能妈妈在处理这些问题上有明显不同的策略。

社会学家帕梅拉·斯通（Pamela Stone）在她 2007 年出版的《退出了？女性离开职场回归家庭的真正原因》（*Opting Out?: Why Women Really Quit Careers and Head Home*）一书中写到，20 世纪五六十年代出生的女性打破了性别屏障，融入了男性主导的行业和上层商业社会。她们开拓性的功劳也让她们站在了工作和

[①] Tarani Chandola, Cara L. Booker, Meena Kumari, and Michaela Benzeval, "Are Flexible Work Arrangements Associated with Lower Levels of Chronic Stress-Related Biomarkers? A Study of 6025 Employees in the UK Household Longitudinal Study," *Sociology* 53, no.4（August 1, 2019）: 779-799. ——作者注

生活矛盾的焦点上。斯通是亨特学院社会学系教授，她采访了54位超能女性。这些女性都曾暂停事业退居家庭照顾孩子，她们之中有不少人都表示"自己被边缘化、污名化，在生了孩子之后仍坚守事业的时候遭遇负面阻力"。[①] 斯通告诉我，2019年她采访的这54名女性平均年龄为61岁。

我采访的X一代超能妈妈已经从前辈身上明白了一个道理：哪怕意愿强烈，她们也不可能真正完美地平衡工作与生活。所以她们这一代开始坚定地拥抱工作和生活的钟摆，这种观念反映了她们眼里的现实：母亲们值得拥有家庭也值得拥抱事业。第二代超能妈妈同时也清楚地认识到了钟摆不可能两端都完美兼顾。与其在工作和生活之间来回摇摆，有时候她们不得不在排得满满当当的生活里，为二者划分清晰的界限。

桦木盒子的年轻掌门人凯蒂娅·比彻姆在3年内生了3个孩子，在此期间她还一直领导着这家美妆电商初创公司。即使可以明确工作和生活的界限，为了平衡工作和生活她仍忙得鸡飞狗跳。她也向我坦白："这就像蜡烛两头同时在烧。"回忆起那些艰难的日子，她忍不住掩面。

比彻姆在桦木盒子总是工作到很晚，但她常赶在3个孩子睡觉前回家，等他们入睡后再继续工作。她回忆道，自己每个工作日只能跟孩子们共处一两个小时，这"确实令人沮丧"，但她补充说："我在乎我的工作，我也为此感到幸运，我为自己职场妈妈的身份感到幸福。"

[①] Pamela Stone，*Opting Out?*：*Why Women Really Quit Careers and Head Home*（Berkeley：University of California Press，2007），19. ——作者注

兼顾工作和晚餐

对彭妮·赫尔舍这样的第一代超能妈妈来说，家庭晚餐时间很少是愉悦的。她领导初雨公司直到2015年。想起刚当上首席执行官的头几年，每个工作日都忙到没能跟孩子们一起吃晚饭，她很后悔。1996年，36岁的赫尔舍接管简答（Simplex Solutions）公司时，女儿梅拉妮只有4岁，儿子塞巴斯蒂安（Sebastian）才2岁。这家位于加州的初创公司雇了少量工程师制造半导体设计软件。

赫尔舍回忆，自己身为首席执行官，"每天都活在巨大的压力之下"。20世纪90年代中期，先进的智能手机还不存在，家用电脑使用拨号上网系统也是缓慢至极。"为了完成工作，我不得不在办公室工作到很晚。"

她每晚7点半到8点才能到家，到家时孩子们都已吃过晚饭了。"如果有机会重来一次，我会调整生活方式，尽量回家吃晚饭，"她语气中带着悔恨，"其实这并不会影响公司的发展。"

简答公司逐渐开始盈利，年营收达到5000万美元。赫尔舍在2001年带领公司上市，第二年就卖掉了公司。回头看这一路，她觉得没有什么工作的最后期限"有你想象中的那么重要"。

我还接触到一些第一代超能妈妈的女儿们，她们在成年后描述了童年时期位高权重的母亲缺席家庭晚餐的凄凉景象。林恩·朱克曼·格雷1982年生下了女儿埃米莉后，立即重回职场。成年后的埃米莉告诉我："（妈妈的地产执行官身份）定义了我的整个童年。我记忆中,她很少在身边。她不存在我的日常生活里,我更像是她生活中的访客。"

埃米莉7岁时父母离异,她每两个星期和父亲见一次面。在她的少女时期,平日里都是保姆做好晚饭,她独自坐在妈妈曼哈顿公寓的饭厅里用餐。"和妈妈一起坐在家里吃饭的次数我一只手就能数得过来——包括周末,"她说,"妈妈不会做饭,我们要吃也是出去吃。"多年以后她才意识到,妈妈虽不是一个好厨师,却是个一等一的商业执行官。

在我采访埃米莉之际,她在一家为退伍军人服务的机构工作。这家非营利机构支付的薪水非常微薄,所以年近37岁的她为了省钱,不得不搬回家与母亲同住。住在这间充满童年气息的曼哈顿公寓,是埃米莉需要克服的一项挑战。她承认:"我不得不面对过往生活里积攒的怨愤情绪。"

甚至到今天,这对母女平日里仍不在一起吃晚饭。埃米莉说她很少在晚上8点前赶回家,而这个时间母亲已经休息了。

另一位也叫埃米莉的女儿也向我诉说了童年的心酸故事,她的父母因为工作日晚餐的安排常把家里的气氛搞得很紧张。埃米莉的妈妈温迪·阿伯特(Wendy Abt)是一名投资银行家,曾为非洲政府当过顾问;爸爸克拉克·阿伯特(Clark Abt)是马萨诸塞州剑桥市一家研究咨询公司——阿伯特联营(Abt Associates)公司的创始人,现已退休。

埃米莉和弟弟小的时候,母亲是波士顿银行(Bank of Boston)一颗冉冉升起的新星。克拉克一般晚上6点到家,而温迪·阿伯特每天都比丈夫晚到家一个半小时。埃米莉回忆:"每个家庭都有反复上演的一幕戏剧,在我家就是围绕着晚餐展开的争吵和怒气。"1974年出生的埃米莉如今是一名独立电影制作人。

克拉克·阿伯特对妻子日复一日晚归家感到强烈的不满。他表达这种不满的方式是:温迪不回家,他就决不喂孩子吃饭。这在无形中增加了温迪·阿伯特的压力,因此有时即使工作没干完,她也不得不赶快回家。她回忆道:"我就跟他说:'别等我,你们先吃。'他每次都说:'不,我们等你回来一起吃。'"

埃米莉告诉我,每次等温迪终于回到家,"他们两个就要吵起来。爸爸看她回来这么晚就会勃然大怒。这种事发生了一次又一次"。父母因为家庭晚餐频频引发的争吵,让埃米莉意识到自己多么希望母亲可以在自己的童年时期多陪伴她,可这心愿未能得到满足。

温迪·阿伯特和赫尔舍一样,承认自己没能处理好工作和晚饭的冲突。有时候她承诺会早点回家,"可是我没法扔下手头的事情",她解释道,"我是个工作狂,工作分散了我太多的精力。"她承认女儿比自己当年更能保持生活与工作的平衡——这不仅是因为她对职业的选择。阿伯特说:"女儿比我更懂得如何处理这一局面。"

埃米莉同意母亲的观点。她说,除非自己人在外地拍电影,否则决不会错过和两个学龄女儿一起吃晚饭。比起企业管理的工作,埃米莉的工作时间非常灵活。

即使工作太忙无法与孩子共进晚餐,第二代超能妈妈比起前辈们也少些焦虑。雅诗兰黛(Estée Lauder)是一家位于纽约的知名化妆品制造商,该集团前任执行官亚历克西丝·迪雷斯塔(Alexis DiResta)就是一个很好的例子。迪雷斯塔在雅诗兰黛的最后一个职位是负责监管一套男士护肤品的全球营销。她每天回到家,常常要跟亚洲的同事们通话两小时。

迪雷斯塔的丈夫是一名玩具设计师。夫妇俩育有两个孩子:女儿维丽特(Violet)和儿子泽维尔(Xavier)。每个工作日的晚上,他们会一起为孩子们洗漱,然后安顿他们入睡。

"回到家后,(每当要跟亚洲同事开电话会议时)我几乎是打个招呼,就又消失了。"我和这位38岁的执行官坐在曼哈顿一家餐馆吃着韩国素食,她语速飞快地与我交谈。一开始,她也担心自己和孩子们相处的时间过于短暂。

然而迪雷斯塔很快就意识到,为自己在工作日的晚上需要工作而感到愧疚是荒谬的。看到丈夫就在不远处的厨房照顾维丽特和泽维尔吃晚饭,孩子们也心满意足,她就更不应该有什么愧疚了。她的观察是:"我并没有在他们迫切需要我的时候忽略过他们啊,感到内疚是我在制造本来不存在的问题。"

迪雷斯塔2018年离开了雅诗兰黛,随后加入了纽约的一家化妆品直销公司浮华(Glossier)公司,担任产品研发营销顾问。这份负责咨询的兼职工作让她可以充分支配自己的时间,她很喜欢这一点。

2019年秋天,浮华公司想将迪雷斯塔的兼职转成固定工作,她却离职了,因为她想加入线上行李零售商出发(Away)公司并领导该公司的一个新部门。迪雷斯塔在加入的第一周就预知:"我可以自由安排工作日程。"这家初创公司发展迅猛,那年的估值已经达到14亿。"我告知团队,万圣节那天我需要在家工作。"这样她就可以带着维丽特去参加万圣节换装游行讨糖果了。

一而再再而三的自责

我认识一位第一代超能妈妈,她是一个位高权重的公司执行官。她的女儿在初潮来临那天迫切地想得到母亲一个拥抱,却没能如愿,因为妈妈彼时在日本出差。

我听过无数类似这样令人心碎的发生在第一代超能妈妈身上的故事,频繁的商务出差助她们登上了公司高级管理的岗位。北方信托公司前任首席运营官贾娜·施洛德就是一个例子。她的女儿艾莉森出生后,50岁的丈夫便提前退休回家照顾新生儿。"全职爸爸"这个词在20世纪晚期还未被收入流行词典。

到1998年女儿满2岁时,施洛德的商务旅行变得频繁。她以为"只要女儿跟她爸爸在一起",经常见不到妈妈也不会影响到艾莉森。

施洛德想错了。就在那一年,有一次她结束了为期两周的新加坡出差,提早一天飞回家——这是她离开女儿最久的一次了。她没有告诉丈夫和孩子自己提前回来的计划,打算给他们一个惊喜,与他们在家共度星期五。

施洛德在那个星期五回到位于芝加哥布拉夫湖社区的家中时,倒是她自己被惊到了一回。艾莉森在厨房的桌边涂色,孩子爸爸站在厨房台面一旁。"我踏进家门,张开双手,等着她跑进我的怀里。"施洛德回忆那一幕。可是艾莉森只是抬头看了妈妈一眼,并未挪动分毫。她说:"爸爸,看啊,贾娜回来了。"便继续涂色。

遭到女儿的冷漠回应,这位平日里沉着冷静的银行家瞬时被击垮了。"我现在还能感觉到,仿佛有人往我胸口捅了一刀,还转了转刀柄,"说起多年前这焦灼的一幕,她忍不住用双手捂着额头,"我觉得我这一生都完了。"

擦干了眼泪,施洛德意识到,女儿之所以觉得被抛弃,是因为她对妈妈何时会回家毫无概念。因此她决定再出差的时候,要让孩子有心理准备。她从书架上拿出一本图册,指向地图上的英国,告诉女儿自己即将在一周后前往伦敦。

在她出差期间,艾莉森的祖母曾问孙女:"你妈妈在哪儿呀?"

孩子则平静地回答:"噢,妈妈在书架上的那本书里。"施洛德后来不无自嘲地说:"(至少艾莉森)知道我去哪儿了,也知道我会回来。"

施洛德曾与其他年轻妈妈就"工作家庭方程式"这一话题对话,回忆这些苦乐参半的往事。她建议她们:"不要想当然地觉得你们的小孩不应该参与你们的职业生活。"她还说:"艾莉森没法不让我出差,但是她可以表达自己的需求。"

当下新一代超能妈妈仍面临着出差的压力。有时候,她们这一代比起施洛德那一代的超能妈妈,更能敏感地觉知和应对孩子的分离焦虑。就拿安妮·格拉纳茨坦(Annie Granatstein)来说,她在 2015 年为《华盛顿邮报》(*Washington Post*)开办了内部创意工作室。我们交谈之时,她人在曼哈顿指挥该办事处,手下的 40 名员工为《华盛顿邮报》的广告商创作包括文章、视频(视频实景片段)等在内的品牌内容。

由于工作室迅速扩张,格拉纳茨坦 50% 的时间都得去外州出差。我们在她那间没有窗户的办公室碰面时,她告诉我:"总有更多的工作和更多的销售业务。"43 岁的她留着一头红色卷发，看起来比实际年龄年轻。"我真是没有料到会有这么多差要出。"说这番话时，她两只拳头撞到一起。

格拉纳茨坦是律师出身，她的先生是一名动画设计师，夫妇俩的女儿莉莉（Lily）于 2012 年诞生，一家人住在布鲁克林的公园坡小区，这是一个颇受年轻家庭欢迎的潮流社区。就在我们会面的前一周，格拉纳茨的女儿和两个小伙伴在一起过夜后，被带到游乐场玩耍。一年级的莉莉躲在格子爬梯下面，突然痛哭起来。

"哭了好久，她终于说：'你一直在外面，你不在家，我去伙伴家过夜又没能见到你，'"格拉纳茨坦回忆着女儿的这番话，"'可是妈妈，现在你表现得好像是我的朋友。'"

那一刻格拉纳茨坦意识到，女儿莉莉这个时候格外需要妈妈温暖的关怀。"我让她挨着我坐在长椅上。我们抱了又抱，亲了又亲。"

"我对她说：'我知道我最近出差很多，这真的很不容易。对我来说也很不容易，我也很想念你啊！你能把心事与我分享真好。你的感受永远都可以说给妈妈听。'"她觉得女儿现在有了一种认知，就是尽量不要把情绪憋在心里，情绪要表达出来。

2020 年初，格拉纳茨坦离开了《华盛顿邮报》，加入爱德曼（Edelman）国际公关公司，担任执行副总裁。她现在出差少多了，"这是额外的收获"。

超能妈妈们有时候会制作一些带有个人特色的物件，以此与远方的孩子们保持精神上的联系，这也是她们舒缓出差压力的一种方式。简·史蒂文森（Jane Stevenson）在猎头行业工作了 30

余年，终于在成为母亲之前获得了公司合伙人身份。她在1995年生下女儿埃米莉（Emily），1998年生下儿子乔纳森（Jonathan）。如今，她是全球化组织咨询公司光辉国际（Korn Ferry）的董事会副主席和首席执行官。

史蒂文森从不想让她繁重的出差任务影响她与孩子们的互动。我们在光辉国际曼哈顿办公楼的33层会议室碰面时，她告诉我："我把能想到的和孩子们保持联络的创意点子都用上了。"

史蒂文森最具创意的一个方法是为两个孩子分别唱一首爱的曲目，她会为两个孩子创作不一样的歌词和旋律。每个出差的夜晚，她都在孩子入睡前唱一曲。"埃米莉，你是我特别的女孩"，转到乔纳森那里则会唱道，"你是我宝贵的爱"。

长大后的埃米莉是洲际酒店集团（InterContinental Hotels Group）的副总经理。她仍清晰记得小时候每次妈妈出差，她都会哭。不过，妈妈为她特别创作的歌曲抚慰了她。埃米莉说："这是她不在身边时与我连接的一种方式。"史蒂文森的这项夜间入睡仪式一直持续到孩子们小学六年级。

迪雷斯塔也采取了相似的方法。在2016年7月第一次去亚洲出差之前，这位化妆品行业高管给女儿留了信，一天一封，一共6封。迪雷斯塔想到维丽特每天早晨都能拆开一封来自妈妈的信，应该很好玩。

这每一封信里都详细规划了年近6岁的女儿那一天的活动安排和指示，比如某一天要上体操课。其中一封信提醒女儿当天营地有夏威夷日庆祝活动，别忘了戴上梳妆台里为她准备好的塑料花环。

许多超能妈妈们的伴侣也是超能爸爸。我采访的两代事业型夫妻都在努力减少出差带来的家庭摩擦——结局各异。他们的努力也反映了事业型夫妇面临的普遍困境：如何在提升事业的同时，不让婚姻脱轨。美国劳工统计局的数据显示，2018年全美已婚并育有未成年子女的夫妇之中，有63%是双职工家庭，这一比例自1999年起几乎没有变化。

我采访杰莉·德瓦德（Jerri DeVard）的时候，她是零售公司欧迪办公（Office Depot）的执行副总裁，她的丈夫也是一名职场精英。德瓦德是非裔美国人，作为一名营销行家受雇于明尼阿波利斯的一大食品制造商——皮尔斯百利公司（Pillsbury Company）。1989年女儿布鲁克（Brooke）出生时，她的丈夫格雷格·史密斯（Greg Smith）担任人力资源经理一职，3年后，他们的儿子亚历山大（Alexander）出生。

成为父母后，德瓦德和史密斯夫妇二人发誓绝不同时出差在外过夜。做出这个共同决定还有一个原因：在布鲁克到来之前，他们有过一个男婴，可出生时就没了呼吸。"孩子们是上天赐予的礼物。如果没有痛失我们的第一个孩子，也许在这个问题上我们不会如此坚定一致。"我和60岁的德瓦德约在曼哈顿市中心的一家私人会所酒吧见面。她对我说："我和先生都希望多与孩子们相处……作为职场父母我们都有自责感。"

德瓦德和史密斯夫妇二人把他们的工作日程表贴在冰箱上，以协调二人的商务差旅。两个孩子都还不到5岁的时候，有时两人需要同时出差好几天。

德瓦德说："他觉得他的出差很重要，我也觉得我的出差很重要。"二人为谁可以取消行程争论不休,最后德瓦德决定向皮尔斯百利公司申请不出席会议,因为她先生实在没法取消和一个重要求职者在外地的会面。"我可以缺席那次出差,但是格雷格不行,他那次行程太重要了。"

得到老板的同意后,德瓦德告诉先生她的出差取消了,同时宣布:"这次我为团队做出了牺牲,下次就轮到你了。"我采访的第一代超能妈妈比起年轻一代,更愿意为了伴侣在自己的事业上做出让步。这也解释了为什么年轻的超能妈妈们更容易因为商务旅行与伴侣发生口角。

我认识一位生在 20 世纪六七十年代的超能妈妈,在繁忙的行程安排之下,孩子又生病了,由此引发了她和先生的激烈冲突。南希·邦格(Nancy Bong)是一名金融服务行业的执行官,她在 35 岁那年嫁给了燃气电力网络运营商经理吉米·鲁本纳克(Jimmy Ruebenacker),在 2014 和 2018 年分别生下儿子马克斯(Max)和卢克(Luke)。

邦格 2015 年受雇于奥本海默基金(OppenheimerFunds)公司,职位是常务董事。加入这家大型资产管理公司的最初 9 个月,她的飞行里程达到了 75000 英里(英美制长度单位,1 英里等于 5280 英尺,合 1.6093 千米)。她说,如此频繁的出差让她的体重暴增 23 磅,过度劳累还险些导致精神崩溃。

2019 年 1 月,邦格在亚特兰大出差,参加一个为期 4 天的会议,小儿子卢克突发高烧,她的先生鲁本纳克不得不请假从日托中心把孩子接回来。

邦格回忆:"我先生整整两天都在家照顾孩子,一点儿工作都没法做。"那个星期四晚上,她一回到布鲁克林的家中就听见卢克的尖叫声。丈夫一手抱着婴儿,另一只手在笔记本电脑上敲击键盘。

他显然受够了一个人照看生病的宝宝,见妻子刚回来,不顾她大衣都没来得及脱,直接对她说:"你来管他吧。"

"我已经尽量尽早赶回来了。"她说道。

"我不管,我累死了。"他答道。

夫妇二人把孩子们安顿入睡后,鲁本纳克忍不住把心中积攒的怒气一股脑发泄了出来,他对妻子的频繁出差感到十分不满。"你不能总是这样说走就走啊!"夫妻二人在餐桌边爆发了激烈的争吵,他还说:"我觉得你根本就不喜欢我们的孩子。"

邦格惊得说不出话来,她一度怀疑自己的婚姻还能不能维系下去。她对我说:"我们的关系出了问题。"她还说,在那个寒冷的冬夜过后,他们讨论要不要雇一个临时保姆。

邦格很快就辞去了奥本海默的职位,投奔了范达(VanEck)资产管理公司的私人银行部门。这次跳槽很值得。范达给了她20%的薪资涨幅,还许诺只要她绩效优秀,就开出双倍薪水。在我们采访之后的4个月里,邦格说她的差旅比以前少多了。"我想我已吸取了那次争吵的教训。"

邦格和先生仍旧没有雇用保姆。她觉得自己要是出差去了,临时的保姆也没法应付一个生病的孩子。她承认:"这依旧是个问题,我们在想办法解决。"

我们的采访约在曼哈顿一家咖啡馆,早餐快要结束时她给先生发了短信。那天早晨,卢克醒来又开始发烧、哭喊。没有保姆,鲁本纳克不得不待在家里照看孩子。他回复短信说："孩子没事，但是你最好尽快赶回来。"

后来，鲁本纳克说服了老板，让他同意自己在离家步行一分钟的办公地点上班，这才大大缓解了他们夫妇的育儿困境。邦格说："他这下省去了上班路上来回3小时的车程。"

当事业和孩子发生冲突

当一个诱人的职业机会摆在眼前，你会把谁的需求放在第一位呢？是野心勃勃的自己，还是正处于青春期的儿女？莉萨·曼（Lisa Mann）是一位来自婴儿潮一代的超能妈妈，她在经历管理事业腾飞、举家升迁的同时也要面对女儿们的叛逆。曼亲身体验了一把家庭和事业的博弈。

曼是家族里第一个念大学的人。在拿到机电工程本科学位后，她又获得了哈佛大学的工商管理硕士学位。2008年，曼在大型企业获得人生第一份高管职位：她被任命为芝加哥卡夫食品的副总裁。这一年她的儿子乔希（Josh）15岁，双胞胎女儿阿丽尔（Arielle）和瑞秋（Rachel）12岁。

曼在市场营销部门做得风生水起，但她渴望的是更有权力的运营管理岗位。所以当卡夫食品的首席执行官艾琳·罗森菲尔德（Irene Rosenfeld）在2011年任命她负责集团在全美高达20亿美元的饼干业务时，48岁的曼激动万分。罗森菲尔德对她说："这一部分业务可以说是皇冠上的宝石，但绩效平平让人失望。你去大刀阔斧地改革吧。"

升职也意味着要举家搬离芝加哥。那一年春天，曼在纳贝斯克（Nabisco）公司的新泽西总部履新。她的先生杰克（Jack）在电缆行业工作多年，正要转向手机软件编程领域。7月，双胞胎女儿刚结束了高中第一学年的学习，全家搬到了新泽西。

女儿阿丽尔尤其对这次搬家感到不满，她觉得自己的生活被连根拔起了。她对我说，她觉得妈妈自私极了，只顾自己的事业。"只要我和妈妈共处一室，我不是哭喊就是尖叫。"这个当年固执的少女如今已是一名化学系博士生。

阿丽尔冲妈妈吼了几个月，直至母女二人在蒙特克莱的新家爆发了一次激烈的冲突。这个满心怨愤的年轻人坐在厨房外的地板上，对母亲发起了一番控诉。

曼转过头死死盯着阿丽尔的眼睛："够了，真是够了。我真是受够了。你不能再这么对我，我不许你再这样胡闹下去。"说完这番话，她命令女儿："打起精神，定义你的生活，去寻找属于自己的幸福。废话少说。"

当另一个女儿瑞秋求她请公司将她调回芝加哥时，她把这番狠话又拿出来说了一遍。曼说："我理解她们的难处。我也觉得心痛，但是人要有韧性。"

身为执行官，曼并不认为这次工作调动是自私自利的，因为她的家庭成员都是受益者。她说："我们要给孩子们付大学学费啊，企业开出的薪资很丰厚。"

曼后来换了薪资更优厚的工作。2016年，百事可乐（PepsiCo）聘她掌管价值70亿的全球营养品部门（Global Nutrition Group），该食品巨头创建这一部门是为了进军健康零食和饮料产业。曼2018

年从百事离职，2020年加入了雷恩斯国际（Raines International）猎头公司，任首席营销官。

远程妈妈

好几位第一代超能妈妈和安妮·史蒂文斯（Anne Stevens）有着相似的经历：她们要面对工作和家庭的矛盾，要为事业付出代价，比如成为一名远程妈妈。

史蒂文斯从护校辍学。1980年，30岁的她已是两个学龄儿童的母亲。她在同一年拿到了机械与材料工程学位，加入了石油巨头埃克森美孚公司（Exxon Corporation），成为一名中层管理人员。更进一步地，她在5年后获得晋升，但是要长途通勤。

史蒂文斯用新泽西的科技服务职位置换了位于休斯敦、更高端的产品营销职位，后者服务于公司的主要产品线。她的先生比尔是一名食品工业的工艺工程师。比尔（Bill）没能在得克萨斯州找到工作，就跟女儿珍妮（Jenny）和儿子强尼（Jonny）一起留在新泽西。

夫妇二人以为分居是短暂的。可是比尔一直没能在休斯敦找到工作。史蒂文斯也不喜欢她的新老板，此人在赞扬她晋升潜力的同时也暗示她"如果我是你，我会考虑扔下多余的包袱"——这里的"包袱"指的就是她的老公和孩子。

她反驳对方："家庭对我而言很重要。"

每隔两个星期，史蒂文斯可以回家一趟。她住在新泽西州霍博肯市的一栋黄色联排别墅里。一个星期五的晚上，她在门口撞见满眼是泪的儿子强尼。"他的眼睛里进了一块金属碎片,可是他不想告诉爸爸,只想跟我说。"史蒂文斯回忆那一幕。

她赶紧把儿子送到医院急诊室。医生从他红肿的眼睛里取出了碎片,所幸保住了眼睛,没有大伤。但这场意外让史蒂文斯忧心忡忡。工作调动到休斯敦一年之后,她调回了新泽西,重拾从前级别更低的职位。

这次失败的工作调动最终解决了史蒂文斯的家庭问题,但也阻碍了她在埃克森美孚的晋升。她说:"在登上了晋升的阶梯时,我却反悔,调回原来的岗位,这等于是从梯子上下来了。"她在1990年辞职,加入福特汽车公司(Ford Motor Company)成为商业策划人。5年后,福特汽车公司把一整个汽车工厂交由她管理。

史蒂文斯后来成了两家上市公司的掌门人:卡彭特技术公司(Carpenter Technology Corporation)——一家特种合金的开发商和生产商;享誉盛名的英国制造商吉凯恩(GKN)集团。她由此成为精英姐妹团的一员。2018年吉凯恩被梅尔罗斯工业(Melrose Industries)集团收购,史蒂文斯离职。

另一位长途通勤的超能妈妈是卡罗尔·巴茨。她有一个深得她信赖的保姆,女儿莱恩(Layne)在1990年满2岁之前都是由这位保姆照顾。作为一家软硬件制造商——太阳微系统(Sun Microsystems)的分部门领导,巴茨在该公司位于加利福尼亚州山景城的总部每天工作16个小时。每个星期四的晚上,巴茨飞回达拉斯,与丈夫和女儿共度周末。她的先生比尔·马尔(Bill Marr)是一家科技公司的执行官,也常常需要远途出差。

夫妇俩雇用了一位年长的玻利维亚女性作为住家保姆。星期一到星期四，不论白天黑夜，女儿莱恩都由这位保姆照顾。巴茨现居于旧金山郊外的一处豪宅，玻璃天窗的温室里种满了大型绿叶植物。她指出："若不是有住家保姆，我们也没法出差。"不再长途通勤后，她和家人定居加州。

巴茨说，她从来都很放心把女儿留给保姆照料，因为她有一个"了不起的"保姆。随着莱恩长大，巴茨的事业也不断进阶。1992年她以"一把手"身份加入欧特克，从此带领这家设计软件制造商开启了14年长跑。2009年，巴茨被雅虎公司聘为首席执行官。

职场妈妈们聘用保姆仍是一个颇有争议的话题。2020年，一名单亲妈妈首席执行官发布了一则保姆兼管家的招聘广告，令社交媒体一片哗然。广告声明求职者必须能炖煮有机餐食、制订度假方案、完成一系列家庭职责，并开出高达8.6万美元的年薪。

发布广告的这位超能妈妈没能避免网友的攻击——网上言论认为，她这是在寻找自己的替身。不过也有不同的声音，沃克斯（Vox）传媒的一篇文章如此评论该招聘广告："如果将家务事和育儿职责外包的是一位超能爸爸，他们很少会遭到批评。"[1]不得不说，这是深深根植于美国精神里的性别双重标准的又一例证。

是缺席的保姆还是永久的保姆

黛安娜·M.布赖恩特（Diane M. Bryant）和海迪·扎克（Heidi Zak）同为加州人，她们各自的记忆里都有不会忘却的保姆——她

---

[1] Anna North, "What a CEO Mom's Viral Nanny Ad Says About Gender, Work, and Power," Vox, January 27, 2020. ——作者注

们生于不同年代，让她们难以忘记的原因也各不相同。布赖恩特在大型半导体公司英特尔（Intel Corporation）的事业做得有声有色，在30年时间里，她从一名电气工程师做起，在2016年晋升为高管。

布赖恩特最难忘记的一段往事发生在1996年的9月，当时34岁的她是工程部主管。一天，私人侦探把电话打到了布赖恩特在圣荷西的办公室，告知了一条可怕的消息，是关于保姆维姬（Vicki）的。

那个夏天，布赖恩特的女儿安妮卡（Annika）出生。此前，维姬已在她家当了多年保洁员。宝宝出生后，维姬请求布赖恩特雇用她做全职保姆，并且保证以后她就不去别的客户家里打扫卫生了。

"我把她当朋友看。"布赖恩特回忆。我们坐在旧金山一家酒店的露台，她戴着一副翠蓝色边框眼镜。一阵风吹过，布赖恩特说："那时我初为人母，初为职场妈妈，不得不托人白天帮我照看孩子。"

好几次，布赖恩特回到家中发现奶瓶没用过，孩子的尿布也是脏的。那个年代还没有手机和保姆监视器，于是她雇用了一名私人侦探。

侦探在一个温暖的午后追踪到维姬，他把电话打到布赖恩特的英特尔办公室，告知她："保姆依旧在别的客户家里打扫卫生。她把安妮卡留在车后座，自己做保洁去了。"婴儿在完全清醒的状态下被锁在车里，车窗密闭。

"赶紧把孩子从那女人手里夺回来吧！"电话那头的侦探告

诚。惊慌失措的布赖恩特立马丢下手头的工作，开车赶往侦探提供的圣荷西地址，侦探就是在那里发现安妮卡被锁在保姆车里的。

她赶到的时候，维姬的车已经开走了。布赖恩特开车回家，焦急地等待维姬带孩子回来。等待的3个小时里她如坐针毡。她告诉我，自己当时"神经质地走来走去，哭喊，尖叫，想着等保姆回来后要怎么宰了她"。保姆一回来，布赖恩特就要出手教训，被她的先生制止了。她辞退了维姬。

一想到如果没有雇用私人侦探，后果将是如何不堪设想，布赖恩特就要做噩梦。她说："是我的职场妈妈身份让宝宝置于危险之中。"安妮卡长到16岁时，布赖恩特已为她换了7个保姆。

而海蒂·扎克忘不了自己的保姆利利（Lilly），则是因完全不同的缘由了。扎克的女儿斯隆（Sloane）出生在2013年，之后不久，在大企业事业受阻的扎克和丈夫戴夫·斯佩克特（Dave Spector）成立了一家内衣品牌"三爱"（ThirdLove）。我和40岁的扎克约见在公司总部位于旧金山的一个老旧社区，这家初创企业已售出近500万件文胸。

斯隆满2岁了，身为联席首席执行官的扎克回到家里，看到的是女儿对保姆离去的不舍。"妈妈，不要走啊。"斯隆苦苦地哀求利利。

保姆离开后，扎克忍不住崩溃大哭——在这之前她从没有为孩子哭过。眼泪不断涌出，她忍不住自责："天啊，我真是世上最糟糕的母亲。我的孩子这么爱保姆，哪怕我回家了她都不愿让保姆走。"

经过先生的一番劝解,她意识到,不必把斯隆对保姆的极度依恋看成自己为人母的糟糕时刻。先生说:"孩子那么喜欢保姆,这不是坏事呀。"

如今,扎克听见斯隆和弟弟偶尔将利利称为"妈妈"时,不会再情绪崩溃了,因为她从别的职场妈妈们那里听说了相似的经历,她放下心来。扎克说:"孩子们的生活中多了一个关照他们的人,这个人可以是第二个母亲,因为他们之间有着深厚的感情。"(扎克在 2020 年 4 月成为三爱公司的独立首席执行官。)

年轻的拍卖行主管瓦妮莎·哈利特大方接纳儿子们"额外的母亲"。她在 2013 年生下大儿子之后正有意要寻找这样一位人选。

"你愿意成为我儿子的第二个妈妈吗?"哈利特在菲利普斯拍卖行纽约办公室一楼的画廊面试一名叫桑盖(Sangay)的不丹女子时,向对方抛出了这个问题。桑盖回答愿意,于是她得到了这份保姆的工作,并且如她所承诺的,把哈利特的孩子们当成自己的孩子照料。

哈利特从没有因为儿子对桑盖的依恋而感到不安,因为她对自己的母亲身份自信满满。她也知道"有另一个女人爱着孩子们"只会对孩子们更好。

不过,相比于第一代超能妈妈把保姆当作值得信赖的帮手,第二代超能妈妈更愿意雇用经验丰富的专业人士成为家庭团队不可或缺的一员。这一代女性相信,一个优秀的保姆可以帮助她们成为更好的母亲和更好的商业领袖,所以她们都赞成雇用一个可以当孩子临时妈妈的保姆。

2016 年,《职场妈妈》杂志敦促读者们雇用一个"能成为你的延伸"的保姆。① 该文说，近60%的美国家庭雇用了保姆或管家，且这些家庭大部分并不属于优越阶层。

  两代人之间就雇用保姆这一议题的态度转变，也体现了两代超能妈妈在应对工作生活冲突上的不同策略，她们面对的难题包括：身为高管漫长的工作时长，频繁的商务出差以及长途通勤。尽管保姆能帮上许多忙，超能妈妈们通常还是自己管理家庭事务，安排孩子的活动。本书下一章将谈到一个永恒的难题：父母就家务事该如何分工？超能妈妈们是如何处理的？

---

① Marisa LaScala, "The 'Nanny Stigma': It's Time to Get over It," *Working Mother*, June 1, 2016. ——作者注

第四章

家务劳动的试错与成功

和今天许多年轻女性一样,我追求的是一个没有严格性别分工、奉行平等主义的婚姻。

在我的原生家庭,父亲是一名电气工程师,负责除草、铲雪和维修家用电器,母亲则负责做饭、打扫卫生以及照料我们4个孩子的生活。许多年后,当母亲不再弯腰捡起父亲扔在卧室地板上的脏内裤那一刻,她才迟来地宣告了一声——"我解放了!"

我和迈克设想的婚姻生活是平等的。在那个年代,许多妻子尽管在外面有工作,回到家里仍要接着上"第二班"——做家务。我们不喜欢这种传统的婚姻关系。当时美国的一些州对于妻子必须住在哪里有严格的规定,哪怕她处于合法分居阶段。为了强调我们对性别平等的尊崇,1972年我们夫妇俩还撰写了一份婚姻合约,其中一条内容是:"不一定有人乐意干家务,但家务活必须由双方平均分担。"

年长的亲属们对我们这份不同常规的婚姻合约感到不解。我母亲不明白为什么我要在合约中声明保留自己的姓氏。后来，我成年的儿子也和他太太约定好"做饭的人不必洗碗"——这一约定正是基于他记忆中的我和他父亲就分担家务达成的契约。

不过，我和迈克也并不总是践行我们自己宣扬的理念。我们买了属于自己的第一所房子，他自觉挑起了除草的任务。虽然我对割草机这类危险的机器设备丝毫不了解，我仍对他每个周末挥汗如雨地除草感到反感。他指出，自己承担了大多的户外家务，所以就很少帮我洗碗了。

我抱怨迈克："我们落入了传统的男女家务分工的俗套，我不喜欢这样。我要学习怎么使用割草机！"[①] 迈克很快教会了我除草，我有了人生中第一次自己割草的经验，这番成就感让我浑身舒坦，我忍不住哼起歌来："年轻的男子，飞舞在吊杠上……"

就在孩子来临给我们的生活带来翻天覆地的变化之时，我们夫妇之间就家务活的争执也多了起来。我们对于如何平等地分担育儿任务毫无头绪。孩子发烧的时候，我俩谁应该放下自己的记者工作，待在家里照看生病的孩子？为此我们没少争吵。

加州大学伯克利分校的社会学家阿莉·霍克希尔德（Arlie Hochschild）翔实地记录了大众对女性的"第二班"（the "double day"）这一话题的探讨，在当时这可谓开创性的研究。她采访了50个双收入并育有6岁以下孩子的家庭，将这些故事结集成书并于1989年出版。这本书的中文版书名是《职场妈妈不下班：第

---

① Joann S. Lublin, "Fear & Mowing in Suburbia," *Wall Street Journal*, May 10, 1977. ——作者注

二轮班与未完成的家庭革命》(*The Second Shift*:*Working Families and the Revolution at Home*),她在书中写道:母亲的职业前景受到"轮班工作"的影响。作者在书中指责男人们没有分担"养育孩子和照料家务琐事"的工作。①

再放眼全世界,性别研究专家弗朗辛·M.多伊奇(Francine M. Deutsch)在其1999年出版的著作《既要家庭又要事业:平等分担育儿职责才可行》(*Halving It All*:*How Equally Shared Parenting Works*)中指出:"没有一个社会不是由女性承担大部分育儿职责的。"②她采访了150对双收入并育有子女的夫妇,记录了他们在无偿家务劳动方面的分配不均。她在书中引用了来自70年代和80年代的研究,这些研究表明:职业女性的丈夫并没有比全职主妇的丈夫承担更多的家务劳动。这一现象导致这几十年间的第一代超能妈妈们在成为母亲之时承受了巨大的负担。③

代沟

我认识的许多第一代超能妈妈在家务活上花费了额外的时间和精力,这是因为社会对男女分工有着根深蒂固的观念。后来成为通用汽车公司第一位女性副总裁的贝丝·科姆斯托克(Beth Comstock),就是女性承担双重义务的典型人物。

---

① Arlie Hochschild, *The Second Shift: Working Families and the Revolution at Home* (New York: Viking Penguin, 1989), xv. ——作者注
② Francine M. Deutsch, *Halving It All: How Equally Shared Parenting Works* (Cambridge, MA: Harvard University Press, 1999), 4. ——作者注
③ 同②,第3页。——作者注

科姆斯托克在 2015 年晋升为副总裁。时间退回到几十年前，时年 24 岁的科姆斯托克怀着孕还在上班，她的丈夫是一名股票经纪人。她每周好几个晚上都在加班安排弗吉尼亚州阿灵顿的一处有线电视项目。我和她相约在曼哈顿一家灯光昏暗的餐馆共进午餐。她捋了捋坠落在额前的棕色长发，向我回忆起那段加班时期，在每天夜班的间隙，她说："我得回家给先生做晚餐，再回到单位继续工作"。

1985 年他们的女儿凯蒂（Katie）出生，年轻的妈妈科姆斯托克跳槽至美国全国广播公司的一处宣传岗位，不再上夜班。她仍给丈夫准备晚餐并承包了打扫厨房的活。她甚至没有向先生提出做饭的要求，连想都没想。

婴儿潮这一代的超能妈妈们也有一些例外。贝齐·霍尔登说，她之所以能够登上卡夫食品的尖端岗位，那是因为她的先生亚瑟全然挑起了和霍尔登共同育儿的责任。亚瑟是生化工业领域的一名老领导，霍尔登回忆："不论是给孩子洗漱、哄孩子入睡还是当球队指导，他都是一个真正的合作育儿伙伴。"到了周末，大部分时间都是她先生做饭。这对高管夫妻建立了平等的伴侣关系，他们甚至考虑要把自己的经历结集成书，书名就叫《请把我们的角色传递下去》(*Please Pass the Roles*)。

对任何一个工作级别的双职工父母来说，家务劳动的分配都是关键问题。遗憾的是，夫妇们在这一问题上撞见的更多是困难和阻力。

45 岁以下的职场父母们常常相信关系中的平等主义，可是如何把这一思想付诸实践，他们没有找到确切的答案。我采访了蔓荷莲学院心理学系的荣誉退休教授多伊奇。她告诉我,那些声称要合作育儿的夫妇们其实做不到平等分配育儿职责,他们之所以说合作育儿,其实"意思只是父亲多少参与了育儿"。

多伊奇教授的这个论点得到了几个研究的证实。全职工作的妈妈们比起她们全职工作的丈夫们,平均要多花三分之二的时间哺乳、洗漱、照料不满 6 岁的孩子。这个数字来自美国劳工统计局在 2013—2017 年搜集的时间记事本。

心理学家达西·洛克曼(Darcy Lockman)在她 2019 年出版的《风靡一时:母亲、父亲、平等伴侣关系的迷思》(*All the Rage: Mothers, Fathers, and the Myth of Equal Partnership*)一书中指出,这个失衡的比例直到 2000 年也没有好转。为什么父亲们不能在家务事上出更多力呢?作者认为这一顽固不化的问题根源在于"生物学和文化学的使命都在围绕母性奉献,普世价值则将男人的需求和欲望置于女人之上"。①

再看父母同时工作的家庭,就算母亲更有挣钱能力,双方在育儿职责上的分工仍旧是不平等的。在参与调查的育有 18 岁以下的孩子的家庭中,36% 的妈妈更大概率每天都照料孩子,全部家庭同比数字是 50%。这些研究成果来自盖洛普调查公司在 2019 年 6 月和 8 月间针对美国 3062 对异性夫妻和同居伴侣们做出的调查。

问卷调查者在 2020 年 1 月的研究报告中指出:"尽管过去 20 年社会发生了变化,但是美国家庭的家务劳动分工仍偏向传统模式。"

---

① Darcy Lockman, *All the Rage: Mothers, Fathers, and the Myth of Equal Partnership* (New York: HarperCollins, 2019), 16. ——作者注

其他研究表明，异性夫妇之外的伴侣模式更能在养育孩子和其他日常劳动中做到分工平等。不过，据《纽约时报》（*The New York Times*）2018年报道，研究者发现，这些伴侣中通常"有一方挣钱更多，另一方分担较多的家务事和照料孩子。这说明，家务事上的分工不仅仅是由性别决定的"。

育有两个女儿的安·米勒（Ann Miller）和德西蕾·布里斯（Désirée Bliss）就是一个例子。安·米勒是第二代超能妈妈，自2007年加入运动服巨头耐克（Nike）公司，她就平步青云一路晋升，现在是耐克公司的副总裁和总秘书，丰厚的薪水足够她养家。

布里斯常年以赠款专员的身份效力于非营利组织，比起米勒，工作时间更短，薪水也更少。她称自己是那个"灵活的配偶"，家中水管爆裂这种突发情况发生时，她可以及时赶回来。米勒则负责洗碗、付账单以及和布里斯一起带孩子看儿科医生。

她们的二女儿在2012年出生。又过了两年，布里斯辞去工作成为一名独立顾问，在俄勒冈州波特兰市的家中办公，每周工作15个小时。米勒解释说："她希望我们两人之中有一个能随时为孩子腾出时间。"这位超能妈妈说，与典型的异性伴侣相比，她们彼此更愿意交流对婚姻中传统分工的感受。"感觉不对劲和行不通的时候，我们会坦诚地与对方沟通。"

总体来说，约87%的全职工作母亲和83%的全职家庭主妇承担了全部或大部分育儿职责。这些数字来自爱迪生市场研究（Edison Research）公司在2018年秋季针对516名美国妇女做出的市场调研结果。公司副总裁兼该研究的负责人之一妮可·贝尼亚米尼（Nicole Beniamini）告诉我，她自己对该调查结果产生了强烈共鸣。"我母亲曾经是全职主妇时包揽的家务，我现在也都包揽了……而且我还全职工作，"这位30多岁的年轻妈妈育有两个女儿，说起自己承担的家务活难免鸣不平，"家务活都落在我身上，真的让我很不满。"

在我的要求下，贝尼亚米尼仔细审查了这些数据。新的分析显示，哪怕是自认为伴侣做到了和自己平等育儿的年轻妈妈们，事实上她们自己较于伴侣承受了更多的育儿负担。45岁以下全职工作、和伴侣共同育儿的女性之中，有52%包揽了大部分的育儿职责。这个比例比爱迪生市场研究公司调研的所有母亲比例高出了9个百分点。贝尼亚米尼认为年轻母亲们的孩子们更年幼，比起研究总体中抽样母亲的子女平均年龄要小。

我问："这幅失衡的共同育儿图景要过多久才会获得平衡呢？"她预言："当代的孩子们看着妈妈出差，爸爸洗衣服，等到他们自己成为父母就会觉得这是很正常的。"

看看当下这一代的超能妈妈们，她们和伴侣平分家务活和育儿职责已是常态。发展迅猛的科技初创公司传闻系统（Hearsay Systems）的联合创始人之一史宗玮（Clara Shih）就是一个例子，史宗玮担任该公司首席执行官至2020年9月。这位36岁的妈妈在采访中坚持认为："从文化上讲，千禧一代的男女们对女性在家务上的期望要低多了。"她和先生丹尼尔（Daniel）育有一子布莱克（Blake），布莱克2015年出生。

史宗玮说："我先生从未觉得每天做晚餐是我的义务。他从没要求我熨烫他的衬衫，也从不指挥我给家里吸尘、给孩子换尿布。"

因为她希望丹尼尔可以分担50%的家务劳动,所以哪怕先生给儿子布莱克搭配了一身不协调的衣服,她也不敢提出反对意见,不然他可能会拒绝承担他分内的家务和育儿工作了。"他尽力而为了,"史宗玮不无骄傲地说,"现在我先生分担的家务已经超过50%了。"

许多职场妈妈还得事无巨细安排家庭日常活动,比如填写学校表格、安排孩子和小伙伴一起玩、组织协调各个节假日活动等。事实上,职场妈妈们安排忙碌的家庭生活事项,是在做着"第三班"不拿薪水的高强度工作。

社会科学家认为,这"第三班"工作,加上那些家务琐事,是实现婚姻真正平等的最后障碍。多伊奇在她近期和22个国家学者们共同的研究项目中,指出了实现平等育儿的重要因素。这项研究的调查对象是25对共同育儿的夫妇。她强调了一点:爸爸们应该包揽那些传统上属于妈妈的活儿——比如记得在学校发的知情同意书上签字、记得买尿布这些脑力劳动。

我采访的第二代超能妈妈的丈夫们,面对家务事的"第三班"偶尔也持接纳态度。2016年,31岁的劳伦·范宁(Lauren Fanning)在修完第二个产假,重回工作岗位时,就得到了先生马克(Marc)的大力支持。当时范宁担任一家全球零售服务公司——达曼国际(Daymon Worldwide)咨询公司的法律顾问。范宁回忆,马克的母亲是一名全职妈妈,然而他之前从未意识到"经营一个家庭要做的大小琐事堪比一份全职工作"。

作为企业管理者的马克承诺,以后孩子的儿科医生都由他来预约,这也是范宁冗长的待办事项清单中的一条。有时他会不好意思地问妻子:"孩子们的医生叫什么来着?"

洛克曼在书中指出,父亲对孩子事务的无知并不会让职场妈妈们惊讶。她们对于丈夫能帮忙就已经很感恩了。然而如果双方的角色调换过来,却并不会有职场爸爸说:"至少她出力了。"①

我与范宁交谈的时候,她正在攻读工商管理硕士学位,同时在一家叫"学术合伙人"的公司任全职高管,公司业务是将公立大学教程转化成在线网络课程。她说她的先生马克承担了更多的家务事:"我觉得自己很幸运,拥有一个理解我的老公。"2020年2月,范宁加入大型会展与活动管理公司——弗里曼公司(Freeman Company),担任助理法律顾问。

被多重需求淹没

并非每一个负荷深重的超能妈妈都能被伴侣体谅。每一代妈妈应对压力的不同方式体现了家务活分配这一议题上令人欣喜的变化——还有,我们为什么要完成性别革命?因为我们在等待人们扭转"女性才是更好的家长"这一世俗之见。

婴儿潮一代的超能妈妈艾达·萨博(Aida Sabo)的前几任伴侣都工作时间超长、工作压力巨大,几乎无法照顾家庭。萨博在1997年成为惠普公司经理,当时她的儿子6岁,女儿13岁。她的先生戴夫(Dave)是一名高级营销总裁,他们一家和萨博的父母一起住在旧金山郊外。

---

① Darcy Lockman, *All the Rage: Mothers, Fathers, and the Myth of Equal Partnership* (New York: HarperCollins, 2019), 8. ——作者注

戴夫不是总在加班，就是经常需要出国公干，照顾孩子和打理房子的负担便落在了萨博身上。自己一刻不能停歇，这让她深感抵触。

我和萨博相约在纽约市郊的全食超市餐厅。她说："孩子是由我和我父母3人抚养，我还得帮老公把他的西装送到干洗店洗干净，去梅西百货（Macy's）买3套西装带回来给他试穿，看哪套合身，哪套不合身。这还不算，我还得帮我妈妈一起打扫房子。"

因为戴夫的缺席，萨博和他经常拌嘴。她自己也承认"他看到的总是一个怒气冲天的女人"，说到这里她带着哭腔，扯下一张棕色餐巾纸擦了擦眼泪。

1998年的一个周末，这对夫妇爆发了一场大战。当时戴夫在家和儿子在厨房做面团。萨博回忆："我想到他在家的时间太少了，忍不住大发雷霆。我一把抓起面团狠狠地砸到了地上。"

不久后，她和戴夫离婚了。萨博现在是医药研究公司百瑞精鼎集团（Parexel International Corporation）的副总裁，她和男友住在一起，男友十分乐意共同分担家务。说到"我不用回到家还要打扫房间"时，她露出了满意的笑容。

时至今日，家务活的分配不均依然是造成夫妻关系紧张的原因之一。达西·洛克曼在书中提及："研究发现，过去10年，在英国、瑞典和美国，那些男性甚少参与家务的夫妇，比起男性主动承担更多家务的夫妇，更容易分道扬镳。这个结果也不令人讶异。"[①]

---

① Darcy Lockman, *All the Rage: Mothers, Fathers, and the Myth of Equal Partnership*（New York：HarperCollins, 2019）, 41. ——作者注

反之亦然。弗朗辛·M. 多伊奇告诉我："长远来看，那些可以做到平等育儿的夫妻们婚姻更幸福。"

也有一些高管妈妈会反反复复碰上合作育儿的障碍。劳拉·切普卡维奇（Laura Chepucavage）就是一个例子。作为美国银行（Bank of America）的执行董事，切普卡维奇的工作压力尤为繁重，每天都有13个小时见不到家人。她和先生迈克（Mike）在大学就相恋，迈克后来与人成立了公司制造帆布行李袋。夫妇二人和孩子们住在新泽西州里奇伍德市的一栋有6间卧室、7个浴室的房子里。

切普卡维奇接二连三地忘记了学校的要求，例如忘记带孩子们注射流感疫苗。于是夫妇二人决定尝试平等分配家务事，将买菜的任务交给迈克。尽管先生和保姆都在帮忙，她仍然觉得晕头转向，因为她不只是管理家庭，同时还要管理一个商业部门。

切普卡维奇清楚地记得，2017年的一个周末晚上，"所有的事情都挤到一起，我觉得快要疯了，在厨房喝着酒，我突然精神崩溃，歇斯底里地大哭起来"。

她向我叙述那个场景时，用的都是现在时态，好像正在重温她在迈克面前崩溃的一瞬间。

她和先生站在厨房白色岛台边，情绪崩溃的她对丈夫说："天呐，我受不了了，我没法继续下去了，我觉得自己快死了。我要累死了，我们要怎么解决这些麻烦？我们的孩子们会被我搞砸的！"

夫妻俩决定再雇一名保姆，迈克决定再多分担一些日常家务。

切普卡维奇说："他希望我过得幸福，希望我们的家庭生活欣欣向荣……希望我不要在厨房里再度精神崩溃。"我们相约在一个星期天共进早午餐，坐在我面前的这位银行家穿着法兰绒衬衫，涂着紫色的指甲油，面容光滑洁净，看着比实际年龄37岁要年轻些。2018年她生下了第4个孩子。

另一位年轻的超能妈妈，摩根娜·德万（Morgan Dewan）是特纳体育（Turner Sports）的副总裁。特纳体育是电信公司美国电话电报（AT&T）公司旗下的一家媒体公司兼内容合作伙伴。德万和先生为了减少二人在家务事上的摩擦，特别设立了一个定期报告系统。她的先生布伦丹是一名心脏外科医生。夫妇二人每季度都会在厨房的餐桌边定期开一次策划会。35岁的德万告诉我，这些星期六早晨的会议，因为有了家中温馨环境的陪伴，让夫妇二人坚定了"我们是一个团队"的信念。

每次会议，夫妇俩都会就家务活的分配和婚姻关系进行综合探讨，找到需要改进的地方。德万说："我们会坦诚地讨论婚姻关系的杀手，比如我的工作超负荷要两班倒甚至三班倒的时候，我会怨愤和不满，这种情绪是可以毁灭一段关系的。"她补充说："他的日程安排也是满满当当，还有不可预见的变化，所以我也无法指望他可以担当起一个靠谱的家庭帮手的职责。"

正是在这些家庭策划会中，夫妇二人做出了一些重大决定。2016年他们的儿子卢克（Luke）出生前，夫妻俩仔细对比考虑了不同的托儿方式，最后决定请一位住家保姆，因为德万的商务旅行频繁，而先生的工作必须随传随到。我和她对话时，她正怀着第二个儿子，一个月后，哈德逊（Hudson）出生了。

脏衣篮

对每个年龄层的超能妈妈来说,洗衣、熨烫都是分配家务活的试金石。几个星期前,37 岁的斯蒂芬妮·斯特拉克(Stefanie Strack)刚刚辞去了全球运动服公司瑞格布恩(Rag & Bone)的高管职位。"我刚刚洗完衣服,就在那儿。"她指给我看,不远处是两个装满了衣物的洗衣篮。她和先生艾伦(Alan)还有两个不满 6 岁的孩子住在布鲁克林的这一处公寓,屋内布置了许多艺术品。公寓在 10 楼,可以鸟瞰高耸的布鲁克林大桥。

斯特拉克夫妇俩都很讨厌洗衣服。"我俩为谁应该洗衣服争吵了许多年。"她倚在大理石茶几旁,双脚呈内八字,大拇指涂着指甲油。"要他去做他不喜欢的事就像拔牙一样困难。"尽管斯特拉克自己更愿意做饭,她不得不挑起了洗衣的活儿,让艾伦做饭。

斯特拉克曾是大学足球队队员,她从蒙大拿大学国际商务专业毕业后就进入了耐克公司,2017 年晋升为副总裁。

2018 年 9 月,斯特拉克举家迁离波特兰,开始了她的首席执行官事业。当时她的先生正在筹划自己的电影艺术公司,她说:"他真的挺身而出给了我很大支持,也担下了我们布鲁克林家中的大部分事务。"在斯特拉克短暂任职于瑞格布恩期间,艾伦主动承担了家中 80% 的洗衣活。

那个寒冷的冬天早晨,我和斯特拉克在她的洗衣篮旁喝着热饮的时候,这对夫妇也在筹划下一阶段的洗衣任务分配。几个月后,她决定成立自己的体育宣传公司,利用数字平台服务年轻女运动员。后来她在邮件中告诉我:"我俩都在尝试创业,现在我们基本平均分配洗衣任务。"

2020年一场新冠肺炎引发的疫情,打乱了正常的学校生活,也给家庭带来更多的琐事,更是暴露了美国的双职工家庭在家务活上的分配不均。研究顾问米歇尔·马丹斯基(Michele Madansky)在那个春天调研了一群职场妈妈,记录下她们的家务模式。超过500名参与调研的职场妈妈和伴侣生活在一起,其中78%报告说绝大部分的家务劳动都是她们在做。

孩子的职责

定期做家务的孩子们可以帮职场妈妈们减少她们身上的负荷。我在女儿阿布拉12岁时就教她洗自己的衣服,借机增强她的责任感。她的哥哥丹那个时候已经会自己洗衣服了。

但是阿布拉讨厌被指挥,而我当时对她的反感情绪一无所知。许多年后,她在自己童年的房间里对我说:"我当时觉得是因为你太忙,所以要我们自己做这些事。你要达成自己的目标,所以需要我们帮你分担家务活,这样你可以成为最好的自己,攀上事业巅峰。"她还补充说,尽管她是我的女儿,但她的情绪"不是我最优先考虑的"。

更糟糕的是,洗自己的衣服给她带来了压力:"我只想做个孩子的时候,身上却平添了一份'成人的责任'。"她痛苦的回忆让我感到万分沮丧。我为自己在她需要我的时候没能提供更多的情感帮助向她道歉。我对女儿说:"我希望从那之后我已经弥补了一切。"

谢里尔·A. 巴赫尔德（Cheryl A. Bachelder）是第一代超能妈妈，后来成为以"大力水手炸鸡"而闻名的全球快餐店派派思路易斯安厨房（Popeyes Louisiana Kitchen）的掌门人。巴赫尔德要求大女儿翠西（Tracy）做些家务，招致女儿的反抗。这位超能妈妈还在20世纪90年代担任达美乐比萨店（Domino's Pizza）副总裁时，就开始给翠西和妹妹凯蒂（Katy）分配家务劳动。

巴赫尔德希望女儿们可以通过做些简单的家务活（如自己铺床、收拾浴巾）来照料自己的生活。她们一家住在密歇根诺斯维尔，她把这些任务以表格的形式写在纸上，放在厨房台面上。表格里包含具体个人事项，比如"翠西，记得在晚上8点05分刷牙"。翠西13岁那年，有一次朋友来家里玩，看到这则提醒，朋友觉得很不解。

有一天巴赫尔德回到家，这位青春期少女终于忍不住对她抱怨了："妈妈，你不要再给我写这些待办事项了，这让我尴尬、没面子、糟糕透了。"至此，巴赫尔德才扔掉了表格。不过，她并没有完全放弃用管理商场的方法管理孩子。她的女儿凯蒂告诉我："我们把这种方式叫作'董事会育儿'（boardroom parenting）。"

巴赫尔德后来又领养了一个女儿。她担任首席执行官到2017年，直至派派思路易斯安厨房被收购，随后她临时担任美国进口家具零售商1号码头（Pier 1）执行官，直到后者在2019年找到一名固定高管。

身为一名年轻的超能妈妈，卡特·科尔（Kat Cole）从童年开始就承担了繁重的育儿任务。9岁的她每天放学后就得照看自己6岁和3岁的两个妹妹,因为刚离异的妈妈要打3份工养活家人。科尔的妈妈还扮演了传统父亲的角色,在周末修剪草坪、洗刷屋顶。

17岁时,科尔已经打着两份工,在服装店兼职卖衣服,还在猫头鹰餐厅(Hooters)当服务员。26岁那年她成为猫头鹰餐厅副总裁,2010年32岁的科尔当上了肉桂卷甜品连锁店辛纳邦(Cinnabon)的总裁,辛纳邦隶属于餐厅连锁品牌"焦点品牌"(Focus Brands),科尔现为"焦点品牌"北美区总裁和首席运营官。

科尔最新一次晋升是在2017年第一次生产之前。她认为,自己在小时候就承担了准父母的角色,这帮助她后来在职场迅速晋升到高层管理。科尔说:"那段经历让我拥有了更强的责任感。"

做饭之争

有了全职爸爸的存在,一个家庭通常就不会为了谁买菜做饭这种事发生争执。不过还是偶有摩擦——第一代超能妈妈劳里·西格尔(Laurie Siegel)的经历就是一个例子。西格尔和其他8位跨越两代的超能妈妈的配偶都有过全职在家照料孩子的经历。

美国的全职爸爸数量虽少,但呈增长趋势。据皮尤研究中心对2018年美国人口普查局的数据分析:1989年美国全职家长中全职爸爸数量占10%,到了2016年这个比例上升至17%。某些倡议团体争辩说政府搜集到的数据其实低估了全职爸爸的参与度。据全国全职爸爸网络估算,2019年美国至少有170万男性是孩子的主要抚养人。

传统父母角色的逆转加速了超能妈妈们晋升到高级管理职位的过程。这正是西格尔想要的。她的丈夫乔（Joe）辞去了自己在美国电话电报公司的工作，一心照顾他们的两个学龄女儿，与此同时，西格尔的职业旅程把她送上了泰科国际（Tyco International）集团人力资源的最高位置。

乔在妻子于2000年获得霍尼韦尔国际公司的人力资源经理一职时，就正式确定了自己的全职主夫角色。新东家是一家工业集团，西格尔把全家搬到了凤凰城。采访之际，这位当年的执行官已63岁。她回忆说："这个职位让我成为商业合作伙伴，而且还是一整个商业部门的执行官。对我来说，这是一大进阶。"

对她的先生乔来说，这也是件大事。上一个保姆跟他们一家在新泽西的莫里斯敦一起生活了7年，照顾两个分别出生在1992年和1994年的女儿。搬到了凤凰城，没有人再在工作日为全家做饭了。这一家不是外出就餐，点外卖，就是吃周末剩下的食物。乔这时还没有完全适应全职爸爸的角色。

搬家两个月之后，西格尔有一天出差回来，打开冰箱想给女儿倒牛奶。可是冰箱里除了调味品外空空如也。自己不在家的这段时间，乔连基本的食品采购都没能完成，她大为光火，于是质问他："你一整天都闲着，怎么连冰箱里的必需品都不能买回来？我又没要求你做美食大餐，但我回到家的时候至少家里要有必需品啊。"

西格尔因为家里断粮引发的恼怒反映了她的深层焦虑，她担心女儿们"没有过上她们应该过上的家庭生活"，话语间流露出一个职场妈妈的自责。

保障孩子的食品供需确实是母亲们的压力源之一。美国人在家庭饮食是否健康这个问题上习惯审判母亲——而不是父亲。这一结论来自 2018 年 12 月一篇针对 1603 名美国成人的调研。该项目研究者观察说:"一个没有达到理想标准的母亲所付出的社会代价要比不达标的父亲多得多。"尽管研究者没有详述这里提到的"社会代价",他们的结论显示"人们习惯把消费和饮食的责任归咎于母亲,而不是父亲"。①

西格尔责备了乔,告诫他:"你该把现在的全职爸爸身份当回事了。"

"我懂。"乔很快就揽下了工作日为家庭采购和做饭的义务。直到两个女儿都已成年离家、妻子也不再全职工作,他仍为妻子做饭。西格尔说:"他喜欢做饭,他现在的厨艺很不错呢。"

生病的孩子

婴儿潮妈妈安妮·韦斯伯格总是在上班的时候请假去接生病的小孩,带他们回家。她却从没有想过要她高盛银行投资银行家的丈夫去替代她做这件事,因为他肯定想都不想就会回绝。已是宝维斯律师事务所妇女运动倡议人的韦斯伯格回忆道:"他觉得自己肯定不能扮演这种角色。他从不会因为孩子生病就从工作中抽

---

① Emily Huddart Kennedy and Julie A. Kmec, "Is There an 'Ideal Feeder'? How Healthy and Eco-friendly Food Consumption Choices Impact Judgments of Parents," *Agriculture and Human Values* 36, no. 4 (December 2018): 137-151. ——作者注

身出来。"韦斯伯格说,她还必须满足社会对女性的期待:照顾生病的孩子是一个妈妈的本分。

第二代超能妈妈的处境要好些,但仍没有达到我的期望值。爱迪生研究所的一份调查报告显示,双方同为全职员工的夫妻在孩子生病无法上学的时候,75%的情况下都是妈妈请假在家照顾陪伴。

第二代超能妈妈处理这一问题的方法和结局都不尽相同。塔蒂安娜·兹洛茨基(Tatyana Zlotsky)就是一个例子。加入美国运通公司(American Express Company)两年后,她被这家大型金融服务公司提拔为副总裁——此前几个月,她刚生下了大儿子伊恩(Ian)。她的丈夫斯坦同为俄罗斯移民,是一名科技工业分析师,夫妇二人还育有一个小儿子内森(Nathan)。

身为数字营销专家,兹洛茨基带领的部门价值达数十亿美元,团队成员有80名。我们的采访相约在美国运通32楼的会议室里,这里可以俯瞰哈德逊河。兹洛茨基回忆,2016年6月,内森过完一岁生日后不久,两个儿子在6个月的时间里相继感染病毒。"我真是累瘫了。"

她和斯坦轮流带孩子看医生。可即便丈夫带孩子看了医生,"我还是会赶回家。因为孩子病了,我满心愧疚"。

让这位超能妈妈感到愧对的不仅是生病的孩子,她也为自己欠缺的许多工作感到内疚——尽管她的男上司极有同情心,也给予了大力支持。作为副总裁,她的每个工作日都排得满满当当,"你在凌晨2点醒来,听到孩子哭喊,接着发现他发着三十八九摄氏度的高烧"。

兹洛茨基请求先生斯坦以后全权承担带孩子看病和各项常规检查。"我就跟他说：'你看，我要垮了，我精疲力竭、支撑不住了。'"她捋了捋头发，接着说，"他得为自己发声啊，他可以去跟老板讲：'我需要更灵活的工作时间，因为我太太全职工作，我的两个孩子还小，有时候我需要在家办公。'"

斯坦同意了妻子的请求，他的上司也答应了他必要时可以在家办公的请求。如今回头看，兹洛茨基后悔自己没有早一点要求先生做出更多努力。她觉得作为一个职场妈妈，"你根本就不想开口求人，因为你恨不得自己把所有问题都解决"。

独夜猫头鹰

职场妈妈的事业晋升可以打乱一个家庭在工作日精心安排好的合作育儿计划。我自己和女性领导者网络——首领公司的合伙创始人之一林赛·卡普兰都有过这样的经历。

20 世纪 80 年代，我和先生迈克每个工作日的晚上都在马里兰郊外的家中共同度过。我们一起做晚餐，一起给孩子洗澡，一起哄他们入睡。1987 年《华尔街日报》提拔我为伦敦分社社长，打乱了这一公平的安排。

"以后每天晚上我都得工作到 8 点半，他要独自担起照顾孩子的职责了，"在举家搬离美国之前，我在日记里写道，"我又惊又喜。"

我的复杂情绪是有原因的：我必须工作到很晚，这迫使迈克不得不扮演一个"单亲爸爸"的角色，这并非他想要的。他后来回忆道:"我最初有抵触情绪,因为我没有选择。"迈克受雇于《华尔街日报》母公司道琼斯(Dow Jones & Company)旗下一家新闻服务机构,他每天晚上 6 点半一回到家,两个孩子就迎上来。我们在伦敦雇的保姆已喂过孩子晚餐,但他们更渴望得到父母的关注。饥肠辘辘的父亲此时顾不上吃一口饭,就得先陪陪孩子们。

时间证明,打乱后重建的新秩序对我们来说是因祸得福。迈克给孩子们安排了地理问答比赛,和他们一起做彩色黏土小碗,烤玉米松饼。他说:"我和孩子们在适应的过程中找到了大家都喜欢的新活动。我逐渐意识到,可以和他们在工作日的晚上单独相处,这是多么宝贵的体验。"

卡普兰和她的先生理查德有着相似的经历。他们夫妇从确立关系之初就立志要公平分担家务。随着 2015 年马克斯的出生和 2019 年首领公司的成立,他们当初的承诺经受了一番考验。理查德是一家艺术品库存管理平台的产品负责人,他每天工作到下午 5 点。卡普兰的下班时间就晚多了,为了她的初创公司,她经常要参加商务晚餐和各种会员活动。

这位创业家说:"他站出来担下了晚上照顾孩子的工作。这些负荷都压在了他的身上。"

就在前一个星期五晚上,夫妇俩开车前往他们在纽约州北部的度假屋途中发生了一场争执,起因是卡普兰在工作日晚上频频缺席家庭生活。在他们启程之前的一个星期,理查德已经连续 3 个晚上照顾马克斯,他感到筋疲力尽,问她:"这个星期你又要有几天不回家?"

卡普兰忍不住尖刻地回击:"你知不知道我工作多么努力!经

营一家初创公司是很辛苦的！"

理查德也不甘示弱："我只是想知道这个星期你又要有几天不在家。"

卡普兰怒气冲冲地回嘴："你管我呢！反正你自己每天晚上都在家。"

理查德曾反复提醒妻子把自己晚上的工作活动提前加入他的日程表，因为比起他的创意大师妻子，他更有计划和条理。可她总是忘记。

我和卡普兰在一个下午相约在首领的办公点，她对我说："今天晚上我有一个活动呢，我又要晚回家了。我共享到他的工作事项了吗？啊，我忘得一干二净了！"她絮叨着，脸上露出不好意思的表情，发誓要在她到家半小时前，在理查德的日程表里告知他。

"你应该现在就添加进去，"那天下午 4 点半，我催促她赶紧把这件事办好，"你的婚姻会更幸福，至少会更有计划。"

卡普兰抓过自己的手机，照我说的做了。她很少担心自己的婚姻，尽管社会对养育子女持有传统的性别认同观念，但她说："我们都认可我更多地扮演父亲的角色，这也是我爱他以及我们两人很合拍的原因。"

父母双方可否同时拥有杰出的工作呢？还是说不论性别，只有一方可以扮演努力工作的父亲角色？在工作和生活的钟摆之间，第二代超能妈妈和配偶共同投身彼此成功的事业，因而能建立稳固的婚姻关系。卡普兰说："只要我们保持沟通、相互扶持，再加上托儿机构的额外辅助，我们相信彼此都可以成为工作中的佼佼者。"

称不上"黄金职业"的母职

我采访斯泰茜·覃克的时候，意识到一个残酷的现实：职场妈妈怀有沉重的心理负担。覃克是家得宝公司掌管数十亿美元的部门负责人。那个早春的星期一是她连续上的第二天班了。这名37岁、两个男孩的母亲星期天已经在办公室加班一整天了。工作任务和家务事加在一起，她积攒了2000个待办事项。

弹指间，她勾去了几件已完成的家务事：她在星期天安排了儿子杰克逊的生日派对，订购了生日礼物，通知了亲友儿子收礼的喜好，核对了家庭成员的旅行安排。

我好奇覃克是怎么会有这么多待办事项的，又是怎么一一完成的。她解释："我会思考这一年的事情，每个星期我都会把一年的事项捋一遍。"她不认为先生特雷弗（Trevor）应该惦记更多的家事，因为他已经是一个很出力很负责的爸爸了。

哥伦比亚法学院教授伊丽莎白·埃门斯（Elizabeth Emens）把处理这些琐碎的待办事项称作"生活管理"（life admin）。她对"生活管理"的定义是：针对日常生活的办公室工作。埃门斯在2019年出版的《生活管理：如何事半功倍，少些家务，多些生活》(*Life Admin: How I Learned to Do Less, Do Better, and Live More*)一书中提及：很难说服父母相信，多花些时间在家庭管理上，他们会从中受益。① 伴侣之间就家庭生活管理任务的分配其实

---

① Elizabeth Emens, *Life Admin: How I Learned to Do Less, Do Better, and Live More*（Boston: Houghton Mifflin Harcourt, 2019), 59. ——作者注

是从根本上解决公平问题，因为如果一方只是偶尔出力，对承担大部分任务的另一方来说并不会减轻压力。

在妻子挣钱更多的家庭里，她们不只在母职角色上尽心尽力；比起父亲承担养家糊口责任的家庭来说，她们照料一切家事的可能性是前者的两倍。这个研究结果来自一项调查，它针对2082名有工作并育有至少一名18岁以下小孩的美国人。这项2017年的研究由大型儿童托管服务机构"光明地平线"完成。①

这份报告说，女人承受的心理负担，要求她们"不只当好养育者，还要时刻记住全家人何时何地应该做什么，在有任何遗漏和疏忽的时候，这些麻烦都是女人来处理"。

这份看不见又不拿工资的工作，本质就是加给母亲的又一重任务。"这是因为在我们的文化里，'妈妈'这个字眼就是'默认是她了'"——人们默认妈妈就是管理孩子和家庭当仁不让的人选，慈善顾问兼律师的伊芙·罗德斯基（Eve Rodsky）在她2019出版的《公平竞争——太多事务缠身（太多生活要过），该换个方法了》[*Fair Play: A Game-Changing Solution for When You Have Too Much to Do（and More Life to Live）*]一书中这样写道。②

2020年的一场疫情让数百万美国家庭困于家中，罗德斯基发起了一场非正式投票，参与者是100多名女性，她们被问及：在这场席卷全球的公共健康危机来临时，管理家务的心理负担是由

---

① Bright Horizons, "Modern Family Index 2017," December 2017, 1. ——作者注
② Eve Rodsky, *Fair Play: A Game-Changing Solution for When You Have Too Much to Do（and More Life to Live）*（New York: G. P. Putnam's Sons, 2019）, 31. ——作者注

谁来承担呢？罗德斯基后来为《时尚芭莎》(*Harper's Bazaar*)杂志撰文时写道："一切构思和计划的背后都是女人。"①

吉纳维芙·罗思是"看不见的手"的创始人和总裁，这是一个致力于打造社会影响力的会展组织。罗思本人有个人助理帮她减轻精神负担和家务活负荷。她常常以时薪20美元的价格雇用音乐剧院的学生们每周在她曼哈顿公寓工作10小时。

助理帮罗思和她的先生乔丹简化了他们的生活，这种简化和帮助有时候是不知不觉的，比如助理会研究他们的小女儿适合什么课程，帮他们退货，预约冰箱检修。罗思告诉我，就在我们约见的前一日，家里突然停电了，也没了热水，是兼职的助理找了电工，"她监管了整个过程"。

助理的帮助也减少了罗思和先生之间的摩擦。助理会主动购买家中所缺的厕纸，也会保证家中重要物资不断货。所以每当先生讨论起是否真的有必要请一个助理的时候，罗思就回他："过去两年半时间里你买过几次厕纸？零次。"

尽管有个人助理帮忙，这位投入工作忙于发展自己事业的企业家，仍会疏漏一些琐碎的家庭事务，其中一项就是手写感谢卡。这些感谢卡通常由助理手写，她签名寄出。可是罗思2018年春季的准妈妈派对过一年多，由于她没有几个送礼人的地址，这些感谢卡迟迟没有寄出。她说："生活就像一场龙卷风，总有一些事务迷失其中了。"

旋风一般的家务事冲击着两代的超能妈妈。像罗思这样的X

---

① Eve Rodsky, "Everyone Is Home Right Now, but Who's Doing all the 'Home' Work?," *Harper's Bazaar*, March 26, 2020. ——作者注

一代的妈妈们与前辈不同,她们这一代誓死捍卫配偶在家务和育儿职责上的平等分工。我听了她们一些颇有创造力的方式方法,也很受鼓舞。其中最值得一提的是:夫妇二人通过定期签到和非正式的交心谈话,重申彼此对事业和家庭的承诺。

配偶之间实现真正的平等,也能减轻男女在薪酬和晋升上的鸿沟。这个目标目前还未达到,道阻且长。太多的年轻爸爸们不敢跟他们的老板提要求,不敢为了承担自己应尽的家庭职责而让公司调适自己的工作。年轻的妈妈们则接受了母亲就该是主要抚育者这一流行观念,从而背上了沉重的心理负担。

超能妈妈们几乎都是身兼多重任务的好手,这让她们陷入复杂的家务困境。对她们来说,多重作业是很棘手的,因为她们本身的工作压力已经足够大,加之各种便利的电子设备,更让她们几乎无时无刻不跟工作挂钩。下一章,让我们来看她们是如何"时刻待命"(always on)的。

第五章

时刻待命并非上策

夜已深,我刚结束《华尔街日报》伦敦分社里又一天辛苦的工作。

可我还不能上床休息。作为这一重要分社的"二把手",我是纽约总部的编辑们在每个工作日的最终截稿联络人。公寓客厅的电话铃声一响起,我就赶紧接起听筒,不想让刺耳的铃声吵醒熟睡的孩子们。

电话那头传来《华尔街日报》纽约复印台某员工的声音:"喂,你那边已经午夜了吗?"

"是的,跟你昨晚打来电话是同一时间。"我疲倦地应答。

这幕电话情景在伦敦的夜间反复上演,直到《华尔街日报》1990年把我调回纽约。从此我再没有上过这样随叫随到的班。另一个重要变化是,我拒绝星期六工作。即使公司给了我一部轻巧便捷的黑莓手机,我仍然把周六定为休息日,黑莓手机从星期五晚上到星期天早上都呈关机状态。

我约见的大部分第一代超能妈妈一般到家后就可以不工作了，也不必担心这会给职业带来负面影响。可惜今天的职场现状恰恰相反。技术的进步助长了一种"时刻待命"的职场文化。我们基本上一天24小时、一周7天都跟移动设备黏在一起。这是远程工作带来的负面影响——固然它给了职场妈妈更多的工作弹性。

"'时刻待命'已成为当下大多数职业的默认设置，因为无处不在的智能手机、超薄电脑、各种创造性的应用软件'延展了工作日的边界，直到它和我们的生活混为一谈'。"这是《华尔街日报》应用工具版块编辑马修·基钦在2018年年末写过的一段话。[①]奥多比软件系统在2019年针对1002名个体做的调查显示，每10个美国成人之中就有超过4人需要在工作时间之外，每几个小时就查阅一次工作邮件。

另一份研究显示，年轻人尤其无法避免在工作之余查阅工作邮件。1772名年轻人之中有62%的人群对此感觉有压力，觉得必须时时通过电邮、聊天群组（Slack，一个即时通信软件）或其他通信工具让别人可以联系到自己。那些觉得必须加班的人数比例也和这个差不多。这些数据来自伊利诺伊州埃文斯顿一处名为"黄砖"（Yellowbrick）的心理健康中心2019年就"职场倦怠"这一话题发起的民意调查。

就在同一年，世界卫生组织（the World Health Organization）修改了对倦怠的描述，声明倦怠综合征会导致办公效率降低。世

---

① Matthew Kitchen, "Far from the Madding Co-workers," *Wall Street Journal*, October 6, 2018. ——作者注

界卫生组织将倦怠归咎于"没有得到良好解决的长期慢性工作压力"。

也有研究者认为职业倦怠与不断检查电子邮件、短信、社交媒体账户这些行为有关。北伊利诺伊大学的研究员发明了一个词"职场远程压力",描述的就是职场人不管在不在办公室都有忍不住尽快回复邮件(语音邮件)、短信的冲动。

拉丽莎·K.巴伯(Larissa K. Barber)和阿莱西亚·M.桑图齐(Alecia M. Santuzzi)二人是北伊利诺伊大学心理学系的教员。二人在2015年就职场远程压力这个话题发表了一篇调查报告,她们从303名个体那里搜集了受访者在工作日、周末、节假日、病假日期间回复邮件频率的相关数据。结论是:那些承受更大职场远程压力的人睡眠质量更差,也更有可能因健康原因缺席工作。[①]

就职于所谓"贪婪行业"(例如咨询、金融、法律行业)的人群往往承担最大的压力,他们要日夜为客户和同事服务。但是,这些逃不掉的工作职责惩罚得格外厉害的是有孩子的女性。

那些每周工作50个小时的个体,比起同等资历每周只工作35—49小时的个体,每小时的薪酬要高出后者4.5%。这一数据扭转了2000年之前工时更长者时薪更低的薪酬模式。这是康奈尔大学社会学系教授金·威登(Kim Weeden)的研究结论。

《华尔街日报》相关文章提到这篇调研,将薪酬差距的逆转归咎于某些雇主,他们只愿意把顶级薪酬的工作给予那些可以连续

[①] Larissa K. Barber and Alecia M. Santuzzi, "Please Respond ASAP: Workplace Telepressure and Employee Recovery," *Journal of Occupational Health Psychology* 20, no. 2(April 2015):172-189. ——作者注

长时间工作的人。有孩子的女性不大可能一周工作 50 多个小时。这篇刊登于 2019 年的文章[1]指出：这导致职场妈妈和别人的薪酬差距越来越大。

和智能手机的枕边话

身为一名资深公关主管，吉纳维芙·阿伦森（Genevieve Aronson）太了解想要成功就得时刻待命的必要性了。阿伦森是电视评级公司尼尔森控股（Nielsen Holdings）的北美联通讯（North American）公司副总裁，她的女儿露艾拉（Luella）出生于 2012 年。

我和这位 38 岁的执行官相约在尼尔森公司位于曼哈顿市中心的办公室。她回忆 15 年的公关生涯，自己"总是握着手机入睡"，因为时刻待命"就是我的工作性质，我是记者们最后期限的联络人"。

阿伦森的上一任雇主是纽约的一家公关公司，在那里她学到握着手机入睡的重要性。她的女上司常常在半夜发邮件过来，如果她不及时回复，就会招致上司的冷嘲热讽。

她不得不在夜晚及时回复邮件。这个年轻女人无休止的待命状态换得了事业的腾飞。她说："你为自己打造了这样的声誉：'她会立即回复的。她有办法，她整夜都在工作。'"后来她辞去了这家公关公司的工作，加入尼尔森的中层管理，两年后就晋升为副

---

[1] Sue Shellenbarger, "Many Companies Say They're Family Friendly. But It Often Isn't the Case," *Wall Street Journal*, October 11, 2019. ——作者注

总裁。这是她的第一个高管职位。

如今，尽管尼尔森的上司不会在午夜时分给她发邮件，阿伦森每晚睡觉时仍保持手机开机状态。为了和工作保持更紧密的联络，她甚至主动在每个星期二到星期四的凌晨2点或3点醒来，在完全不受打扰的时刻抢先做完一部分工作。这是她在2017年晋升为副总裁之后就开始执行的日程表。

"我的事业心很强，"这位亚裔美国人解释说，"我想努力做完所有的事，我能想到的唯一的办法就是从24小时里尽可能挤出更多的时间。"

我们约见的那天，阿伦森在凌晨2:45就起床了——这之前不到3小时，她才在纽约郊外家中照料好生病的女儿入睡。到5点她已经处理完电子邮件和其他工作事项，先生和女儿还在熟睡中。

她希望自己可以在当天9点入睡，她半严肃半开玩笑地说："不然我会变成暴躁女王的。"

在外地也要待命

许多超能妈妈在出差途中都不会关掉电子设备，因为她们要与家人和公司保持联络。瓦妮莎·哈利特就是一个典型。作为菲利普斯拍卖行全球摄影集的主管，她常有商务旅行。

她说，在外地的时候，"我的手机永远开着，和先生孩子们保持通话，虽然我不在他们身边，但是只要他们想找到我就能找到，这是不变的"。

哈利特确保只要家人有需要，她永远都可以出力，不管是安排孩子们和小伙伴玩耍,还是下单购买家中急需的食品,她都随时待命。她使用"新鲜直送"(FreshDirect)为家人购买食材。

有一次她在上海出差,早晨6点被智能手机铃声叫醒。电话是曼哈顿公寓楼的门卫打来的,对方告知她点的"新鲜直送"外卖送到门口了,询问她是否要把这些食物送到她的公寓。

"好的,送上去吧。"哈利特回应。她人在上海,却给全家买好了食材,因为"我知道每个人想吃什么"。

还有的超能妈妈哪怕在休假的时候也时刻待命。玛丽·L.巴利沃(Mary L. Baglivo)是一位第一代超能妈妈,她曾经历一场严峻的客户危机,迫使她和家人在加勒比的尼维斯岛度假时还要辛苦处理工作。

这场2005年的危机发生在巴利沃接管阳狮集团(Publicis Groupe)旗下的国际广告公司——盛世长城纽约公司(the New York office of Saatchi & Saatchi)的4个月后,当时她47岁。那一年的情人节,盛世长城负责客户通用磨坊(General Mills)的14个重要员工集体辞职。巴利沃第二天就紧急飞往通用磨坊在明尼阿波利斯的公司总部,向客户保证能让他们安心。

作为大型包装食品生产商,通用磨坊是盛世长城纽约公司的第二大客户,每年带来的营收近3000万美元。盛世长城和前任广告代理公司负责维护该品牌已有8年之久。集体辞职的那一批员工很快入职了一家竞争对手公司,坊间传言他们要把通用磨坊这个大客户挖走。

此时正在加勒比海陪伴丈夫和两个小孩度春假的巴利沃,不但要忙着招聘新员工填补空缺,还要极力挽留这个随时可能被抢走的大客户。她回忆自己在尼维斯岛的那段时间,说:"我无时无刻不在打电话。客户需要确认随时都能找到我。"

无奈当地的手机信号太弱,这位广告高管在尼维斯的一家餐馆就餐期间,不得不几次三番爬到桌子下面搜索更稳定的信号。她不但要联系上通用磨坊的首席执行官史蒂夫·桑格(Steve Sanger),还要联络盛世长城的团队成员。不打电话的时候,她也深深感到这场危机带来的心理压力。最后她同意,如若这场动荡进一步恶化,她会缩短假期,提前飞回美国。

对工作的极度投入并未让她感到困扰,巴利沃度假时间的四分之一都在工作。她最终留住了通用磨坊这个客户,随即成为盛世长城在全美的负责人。巴利沃在2013年离开盛世长城,目前她是3家上市公司董事会成员。

今日不似从前,如今人不在公司却还能和公司保持密切联系已是稀松平常的事。2019年领英公司发布了一份针对1000多人的调查结论,美国每10个受聘的专业人士之中,就有6个在度假期间要跟老板或同事至少联络一次。

第二代超能妈妈之中,也曾有一些人无时无刻不在工作,直到她们找到一种不必让自己时刻待命的方式。来福威食品公司(Lifeway Foods)以制作一种叫克菲尔(kefir)的发酵牛奶饮料而出名,该公司的首席执行官朱莉·斯莫扬斯基(Julie Smolyansky)评论道:"我们都在学习科技带来的变化,也在摸索科技和生活的界限。我的领悟是:什么都可以等。"

这位伶牙俐齿、雄心勃勃的老板在2002年接管了来福威食品,那年她才27岁,是全美上市公司里最年轻的女领导。她还是个婴儿的时候，父母带着她从苏联移民到美国，在芝加哥创办了来福威食品。

说起母亲当年的长时间工作，斯莫扬斯基忍不住哽咽。我和这位 43 岁的高管相约在曼哈顿一家酒店共进早餐，说起自己小时候："我记得我好想妈妈。"斯莫扬斯基在 2008 年和 2010 年分别生下两个女儿，她的先生杰森·伯丁（Jason Burdeen）是一名艺术品经理。

斯莫扬斯基一生热爱运动，我们见面时，她已经跑完了 13 场马拉松。她喜欢健身，却不想切断在来福威的工作。她告诉我："我曾经走了 12 英里，一路都在开电话会议。"

她一向是这种亲力亲为的风格，哪怕在度假也从未与公司切断联络，工作项目的最后期限逼近时，她会敦促来福威的员工加紧工作。她的改变发生在一个"啊哈"时刻（"aha" moment）。斯莫扬斯基 2015 年夏天在长岛的上流社区南安普敦度假时，决定星期一到星期五每天去动感单车锻炼 45 分钟。

这家潮流健身连锁店不允许学员在健身房使用手机。斯莫扬斯基回忆："竟然 45 分钟都不让我看手机？我怎么可能做到呢？"她一边说着一边焦虑地摆弄一头深色长发，"对于不让带手机进去这件事，我当时气坏了。"

其实那个夏天在她健身期间，来福威公司并没有发生什么大事。她在频繁出入动感单车健身房的时候，也并未错过什么重要的工作会议。那是因为她终于放权给自己的副手，让他们独立完成工作任务，自主做出决策。她指出："我不再对工作环节中的每个细枝末节都不放手，以前我的行事方法是有些傻呢。"

需要陪伴的孩子和任务繁多的妈妈

性别研究员雪莱·J. 科雷尔认为，科技不仅可以让你同时对付多个任务，而且"它要求你就是要做这么多"。科技使你背负上这样的期待：你的心思不离工作，孩子需要你的时候也得陪伴在左右。"这就是为人父母者内疚感的来源。"

有一些当代超能妈妈的孩子们非常反感自己的母亲心不离工作。艾睿铂的常务董事米根·施密特就是一个例子。她的大儿子瑞恩 6 岁时祈求妈妈不要在家里他听得见的地方打工作电话，他很不喜欢妈妈在跟他相处的时候突然抽身离去。

施密特说，后来她做了一个决定："我决意锻炼自己的正念和觉知，尤其是现在我有了第 3 个孩子，我提醒自己在家的时候要活在当下。"她的先生安德鲁（Andrew）是一家房地产资产管理公司的财务主管，夫妇二人达成了一个不寻常的约定：周末在家时，只有关起门来才能查看智能手机。

夫妻俩把电子设备藏在他们新泽西郊外家中的步入式厨房储物间里。把让她分心的工作事务藏起来不让孩子们发现，这样一来施密特的自我感觉好多了。

"但是，躲在储物间偷偷查阅工作邮件，又怎能解决你的心思总扑在工作上这一永恒的难题呢？"我问她，"毕竟你也不可能在查阅电子设备时为了理会艾睿铂的工作需要就离开孩子吧？"

施密特也认为这种超乎寻常的约定其实没法解决一切问题。

毕竟她每个星期六至少躲进储物间查阅10次工作邮件，星期天又要查阅10次。有时她收到讯息后必须马上致电。

施密特和先生一直坚持周末躲进储物间查阅工作邮件，直到再也瞒不过孩子们，因为他们搞不清为什么爸妈总会突然消失。施密特解释说："冷水饮用机就放在储物间。"每次她走出来手里都端着一杯水，这一举动帮她隐藏了秘密工作的事实，让孩子们觉得她没在工作。

她还整晚都把手机放在床边。因为作为一家全球咨询公司，艾睿铂的海外客户有时会在黎明前打电话召唤她。她指出，先进的科技"是一把双刃剑，一方面科技让工作更便捷，另一方面，你也没理由不接电话"。

尼尔森控股公司的领导吉纳维芙·阿伦森，在几年前遭到4岁女儿的抱怨后，决定改变自己总是想着工作的习惯。那是一个周末，她正在手机上回复工作邮件，坐在不远处客厅的女儿露艾拉在安静地玩着娃娃房子。

女儿突然烦躁地说："妈妈，你在手机上花的时间跟在我身上花的一样多。"这番言论让阿伦森吃了一惊，也让她充满了愧疚和悲伤。她自责，告诉自己"我得做出改变"。后来她只要和女儿待在家里，就不把手机放在身旁。所幸她的努力迎来了成效，露艾拉不再觉得"她在和手机争夺妈妈了"。

不过她也没有办法让自己全然脱身，让尼尔森找不到她也是不行的。她会跟露艾拉说："哦，我得去上厕所。"然后她坐在马桶上查阅工作邮件。

即使在智能手机出现以前，第一代超能妈妈也要解决同样的问题：孩子对妈妈的占有欲。英特尔公司的前高管黛安娜·M.布赖恩特就是一个例子。布赖恩特有一个女儿安妮卡，后来又领养了一个儿子维塔利（Vitaly）。在孩子的成长过程中，她是这家半导体公司一颗冉冉升起的新星，不断晋升到更高更有权力的位置。

有天晚上她从英特尔下班回到家，仍旧惦记着工作项目和同事的要求。她重温往事，仿佛又经历了一次当年："哪怕人到家了，心却没在家里。我仍旧感到压力很大，心里想着工作，想着明天早上的会议和中午的提案。这股压力弥漫到了家里。"

安妮卡对母亲下班回家仍全心惦记工作感到很苦恼。"我人坐在那里，女儿想跟我说话，跟我说说她在学校遇到的困难，可是我心不在焉。"

安妮卡觉得妈妈的分神是"对自己的侮辱，说明她不重要"。布赖恩特说："她对我十分愤怒，冲我大喊大叫：'你根本没在听我说话！'然后气呼呼地回房间猛地关上门。"

布赖恩特对曾经自己一心想着工作感到后悔。她承认："这真让人心碎。如果我可以重来一次，我一定保证人在家，心也在家。"

她在英特尔公司工作了32年，最后5年中，她主管的商业部门在2017年的营收达到190亿美元。后来她加入了字母表（Alphabet）公司分支谷歌云端（Google Cloud），担任首席运营官。2020年初，她被医疗器械制造商新星信号（Nova Signal）聘为总裁兼首席执行官。新星信号研制的帮助护理人员迅速诊断是否严重中风的设备已经获得美国政府批准，布赖恩特预期公司将很快上市。

关闭永久开关

如果企业和个人都可以采取更广泛的措施，就可以把当今无时无刻不和智能手机黏在一起的职场父母们解脱出来。不计其数的雇主们在不经意间创造了这样一种公司环境，让职员不得不时刻与工作保持联系。这种公司文化的成因之一，就是在下班后还发送工作邮件。

波士顿咨询集团（Boston Consulting Group）以自身经验证明了，我们可以扭转这种时时在工作的根深蒂固的公司文化。哈佛商学院的教授莱斯利·A.佩洛（Leslie A. Perlow）专门研究领导力，她帮助这家全球咨询集团重新审视顾问的工作，建议他们强制推行员工在一定时间内不参与工作的政策。这个项目始于2007年，她花了一年时间研究波士顿咨询集团，发现几乎所有的员工都陷入了一周7天、一天24小时全年无休的"内卷"状态。

波士顿咨询的高级合伙人黛比·洛维奇（Debbie Lovich）太了解"内卷"了。她有4个不满12岁的孩子，每周工作时间还超过60个小时。回忆起当年，她说："我对自己的生活毫无控制，简直就是蜡烛两头烧。"她在波士顿咨询公司的那些业绩优秀的同伴们，也都觉得被工作压得喘不过气。

洛维奇团队里的一名咨询顾问告诉她，自己每晚睡觉时都把手机放在枕头下面，确保不会错过小组长在夜里发来的工作邮件。洛维奇说，其实"没有人指挥他带着手机一起入睡"，她向这个男员工保证她不会在半夜给他发工作邮件。

佩洛为这群顾问设计了一个实验性方案：参与者必须每周抽出一天，在这一天的晚上 6 点之后不去查阅工作邮件，也不回复工作讯息。这个方案的目的是"探索一番，看看这群追逐事业的管理顾问们能否暂时放下工作——重新和自己的生活建立连接"。佩洛后来把波士顿咨询公司的这番实验写进她 2012 年出版的书里，书名就叫《带着你的智能手机入睡：如何打破全年无休的工作习惯，改变你的工作方式》(*Sleeping With Your Smartphone: How to Break the 24/7 Habit and Change the Way You Work*)。[1]

佩洛的开创性方法大大提升了波士顿员工的满意度、工作效率和最后的工作绩效。她在 2009 年为《哈佛商业评论》撰写的一篇文章中写到为波士顿咨询集团设计的这场实验："如果大家集体来挑战这种观念，是可以打破这种一周 7 天、一天 24 小时不间断回应工作要求的模式的。"[2]

到 2014 年，在全球 50 个国家设有办公室的波士顿咨询集团在所有办事处都推广了这个倡议。今天，这番努力已经形成成熟的组织架构，包括集体认可的员工的休假目标。

"这个项目是为了更好地工作，也为更好地生活，"洛维奇告诉我，"这并不意味着我们转向了朝九晚五的工作模式。我们的工作是密集繁重的。我们知道人们需要……和家人相处的时间。"

结果呢？她补充说："我们的新常规是，有时候也要时刻待

---

[1] Leslie A. Perlow, *Sleeping With Your Smartphone: How to Break the 24/7 Habit and Change the Way You Work* (Boston: Harvard Business Review Press, 2012), 10. ——作者注

[2] Leslie A. Perlow and Jessica L. Porter, "Making Time Off Predictable—and Required," *Harvard Business Review* 87, no. 10 (October 2009): 102–109. ——作者注

命——在需要的时候。"

一些美国企业为了减少工作对下班后的生活的入侵也采取了一些措施。据《华尔街日报》2019年的报道，电信公司带宽（Bandwidth）禁止员工在度假的时候处理工作事务，这一"断电"政策连首席执行官也不例外。①

对个人优先事项的重新排序能带来广泛的职场效应。斯蒂芬妮·斯特拉克就是一个例证。她曾短暂地领导过运动服制造商瑞格布恩。斯特拉克说："老板决定治一治这种时时在工作的习惯，为整个团队奠定一种基调。"

斯特拉克在耐克集团担任中层管理时怀上了第一个孩子。她回忆："我下班回到家，吃了晚饭就打开电脑继续工作。我的生活几乎和耐克分不开。"

2013年，斯特拉克的女儿西耶娜（Siena）出生了。她不再把工作带回家，也不再周末给同事发邮件了，因为她要把更多的注意力放在女儿身上。如果耐克的同事在她在家时联络她，她不会马上应答。

她会问自己："我需要今晚回复吗？能否等到明天早上？"她坚持要扭转自己一心扑在工作上的习惯，后来还说，"这是我做过的最正确的决定之一。"

2015年斯特拉克的儿子帕克（Parker）出生，她进一步坚持了自己不要时刻为耐克待命的决定。她还受到一些年长的、有些也有孩子的同行高管们的启发，买了第二部手机。这些耐克高管

---

① Kelsey Gee, "Phones, Apps Make Sunday the New Monday Morning," *Wall Street Journal*, July 8, 2019. ——作者注

们帮助她认识到"工作只是我生活的一部分"。

斯特拉克周末带孩子外出或者与先生约会时,会把工作用的那部手机留在家里。与耐克完全切断联系,让她不再被工作束缚,可以全身心投入家庭生活。工作与家庭的分离对她来说"彻底改变了我,我只后悔没有早一步这样做"。

先进的科技促发了一个矛盾现象:一方面它解放了第二代职场女性,让她们比起前辈拥有更多自由;另一方面这种自由也带来了负面效应,这些年轻的高管时时刻刻都与工作挂钩,形成了时刻待命的企业文化。幸运的是,她们供职的企业有许多位居高层的女性,这些女性联手遏制工作对生活的入侵。

建立一个强大的团队能进一步减轻时刻待命的压力。斯特拉克建议:"把焦点放在你身边人身上。别害怕雇用比你聪明的人。"不然的话,"你就不会有时间跟伴侣和孩子们相处"。

不管做着什么类型的工作,为人父母者都面临着这样的挑战:为职场做出的决定也要惠及家庭。明智地应对挑战才是最重要的。如果你想让孩子们的生活更多地融入你的工作,那会怎样呢?在下一章节,你将读到两代超能妈妈是如何处理这一棘手问题的。她们之中,有人重组了自己的工作习惯,这为她们的职业生涯和家庭生活都带来了深远的影响。

第六章

为孩子和事业腾出空间

1983年,在生下第二个孩子之前,我不管在家还是在公司都很卖力,甚至可以说是太努力了。

为了和家人有更多时间相处,休完产假、回到《华尔街日报》华盛顿分社后,我提出要求希望可以每周工作4天。我自己也说了,减少工作日不是惯例,但如果公司可以满足我这个重要的个人需求,这将"让我更有干劲地完成日报派发给我的任务"。

管理层拒绝了我的提议。幸运的是,1983年秋天诺姆·博尔斯坦(Norm Pearlstine)当上日报的常务董事,艾尔·亨特(Al Hunt)当上华盛顿办事处的主管后,我的心愿总算达成了。亨特的太太朱迪·伍德拉夫(Judy Woodruff)是美国全国广播公司(NBC News)驻白宫特约记者,夫妇俩的儿子那时还很小。

因为我当时已经是《华尔街日报》的一名资深记者,博尔斯坦准许我星期五不上班,并且没有削减我的任何福利待遇。他还说星期一到星期四我可以继续我在劳工组织这方面的报道。博尔斯坦和亨特都相信我哪怕只工作4天，还是可以保持同等的工作绩效。

"太棒了！"那天我在日记里记下欢欣鼓舞的一笔。那会儿老二阿布拉才8个月大，老大才刚满4岁。每个星期五在家和孩子们共处的时光太宝贵了，阿布拉把每个星期五亲昵地称呼为"妈妈节"（Mommy Day）。①

我没有让同事知道这一对我意义重大的新工作日程。和许多婴儿潮那代的妈妈一样，我静悄悄地什么也没说，为了保护我作为一个勤勤恳恳好员工的名声，日报的其他员工并不知道我和公司达成的这一工作时间协议。直到几年后的某一天，本地一家媒体采访了我和一批明星记者，我们的故事登上了报刊。

我每周只工作4天的消息散播开来，单位里的一些男员工不开心了。有一天一个男记者刁难我："要是我也怀个孕，也可以每个星期五放一天假喽？"

优化工作时间让妈妈们既能在职场上突飞猛进，又能和孩子们建立深度纽带。不过要达到这种效果，并无通用的解决方案。随着越来越多的职场女性爬升到高层管理职位，每一代的超能妈妈对这个问题都有不同的应对方式。

我采访过的那些婴儿潮妈妈不希望自己被定义成一个不能一心二用的母亲，她们渴望被视作男同事之中的一员。《职场妈妈》杂志的编辑梅雷迪斯·博加斯说："在职场，你无法完全拥抱自己

---

① Joann S. Lublin, *Earning It: Hard-Won Lessons from Trailblazing Women at the Top of the Business World*（New York: HarperCollins, 2016），145. ——作者注

的母亲身份。"因为从此以后你就被贴上了母亲标签,"好的工作机会、晋升机会都将与你无缘,因为公司会先入为主地认定你肯定把孩子放在第一位"。

查利斯·洛(Challis Lowe)在几十年前就碰上这种厌女环境。1977年我和她第一次见面,在《华尔街日报》的头版做了人物专题采访,当时她是芝加哥大陆银行(Continental Bank in Chicago)的首位黑人女性高级职员。时年31岁的洛在当了两年小学代课老师之后进入商界,成为一名中层管理人员。

身为两个孩子的母亲,洛在职场数次遭遇性别歧视。多年之后,她仍对自己从不把两个女儿的照片带到大陆银行的办公室而耿耿于怀。她的男同事们认为"有孩子的女人应该待在家里看孩子";反之,她希望银行的领导们认为她"没有累赘","男同事可以做好的工作,我也能做好"。

也正出于这个原因,在她管理工作初期,她从不带女儿们参加公司的家庭联谊活动。两个女儿很少见到她,女儿们也不知道妈妈有一份重要的工作。

如今回想起当年没有让女儿们参与自己的职场生活,洛感到十分后悔。这位高管说话时轻声细语:"我很大一部分自我认同来自我的工作,她们失去了和那部分的我的连接。"她不无追悔地说,"女儿们没能看到我拼事业的那一面。"

她的女儿对此也有同感。坎迪丝·洛-斯威夫特(Candice Lowe-Swift)是瓦萨学院的人类学教授。谈起母亲,她说:"我从没搞清楚过她在大陆银行到底做什么。"查利斯·洛后来接连效力于共益企业(Beneficial Corporation)、莱德系统(Ryder

System)、达乐公司（Dollar General Corporation），担任最高人力资源官。

相形之下，大多数第二代超能妈妈认为，母职也是她们职业生活中不可或缺的一部分，她们也有信心把二者结合起来，把两个身份都做好。所以当代职场女性懂得在工作、生活中做出取舍，也追求非主流的工作习惯。博德加斯指出："因为前一辈女性勇敢地与职场妈妈们被赋予的消极看法抗争，这一代的职场女性的生存环境就好多了。"

我们约谈的那天，这位杂志主编坐在曼哈顿中城的开放式办公室，周围是来自《田野与溪流》①（*Field & Stream*）杂志、《流行科学》（*Popular Science*）杂志，以及其他几本邦尼集团②（Bonnier Corporation）旗下期刊的员工。《职场妈妈》杂志也隶属于该集团。博德加斯的笔记本电脑屏幕背景是她两个小儿子相拥的照片。这快乐的画面传达了一个骄傲的信号："他们也是我工作的一部分。"博德加斯还说："今天的职场妈妈们会在她们的办公桌上骄傲地展示孩子的照片。"

如今，年轻的超能妈妈在履行母职时，也更容易获得同事们善意的支持。可是玛丽萨·迈耶的经历就不同了。2012 年，这位履新的雅虎首席执行官把办公室隔壁的一间凹室改造成育婴室，以迎接她即将出生的儿子麦卡利斯特（Macallister）。雅虎总部位于加利福尼亚森尼韦尔，37 岁的迈耶自己出钱给这间约莫 8 平方英尺的育婴室里装上了隔音设备。

---

① 《田野与溪流》是一份美国户外杂志，创刊于 1895 年。——译者注
② 邦尼集团是一个总部位于瑞典的全球化传媒家族集团。——译者注

曾经的互联网龙头老大雅虎，如今已在慢慢沉寂。迈耶设置私人育婴室一事在雅虎内部激起许多人的不满，因为这是史无前例的举动。其他员工无法把他们的婴儿和保姆一同带来上班。当时，雅虎的广告收入在下降，员工流动性也很大。

董事会成员选择了迈耶这名谷歌老将接替雅虎执行官一职，上任日期就在她秋季的预产期之后不久。迈耶帮助谷歌设计了颇受欢迎的搜索引擎，也让她个人声名大噪。如果留在谷歌，她会享有6个月的产假并得到非常好的福利待遇。到了雅虎，她在麦卡利斯特出生两周后就来履职了——这个决定后来也为她招来了许多批评。

回忆起这段日子，迈耶说："当时的雅虎就是一艘沉船，我得把它从海底使劲儿捞起来。"我和她相约在雪花（Lumi）实验室，这是迈耶2017年从雅虎离职后与人联合创办的科技初创公司，位于加利福尼亚帕罗奥图。她说："雅虎聘我当首席执行官，不可能允许我工作8周就能消失6个月啊。"

谈话间，她伏在桌上，轻咬着一碗蓝莓，语速飞快，声音沙哑。她在雪花实验室的办公室是一间小小的屋子，一墙之隔的另一头就是她曾在谷歌办公的位子。1999年谷歌创立之初，迈耶是第20个被招进来的员工。

生产之前，迈耶与雅虎的董事会成员们都打了招呼，说她在婴儿出生后的前6个月会把孩子和保姆一同带来上班。她对董事会的原话是："这样想吧，我其实是取消了我的产假。"

迈耶对我解释："想到要错过一个常规的产假，我也伤心。但是可以把儿子带来一起上班也很棒，我白天都可以看到他。"

说起因为带麦卡利斯特来上班而招致的批评，尤其她在设置自己的育婴室之前就已拟好了增加雅虎员工育儿假的计划，却仍遭到批评，迈耶至今仍感到愤愤不平。她自己本该休的产假在2013年的春天结束，迈耶也是在此时公布了由她改良的带薪育儿假政策——妈妈们有16周，爸爸们享有8周。

这位雅虎执行官再度遭到攻击，是因为她在第二次生产后只在家待了一个月就回到公司。她的双胞胎女儿出生在2015年12月，每个工作日她都把女儿们带到办公室，直至她们4个月大。

"人们真是太多意见太多评判了……多早回去工作，回不回去工作，怎么休产假，他们都有意见。"迈耶怨愤地说。她坚信每个职场女性都应该按照最适合自己的方式做出选择，因为母职本身就是一场高度个人化的体验。不过，她这番诚挚的感慨，与那些不富裕的职场女性并没有关系，因为后者并没有优越的条件做到完美无缺地育儿。

双赢体系

职场妈妈们如果可以自由地选择工作与否，参加孩子在学校的乐团演出或观看孩子少年棒球联盟比赛，她们都会很享受和孩子们相处的宝贵时光。可是对于第一代超能妈妈来说，白天要溜出办公室不是那么容易的。她们身处一个雄性氛围浓厚的工作环境，身边少有女上司可以让她们效仿。

这是林恩·朱克曼·格雷的真实经历。她在20世纪90年代是大型投资银行雷曼兄弟控股公司的执行官。格雷从小就是运动健将,曲棍球、篮球、垒球、网球样样精通。自己在学生时代是运动员,现在见证读中学的女儿埃米莉打一手好排球,格雷别提有多开心了,她渴望能够观看独生女的每一场比赛。

但是在雷曼公司,男员工和女员工的生存规则是不一样的。如果交易大厅的一个男员工跟身边的男同事说,他要请假去看孩子的足球赛,这些男人会回应:"好啊!真是个好爸爸!"格雷回忆说:"要是我告诉身边的亲信我要去看埃米莉打排球,他们会说:'天啊,她就是对工作不上心。'"

格雷解决这个难题的方式是瞒骗。"我就说:'我得去看医生,明天回来。'"她用同一个理由迈出雷曼公司的大门,观看了七年级埃米莉的10场比赛。男同事和男上司都怀疑她得了什么重病。

还有一些婴儿潮一代的超能妈妈们在回首时光时,只恨自己当初从心底接纳了社会认可的职场妈妈工作习惯。就拿好时公司的首席执行官米歇尔·巴克举例吧。这家公司是著名的糖果生产商,旗下有不少名牌产品,例如里斯花生酱杯和好时之吻巧克力。

巴克本人出身低微。她的母亲在一个屋子里连水管都没有的农场长大,她的父亲是家族里第一个读完高中的人,成年后,他利用晚上时间自修了硕士学位。

"在那样的环境长大,塑造了我的职业道德。"巴克说。她10岁就有了第一份送报纸的工作。后来她在食品行业长期担任管理职位,成绩突出,在36岁那年拿下了人生中的第一个高管职位。

2006年,好时公司晋升巴克为高级副总裁,年近45岁的她新官上任,也在这一年产下了第3个孩子。11年后,巴克成为好时公司的掌舵人,她宽敞的转角办公室就在充满田园气息的宾夕法尼亚赫希好时公司原厂房内。空气中弥漫着巧克力的香甜。

巴克的书桌和书桌前的书柜上都放着儿子和两个女儿的相片，照片里孩子们的年纪从12岁排列到20岁。我们相约在一个春天的下午，一起吃着恺撒沙拉。巴克告诉我，孩子们小的时候，她只能在工作和小孩的学校活动中做出有限的权衡，不然同事们会下结论，认为她把心思更多放在孩子身上。

自己给自己设定的限制最终让她十分苦恼。"你会觉得'你没法参与孩子生活中重要的事'。"说这番话时，她举起了双手以示强调。

回过头看，巴克说："我本应该也本可以给予自己更多弹性，允许自己离开公司，去参加对孩子们而言重要的活动，比如学前班的万圣节游行。我在某些活动上自己给自己划出了界限，其实本没有必要那么做。"

X一代的超能妈妈可以更加心安理得地要求灵活的工作时间，一方面因为她们的地位提高了，另一方面她们可以从前辈们的经历中汲取灵感。劳丽·安·戈德曼（Laurie Ann Goldman）就是这样一位启发了后辈的超能妈妈。戈德曼决定不再给自己设限。在可口可乐（Coca-Cola）公司担当管理职位，同时要抚育几个孩子，戈德曼决定为了孩子们的需求，她必须从下一任雇主那里寻求明文保护。

"我想要对全天下说清楚，我既要一份领导的工作，也要能够照顾家庭。"戈德曼在2000年离开了可口可乐"全球许可证授予"职位之后，有一天在公园推着还是宝宝的老三散步时，她这样告诉自己。后来她拿到了斯潘克斯（Spanx）品牌的最高职位。斯潘克斯是一家以下半身塑形出名的女装品牌制造商,也是萨拉·布莱克利(Sara Blakely)在租来的一间单层小屋里开始的创业公司,戈德曼是布莱克利招聘的第5个员工。

这位新任执行官为自己谈妥的雇佣合约里明文认可了她有3个8岁以下的男孩这一事实和需求。这份合约声明:"公司认可你有必要履行对家庭和社区的义务,这会导致你有时需要在正常工作时间离开公司。"

现年56岁的戈德曼告诉我,她坚持要把这一条明文写进雇用合约里,因为"这是我的核心价值,也是我希望的生活方式",这一条合同条款"准许我去做我需要做的事"。

戈德曼接着说,她也做到了准许自己在儿子们需要的时候陪伴他们,因为她已经从心理上彻底摆脱了身为职场妈妈的自责。对于发展壮大斯潘克斯这一目标,她倾注了同样的决心和专注。回忆自己当年的想法,戈德曼说:"只要我可以做到,没人会在乎我花了多少时间参加儿子们的运动会。"

戈德曼在任的12年,斯潘克斯发展蓬勃,从一个小公司成长为全球企业,在2013年秋季的市场估值达到10亿美元。她在2014年初辞职。①

她的下一个首席执行官任期没有维持多久。戈德曼接下来8个月担任了新雅芳(New Avon)的掌门人。这是从雅芳(Avon Products)公司中分离出来的北美化妆品业务。戈德曼在2019年8月离职,此时新雅芳正待出售给韩国消费品公司乐金生活健康

---

① Alexandra Wolfe, "Sara Blakely of Spanx: Smooth Operator," *Wall Street Journal*, October 11, 2013. ——作者注

护理（LG Household & Health Care）。戈德曼后来说："我肯定想要三度当上首席执行官，我适合高管职位，我也没有打算放慢工作步伐。"

有一些第二代超能妈妈为她们以孩子为中心的工作习惯设计了一个更宽泛的框架。梅拉妮·斯坦巴克就是其中一个，她担任麦当劳的首席人才官时，写了一本关于她自己的用户手册。她坦言写这本手册的目的是告知她全球团队的57名成员，与自己共事需要知道的事项——例如，她在手册中明文指出自己相当重视两个女儿。

斯坦巴克撰写的这本手册有7章，她在第一章就声明："家庭对我真的很重要。我热爱我的工作，但我更爱我的家人。这一点体现在很多方面。白天家人需要我的时候我会尽量回应他们。"

这位麦当劳执行官在这本手册中对助理人员说，他们如果需要提前下班参加家庭事务，不必找理由说服她。她写道："我十分理解你们对家庭和家人的承诺。"她把这本用户手册发放给每一个新来的成员，并且鼓励团队成员也都写一本关于他们自己的用户手册。从某种意义上说，这样一本手册相当于一份职场上的婚姻合约，因为二者都定义了在一对重要互动关系中的首选行为和规范。

用较少的时间收获更多的进步

虽然我在日报的工作时间缩短了，但我的工作产出丝毫没有减少。我的上司说，我在华盛顿报道的文章不管是数量还是质量都保持了上乘的水准。后来，日报在1987年提拔我为伦敦办事处的新闻编辑,至此我也不再每周只工作4天。

每个星期五我不再可以在家陪伴孩子,女儿阿布拉不乐意了。"我们之前上学时每个星期的妈妈节呢?难道从此就没有了吗?"面对她的哀求,我觉得揪心。

几位婴儿潮一代的超能妈妈和我有相似的经历,起初试图减少工作多陪伴孩子,结果遭到断然拒绝。软件科技公司卓越公司(简称ETQ公司)的首席营销官尼娜·麦金太尔(Nina McIntyre)就是一个例子。这位科技行业资深人士在1988年生下了大女儿,当时她是伊士曼柯达公司(Eastman Kodak Company)分部的部门高级产品经理。伊士曼柯达公司在20世纪初期把照相术向大众普及。

休完了3个月产假,麦金太尔向公司提出要求,希望对方能允许她实行4日工作制。她说:"星期一到星期五可以有一天待在家里是多么宝贵,值得争取。"她的主管是部门新上任的营销副总裁,身为新手妈妈的麦金太尔猜测主管会答应她星期五不上班的请求,因为主管自己也是一名职场妈妈。

麦金太尔猜错了。年长主管听完她的提议,诉说了自己多年前生完孩子,不但依旧全职工作,还念完哈佛商学院课程的经历。

麦金太尔回忆那一幕,说:"她微笑着对我说:'不,你不可以不全职。'她不相信兼职也是可行的方案,因为她觉得自己当年不需要兼职,那么别人也就不需要吧?"

几个星期后,她辞去了在柯达的职位,接受了软件制造商莲花发展有限公司的一个兼职工作。招聘她的经理是她在柯达的前同事,不仅开出了她在柯达全职工作的同等年薪4万美元,而且允许她一周只工作 3 天。

麦金太尔原本以为工作时间缩短了，她的职业进程也就停滞了。其实不然。她的工作成绩得到了认可。3 年间尽管没有全职工作，她突出的绩效为她打开了通往全职高位的门。

她的小女儿在 1994 出生，彼时她已是一名管理着 17 名员工的全职监理。休完产假回到公司，麦金太尔被莲花公司（Lotus）提拔为总经理，这是她第一次接管整个软件开发团队，管理 83 名员工。

谈及这次晋升，她说："我真的很意外他们给了我这样一个高管位置。"其他的雇主也注意到她在职场的稳步前进。一家小型软件供应商——发明机械公司（Invention Machine Corporation）1997 年聘她为首席运营官。她为公司募集了 1000 万资金，随后跳槽。麦金太尔后来接连在 7 个公司担任营销管理，中间还穿插兼职咨询工作，直到 2018 年被 ETQ 公司聘用。

她说："过去 20 年我就职的公司很少有让经理们轻松兼职的。"不过她还是建议年轻女性效仿她间歇式的兼职工作模式，毕竟"你没有必要总是走在这条全职、紧张的轨道上"。

在家办公也要下一番力气

远程办公的普及也体现了上一代和这一代的超能妈妈们在工作习惯上的巨大转变。那些求贤若渴的公司越来越喜欢吹嘘这一优势，佐以更好的工具，以便员工在任何地方都能完成工作任务。

一家名为"职场分析"（Workplace Analytics）的研究型咨询

机构从 2019 年对美国政府近来的数据分析中得出结论，约有 470 万职员至少有一半时间在家办公。这份报告指出：在家办公的惯例"从 2005 年起增长了 159%，比其他类别快 11 倍以上"（这些数据不包括自由职业者）。

还有一个更具重大意义的研究结论，来自 2019 针对远程办公者和其他一些在传统办公空间以外劳作的个体做的调查。结论是，在 1202 名全职雇员中，大部分远程办公的都是高级管理者。调查者是猫头鹰实验室（Owl Labs），这是一家拟真式视频会议技术提供商。2020 年初期，受疫情影响，美国很多雇主要求员工延长在家办公的时间。

在居家隔离、学校和托儿机构都关闭的情况下，父母们不得不当起了代课老师。对斯蒂芬妮·斯特拉克这位耐克和瑞格布恩的前任执行官来说，这一切来得太不是时候了。疫情之前，她每个工作日都在一处共享空间办公，准备正式推出 VIS 控股（VIS Holdings）集团，旨在为女运动员服务。

斯特拉克把这个初创企业搬到了她位于布鲁克林的公寓，以便和先生艾伦一起管教家中的小孩。艾伦是一家电影艺术初创公司的老板。斯特拉克回忆说："我们的生活完全被打乱了，我俩都没法在家完成工作。"

她和先生俩人每 3 个小时轮班辅导两个孩子的作业。女儿西耶娜上一年级，儿子帕克读学前班。夫妇俩坚持了 8 个星期，再也受不了了。他们暂时搬到了斯特拉克的家乡——阿拉斯加的安克雷奇，她的父母还住在这儿。斯特拉克说，孩子们整个夏天的周中那几天跟祖父母一起度过，这就解放了她和艾伦，俩人可以每天拿出 15 个小时扑在各自的工作上。

专家预计，这一场大型远程办公实验可能会熬过这场流行病，并促发人们从文化上对性别角色期望的根本转变。已有很多企业第一次开启了大范围居家办公选项，在 2020 年 4 月的一篇流行病对性别平等影响的分析文章中，4 位经济学家指出："有些变化可能会持续下去，引导未来职场工作更加灵活。"①

该分析还指出：家庭里的职场妈妈们也会受益，因为父亲将承担更多抚养小孩和家庭教育的职责。非营利机构——国家经济研究局发布了这篇论文，其中谈道："尽管女性在这场危机中承担了更多负荷，我们还是很有可能看到这场强制性实验对社会规范的积极影响，以及最终对性别平等产生的积极影响。"②

也有一些第二代超能妈妈所就职的公司，几乎每个人都在家办公。艾莉森·兰德（Alison Rand）就是一个例子。我们约谈的时候，身为两个女儿母亲的兰德在她布鲁克林家中带领一家高科技公司的设计运营部门。采访之后的第二天，兰德要前往一个共享工作空间参加商务会谈。她穿着旧旧的、褪了色的牛仔裤，留着一头卷发，看起来比实际年龄 44 岁要年轻。

兰德当时在网页程序设计公司自动阁楼（Automattic）担任执行官。自动阁楼是一家流行的网上出版平台"文字印刷"（WordPress.com）的母公司，后者为许多网站提供支持。这也是兰德的第一个高管职位。自动阁楼的员工自公司成立以来都是远

---

① Titan M. Alon, Matthias Doepke, Jane Olmstead-Rumsey, and Michèle Tertilt, "The Impact of COVID-19 on Gender Equality," NBER Working Paper No. 26947, April 2020, 17. ——作者注
② 同①，第 24 页。——作者注

程办公，到2019年它在全球72个国家拥有1148名雇员。兰德管理的60名设计部员工分散在世界各地。

兰德的职业生涯始于为IBM公司开发网页。她在2018年3月加入自动阁楼，当时她的大女儿露娜（Luna）即将满16岁，小女儿艾尔（Ever）还不满3岁。她热切地期望在家办公，可以有更多的时间和家人相处，尤其是和小女儿艾尔，她说："我真的很想……多和她们在一起。"

兰德每周去一次艾尔的学校接她放学，也算是实现了她的一个小目标。"我们去公园玩、去买冰激凌、去吃比萨。她喜欢我在下午3点半准时出现在学校，看到我她开心极了。"

另一方面，在同一个地方工作和生活也有不如意之处，因为她工作和生活的界限模糊了。她说："家里的事情大部分都是由我操持。"她的丈夫斯科特·施奈德（Scott Schneider）是一名公关行业高管，工作日要花很长时间通勤——兰德自己从前也体验过长途跋涉去上班的辛苦。

她说："现在，如果家里的暖气坏了，网络断了，或者有这样那样的问题要解决，只有我在家。"不管是水管工还是网络维修工来家里，都会打乱兰德日常的工作节奏。她后来决定工作日的早上9点到下午6点之间，不安排家庭维修人员上门。

她的先生也建议把上门维修预约在她9小时工作时间以外。她解释说："我们想画一条明晰的边界。在我在家办公，而且公司其他员工几乎都远程办公的情况下，我需要调整适应。"

另一位第二代超能妈妈莎拉·霍夫施泰特尔（Sarah Hofstetter）却不喜欢远程办公，因为她的工作频频被小孩打断。2004年,她在长岛近郊的家中创办了自己的营销传播公司,此时她的女儿阿比盖尔(Abigail)5岁,儿子山姆(Sam)才3岁。她之所以选择创业,因为此前在互联网电话市场大玩家(Net2phone)6年的工作经历,十分不愉快。

"这是一家男性主导的单位,并且公司文化十分偏激,"她说,"恐怕早在几年前我就触及了那里的'玻璃天花板'[①],我要把自己逼死了,我一点儿也不喜欢那份工作。"

她在家中二楼设置了办公室,运营自己的创业公司。"我接待的客户比我一天的工作时长还多,"她一边与我聊着,一边紧张地摆弄一条长及腰间的银色项链,"我当时真是太累了。"

霍夫施泰特尔的儿子正在学步,有时趁保姆不注意便偷偷溜上二楼。有一天她正和一个重要的客户通话,儿子在办公室外使劲捶门——门是锁着的。山姆在外面冲着里面的妈妈喊:"你不爱我!"霍夫施泰特尔不得不把自己这头的电话静音。儿子在门外一遍又一遍地控诉母亲不爱自己。

"山姆,你快给我安静!"霍夫施泰特尔在心里抓狂,接着忍不住哭起来。她说:"我当时没有食物可以塞进他嘴里,让他闭嘴。你也没法跟一个3岁的小孩讲道理。我真是无能为力。"

除了换一个地方办公,别无他法了,而且得尽快。"我打电话问一个客户:'我能借用你一张办公桌吗?我真的需要从物理上和孩子分开才能工作。'"回忆起这段往事,她下结论说,"在家办公对我来说并不是理想的选择。"

---

① 玻璃天花板指在公司、企业和机关、团体中对某些群体(如女性、少数族裔)晋升到高级职位或决策层的潜在限制或障碍。——译者注

16个月之后，霍夫施泰特尔放弃创业，加入了一家数字广告媒体公司（360i），她在这儿建立了自己的社交媒体业务。2013年霍夫施泰特尔晋升首席执行官。2018年秋季，陷入困境的媒体测量公司康姆斯克（Comscore）选择了当时还任360i首席执行官的霍夫施泰特尔出任康姆斯克总裁。几个星期后，我和她约见在康姆斯克位于曼哈顿办公楼里一处没有窗户的会议室进行采访。

一些公司为了留住新秀人才，会把他们安置在离家较近的远程办公室。如此一来，照顾家庭的政策留住了摩根娜·德万。这个雄心勃勃的年轻女士在2013年加入时代华纳旗下的特纳体育，担任社交媒体总监，在该部门的亚特兰大总部工作。

德万在2015年向公司申请远程办公，因为她要搬去丹佛市，她的先生在完成住院医师实习后将在丹佛取得外科医生资格。那会儿夫妇俩还没有孩子。

她记得自己是这么跟上司说的："我知道这对特纳来说并不是常规操作，但我热爱我的工作，我想留下来。"特纳同意了她的请求，还为她在丹佛住处一英里外安排了一间办公室。她说自己工作勤恳，差旅频繁，无论何时同事都能联络到她。曾有一个高层同事警告她："你远程办公是永远得不到晋升的。"德万想要证明他的结论是错的。

她也确实用事实反驳了那位同事的悲观论。2016年特纳体育提拔32岁的德万为公司副总裁，6个月之后她生下大儿子卢克。休完产假后的几个星期，她每天往返于办公室和家中一到两次给婴儿哺乳。

2018年德万的先生加入父亲在得克萨斯州奥斯汀市的医疗诊

所，夫妇俩再次搬家。特纳又一次为她在家附近租了办公室。在她看来，短距离驾驶能更好地开启一天的工作，而不是"一边在家洗衣服一边接听工作电话"。

不过我注意到，德万递给我的特纳名片上，仍将亚特兰大列为她的工作地址。她说："如果把'远程办公'的地址列在名片上，会让新联系人认为我的能力贬值才要远程办公。那会加剧我的不安感，因为特纳远程工作的员工不多，我是之一。"时代华纳最近被美国电话电报公司收购。

带孩子上班

当今，玛丽萨·迈耶并非唯一一个带孩子上班的母亲。据职场育儿研究所主席卡拉·莫昆（Carla Moquin）估计，全美目前有30个行业的200名雇主，正实行"带宝宝来上班"的工作计划。职场育儿研究所（the Parenting in the Workplace Institute）是一家非营利性宣传和资源小组，从2005年开始就追踪这个项目，卡拉说："这一概念近年来真的起飞了。"

实行"带宝宝来上班"的雇主们多是小企业、政府机构和非营利组织。他们一般允许新手爸妈带新生儿来上班，直到宝宝满6个月。莫昆说，参与此项目的爸妈们由此省下了数千元的婴儿托管费。印第安纳波利斯一家名叫博尔肖夫（Borshoff）的小型广告公司，从2000年开始运营这一项目。

这家为女性所有的广告公司自2019年秋季开始，已相继有13位妈妈带了18个婴儿来上班。博尔肖夫的主管凯伦·艾特

（Karen Alter）说："但是还没有新爸爸们愿意带宝宝来办公室。"

参与这个项目的员工自愿接受适度的减薪，削减的薪酬对应了他们在公司照顾婴儿的时间。对于那些通常在开放区域办公的新父母，博尔肖夫会为他们提供私人办公室。跟爸妈来上班的宝宝们在满 6 个月时"毕业"。

该计划提高了员工留存率，鼓舞了士气，还为 45 人的公司带来了生气和活力。珍妮弗·贝瑞（Jennifer Berry）从 2015 年起担任博尔肖夫的主管，她说："带孩子来上班这一项目不仅给父母们带来奇妙的效果，也给公司其他人带来惊喜。"

贝瑞 1999 年被聘用的身份是平面设计师。她也是第一个带新生儿去办公室的员工。2001 年 2 月，就在他的儿子满一周岁之前，她两次获得晋升。同年晚些时候她的女儿出生了，便也跟着妈妈一起去博尔肖夫上班。贝瑞在 2002 年晋升为高级艺术总监。她说："孩子们在这儿陪着我上班时，我的工作效率猛增。"

比起迈耶和贝瑞带孩子上班，另一些年轻的超能妈妈遇到的挑战就更复杂了。桦木盒子的领导凯蒂娅·比彻姆于 2018 年 9 月生下了她的第 4 个孩子。10 周之后，身为联合创始人的她就带着刚出生的韦斯特（West）回到了自己的网上美妆生意。一开始，比彻姆很享受带着自己的小女儿去曼哈顿总部办公室，她公司的大开间里有一张小小的办公桌。

回忆起那段日子，比彻姆告诉我："她唧唧地叫一声，我就给她喂奶，然后她又睡去。她是个很好带的宝宝。"

可是好景不长，韦斯特很快就感染了一种致命的、常见于新生儿的呼吸道病毒。比彻姆火速叫了救护车，把孩子送往医院。

韦斯特住院一星期，而且就在这个12月的同一周，比彻姆达成了和沃尔格林联合博姿①的合作。沃尔格林联合博姿开始在几个大城市的6个药店售卖桦木盒子的产品，到2019年夏天已有11个药店加入。

比彻姆回忆道："当时我往返于医院和工作之间，还要照应我其他几个孩子，那真是一段压力超级大的日子。那一周我简直要疯了。"韦斯特康复之后，惊慌失措的新手妈妈再没有每天带她去公司陪自己上班。

起来，起来，带上孩子出差

IBM公司年轻的执行官赵人熙设计了一项"在职小孩"策略，这一招解决了她的出差忧郁症。赵女士的两个儿子雅各布和诺亚（Noah）分别出生在2007年和2011年。她有四分之一的商务旅行会带上两个儿子，还带上父母一方陪同。赵女士的父母是已退休的小企业主，全职帮女儿照看孩子。她一般提前一年就仔细查阅孩子们的校历，选在学校放假的时候预定他们的旅行。

"我一年至少有5个月都在外出差，"赵女士说，"如果孩子们可以随我出行4—6次，就相当于为我找回了一个月和他们共处的时光。对我们家庭来说只是换了一种生活方式，这样一来，我一年不在他们身边的日子只有三四个月。"

赵女士是在2010年1月完成了3个亚洲城市、为期9天的

---

① 沃尔格林联合博姿是一家美国最大的药品零售企业，总部位于伊利诺伊州迪尔菲尔德。——译者注

出差返美之后开始酝酿这个主意的。那时雅各布才17个月大，这也是她不在宝宝身边最久的一次。返回南卡罗来纳斯帕坦堡家中，幼小的雅各布冲她咧嘴一笑，在她还来不及抱住他的时候就转身跑开了。赵女士回忆起这一幕时解释道："他气我走了这么久。"

"对我来说，那是顿悟的一刻。"就在那一刻她意识到自己并不需要在职业和个人生活中做出选择。她可以带上雅各布随她一起出差，以此兼顾工作和生活。

近来少数美国公司开始补贴员工携小孩的商务旅行，对孩子还不满一周岁的员工，公司会支付相关费用以便员工携带婴儿和保姆一同出行。这其中就有私募股权公司：科尔伯格－克拉维斯－罗伯茨（Kohlberg Kravis Roberts & Co.）。在这家公司，长时间工作和长途出行再正常不过。

对于公司付费让保姆一同出行这种补贴政策会不会成为常态，我持否定态度。但我预期，变化都是从小处开始，比如第一代超能妈妈林恩·朱克曼·格雷让孩子融入自己职场生活中的办法。

在女儿埃米莉童年的大部分时期，格雷担任房地产咨询和资产管理公司拉萨尔合伙企业的执行官。埃米莉7岁时格雷的婚姻破裂了。离婚后，她常在晚上带着学龄的女儿前往曼哈顿一家大型律师事务所进行房地产交易谈判。有一次谈判话题涉及纽约商品交易所是否要迁至新泽西，这一冗长的协商在1990年的那个晚上进行了好几个小时。

格雷没有让8岁的埃米莉待在会议室外面玩掌上电子游戏机，而是让她和律所的男合伙人们一起坐上了圆形会议桌。格雷回忆说："他们都很惊讶，没想到她表现得这么好，我说：'她已经习惯待在律所了，她已在这儿好几年了。'"

更重要的是，埃米莉近距离地见证了她的超能妈妈在工作上有多么出色。这些工作会议给成长中的埃米莉留下了深刻的印象。埃米莉告诉我："她作为一个超能妈妈展现的自信，让人难以忘记。我从没见过她在工作中有丝毫自我怀疑。"

如今，埃米莉和一帮男人一起在一个退伍军人服务组织工作，她也成长为一位超能女性。尽管她的男同事们并不总是同意她的想法，但她从不害怕表达自己的观点。"我之所以成为今天的我，都是因为受了她的影响。"——埃米莉口中的这个"她"就是自己的母亲。

许多第一代超能妈妈费了很多气力也很难想出可以兼顾家庭的工作习惯，因为她们的老板对于员工兼顾工作和孩子的需求不怎么抱有同情心。今天，有更多的超能妈妈们为了融合职业和家庭需求制定了强大计划。她们的解决方案包括：灵活安排工作时间、远程办公、制作职场用户手册并在其中认可母职的重要性，还有偶尔带着孩子一起出席商务会议和商务差旅。正是在这些努力下，从前大众关于职场父母的刻板印象不断得到了修正。

还有一个意想不到的好处：超能妈妈和女儿之间有更强大的纽带，因为女儿视母亲为自己强有力的榜样，能为她们的职业发展提出宝贵建议。不过有时候这根纽带也不尽如人意。下一章我将分享她们的一些纷杂体验。

第七章

我的妈妈，我的向导

有一年春天的一个傍晚，我和先生、女儿在华盛顿特区一家喧闹的黎巴嫩餐馆吃晚餐。女儿激动地跟我们讲述她即将得到外地一家州政府机构的工作机会。

我向阿布拉提议："你一定要在他们愿意支付的薪酬范围内，给自己争取最高的薪酬啊！如果你不争取，他们是不会主动给你的。"

我洋洋自得，觉得自己对薪酬谈判略懂一二。不管怎么说，我在《华尔街日报》工作了几十年，还是该报的职场专栏作家。自1993年开设该专栏起，我就为不计其数身陷寻常职业困境中的人提供了不寻常的建议。

可是35岁的阿布拉作为一名组织顾问，对我自以为是的建议并不以为意。她机敏地回复我："妈妈，过去10年里，你自己经历过几场工作邀约的谈判呢？"她做过的工作比我这一生都要多。阿布拉现在的工作是帮前来咨询的客户设计数百万美元的工程项目。

"你才是专家。"我不情愿地认输,俯身过去,给了她一个大大的拥抱。

超能妈妈都希望自己的孩子过上充实、快乐的生活。她们也会格外留心工作机会、给女儿提建议,让自己的女儿在男性主导的职场可以游刃有余。20世纪晚期的第二代女性主义启发了母亲们"不但要重新思考你们自己在社会中身处的地位,还要为你们的女儿做好铺垫,让她们成为新型女性"。这是埃米·韦斯特维尔特在她的书里提到的观点,书名是《别想拥有一切:美国是如何搞砸女性育儿,又该如何解决》。[①]

这也是为什么第一代超能妈妈自觉担起了成年女儿们的非正式职业导师一职。关于如何找到好工作、抗争职场性别偏见、在企业一路晋升,她们都能给出宝贵的建议。自身职业成就高的母亲们在行业内的口碑还是女儿们第一份工作的敲门砖。

也不是每一个婴儿潮那代的超能妈妈,都等到自己的女儿成年后才开始插手管理她们的职业道路。有一名广告业界的超能妈妈在女儿高中二年级申请夏令营的一项工作时,就令她写好简历并注册领英[②](LinkedIn)账户。

尽管这些孩子往往都能找到好的工作,可是被父母百般插手生活的他们在成年后可能会出现逆反心理。《纽约时报》在2019

[①] Amy Westervelt, *Forget "Having It All": How America Messed Up Motherhood — and How to Fix It* (New York: Seal Press, 2018), 150. ——作者注

[②] 领英是专为商业人士设立的社交网络服务网站,求职者可在上面更新自己的履历,企业雇主也可发布职位。——译者注

年报道：研究表明这些孩子缺乏自力更生的能力，并且更有可能患上焦虑症和抑郁症。①

随着女儿长大成熟，开始独立，她和妈妈之间稳固的关系通常在这时变得不稳固。她在很大程度上与母亲有多么相似，又希望与母亲有哪些不同，"这些问题逐渐成为她们的生活主题"。这是家庭动态研究员特莉·阿普特（Terri Apter）在《你其实不了解我：为什么母亲和女儿之间会对抗，如何双赢》（*You Don't Really Know Me*：*Why Mothers and Daughters Fight and How Both Can Win*）一书中提到的观点。②一个女儿"希望母亲能尊重她的成长、成熟和独立，但不要放手"。③

华尔街前高管帕梅拉·F.利纳恩（Pamela F. Lenehan）告诉我，实际生活中作为孩子的职业向导，母亲要帮他们避免职场过失，她说："让他们自己开车，你不要代劳。"利纳恩撰写了《我的妈妈，我的向导：请听职场妈妈的成年孩子说》（*My Mother*，*My Mentor*：*What Grown Children of Working Mothers Want You to Know*）一书。此书集结了她的研究成果，讲述了一群职场妈妈和成年儿女之间的故事。

在我采访的 25 个成年女儿之中，有一些和我女儿阿布拉一样，不屑于接纳她们超能母亲的建议——尽管她们的妈妈拥有丰富的职场经验，洞悉成功的法则。另有一些女儿因为母亲们在职

---

① Kevin Quealy and Claire Cain Miller，"When Parents Jump In Even When You're 28," *New York Times*，March 13，2019. ——作者注
② Terri Apter，*You Don't Really Know Me: Why Mothers and Daughters Fight and How Both Can Win*（New York: W. W. Norton，2004），21. ——作者注
③ 同②，第 241 页。——作者注

场取得成功，视她们的超能妈妈为自己的职场法宝。

埃玛·诺索夫斯基（Emma Nosofsky）就是一个例子。她是罗盛咨询（Russell Reynolds）的高级招聘专员，也是泰科国际前任最高人力资源官劳里·西格尔的女儿。西格尔目前是好几家企业的董事会成员。

"我妈妈是我与生俱来的职业向导，"年近25岁的诺索夫斯基说，语气不无自豪，"她是我生命中最重要的人……也是我在工作上遇到问题时第一个致电的人。"

2018年夏天，诺索夫斯基决定辞去一份她不喜欢的艺术圈工作。她说自己在找工作的那几个月里每天都和母亲通电话。西格尔力劝女儿考虑高管招聘猎头行业。她将女儿引荐给自己在史宾沙猎头（Spencer Stuart）公司的一个朋友，这家公司也是罗盛咨询的竞争对手。这位朋友为西格尔的女儿指点迷津，让她觉得在这个行业里可以找到适合自己的职业。西格尔还协助女儿准备工作面试。

诺索夫斯基指出："许多同龄的年轻女性觉得，她们没有一个像我妈妈这样的楷模。"罗盛咨询在2018年秋天雇用了她。

我采访的好几位年轻的超能女性同样将自己的母亲视为榜样，哪怕她们的妈妈并没有做到高管职位，有的甚至居家当家庭主妇多年。吉纳维芙·罗思是前《魅力》杂志高管，后来她创办了"看不见的手"——一家专门服务于女性社会影响力的战略和会展公司，就是受到了母亲的启发。

"我做的每一件事，核心都是赋予女性权力……因为我目睹了母亲在后半生绽放出的优美姿态。"罗思在阿拉斯加长大，父亲是银行家，母亲是教师。她说："我们家中所有与财务相关的事都是由父亲定夺。他的工作才是家里唯一重要的工作。"

罗思后来才认识到，期望男人成为一个家里负担生计的人，这不利于建立稳定的社会结构。她12岁那年，父亲和两个伯父死于一场飞机事故。彼时40多岁的母亲取得了第二个硕士学位，转行成为一名向导顾问。罗思说："那是她第一次得到一份自己喜欢的工作。"

罗思自己有一个雄心勃勃的目标，那就是用比她母亲能预见的更独立的方式改善人道主义，对此她充满了热情，还说："我母亲那一代人不会提出这样的目标。"

年轻女孩的偶像妈妈

有些超能妈妈的女儿从儿时起就憧憬自己将来有一天也能成为强有力的领导。夏洛特·戴蒙德就是一个例子。

戴蒙德出生于1996年，她的妈妈亚历山德拉·莱本塔尔在1995年刚刚接管了家族的市政债券公司。戴蒙德4岁时就独自创办了虚拟的珠宝维修业务，取名"钻石钻石钻石"（Diamonds Diamonds Diamonds），由她自己担任首席执行官，公司还有两名虚拟雇员：希腊先生（Mr. Greek）和小乔（Little Joe）。戴蒙德为自己的虚拟企业设计了座右铭：我们负责维修钻石，你们可以安心取回。

看到女儿这么急切地想要效仿自己在商场上取得的成功，莱本塔尔欣喜若狂。于是，2002年，她带着当时6岁的女儿随她一同出席在曼哈顿举行的200人委员会会议。200人委员会是一个全球女性商界领袖的邀请制组织。

在会场，莱本塔尔带着戴蒙德走进酒店宴会厅，这里挤满了有权有势的女性。一年级的小学生戴蒙德身着灰色羊毛连衣裙，披着人造羊皮衣领，头戴一朵蝴蝶结。戴蒙德告诉我："我记得自己在那场宴会没有感到任何不适，父母一向把我们当大人对待。"

会议主办方递给小女孩一张个人定制名牌，上面写着："夏洛特·戴蒙德，'钻石钻石钻石'的首席执行官。"这张名牌被莱本塔尔珍藏了很多年。

戴蒙德对母亲的职业成就了然于胸，她给自己的职业目标定位也很高。她说："我从来都相信，身为女人，你可以是会议室里最重要的那个人。"

我问戴蒙德："你的目标是不是像你母亲那样，在 31 岁时经营一家真正的企业？"她很快就要满 23 岁。

她反问："我不知道自己会成为什么公司的总裁或首席执行官，但是又有什么是我做不到的呢？"几个月后，她在《时尚》杂志从珠宝市场助理晋升为助理市场编辑。

第二代超能妈妈马莱娜·伊格拉（Malena Higuera），同样在很小的时候就决定要效仿自己的母亲。她在实现这一愿望的过程中，出乎意料地改变了母女二人的职业道路。

伊格拉在 2006 年加入化妆品巨头欧莱雅（L'Oréal）。欧莱雅在曼哈顿的白色办公室闪闪发亮，里面堆满了产品小样和宣传海报，伊格拉就在这里负责运营全球护肤品牌"皮肤专家"（Dermablend Professional）。她骄傲地给我展示两个幼龄儿子塞巴斯蒂安（Sébastien）和卢卡（Luca）的照片。

伊格拉出生于 1979 年，父母是古巴人，在她出生前很多年就移民到了美国。她的母亲是一名化学工程师，也是斯蒂文斯理工学院——一所位于新泽西霍博肯的工程学校的第一批女毕业生。伊格拉出生后，母亲就没再工作了。

伊格拉和母亲住在新泽西郊外，大约 5 岁时，她有一天见母亲在厨房洗碗。觉得这个家务看起来有趣，就说："我长大了要跟你一样打扫房间。"

伊格拉的这句小孩子的淘气话让母亲决定不再待在家中当家庭主妇。几个星期后，她母亲就被化妆品制造商露华浓（Revlon）聘用。"她想让我看看，一个上班的妈妈是什么样子的。"伊格拉说。

见证了母亲在离异后独自抚养两个孩子并重新成功闯入职场，伊格拉自己对成为职场母亲持乐观态度。这位拉丁裔高管认为，当好母亲和投身工作并不是两个相互排斥的决定。她说："不是选了一个就必须放弃另一个。"

不过，有些青少年对于职场女性的看法还没有赶上 21 世纪的时代步伐。2018 年夏天的一个工作日早晨，伊格拉的大儿子听到父母谈论父亲的女上司。

"哦？她怎么能当上司呢？她是个女的啊。"这个学龄的孩子很是不解。

伊格拉回忆那一幕，说："我先生赶紧介入，说：'啊，塞巴斯蒂安，你妈妈就是一个大老板啊。不管是谁，不论性别，都可以成为老板。'"

伊格拉也好好给儿子上了一课，她告诉他自己的角色在工作中是多么重要，她以工作为自豪。她需要儿子"理解女性不但有价值，而且有影响力"。

摇摇欲坠的亲子关系

相较于青春期的儿子，青春期的女儿和母亲之间的关系似乎更容易紧绷。阿普特在书中写道：女儿感到"一股强烈的要把自己和母亲区分开来的愿望……有时候她和母亲对抗，就是为了要挑明自己与她是不同的，这让母亲感到自己被拒于千里之外"。[①]

如果母亲是一位强有力的商界领袖，女儿一直生活在妈妈成功的阴影下，这时母女之间的紧绷关系就越发容易恶化。这正是凯茜·布莱克（Cathie Black）和艾莉森·哈维（Alison Harvey）这对母女在哈维青春期时期的经历，当时母亲布莱克担任大型出版集团赫斯特杂志的总裁，集团旗下杂志有《时尚COSMOPOLITAN》（*Cosmopolitan*）、《十七岁》（*Seventeen*）、《时尚先生》（*Esquire*）。

布莱克在加入赫斯特集团之前，曾先后担任《纽约杂志》（*New York*）出版商和《今日美国》（*USA Today*）的总裁兼出版商。在她的带领下，《今日美国》成为全美发行量最大的日报。布莱克和先生 1991 年领养了一名新生女婴哈维。

少女时期的哈维喜爱创作诗歌和短篇故事。她告诉我，有时候面对这样一个身为大企业老板的妈妈，她会望而生畏。"聚光灯

---

① Terri Apter, *You Don't Really Know Me: Why Mothers and Daughters Fight and How Both Can Win*（New York: W. W. Norton, 2004）, 21. ——作者注

都对着她，可我也想要属于我自己的聚光灯。"

哈维还说，她高中时患上了焦虑恐慌症，让母女的关系更不好处理。她无法轻易拥抱母亲的哲学："别在意别人怎么想，做你自己想做的事就好。"

哈维15岁那年，布莱克为她安排了在《十七岁》杂志为期一个月的实习。实习第一天她还帮女儿精心挑选了一身职场装束。哈维回忆："穿衣打扮时，我瞥见她衣柜里一双黑色水钻平底鞋。在母亲的注视下，我把双脚塞入那双鞋，她温柔地提醒我这双鞋太小了，如果穿一整天我会很痛的。"

哈维坚持认为妈妈的这双平底鞋不小。"我对什么可行什么不可行有自己的判断。"那天她辗转于曼哈顿的5个外景拍摄地，拍了许多图片供《十七岁》杂志使用。回到家时，她的双脚起了水泡，又红又肿，还出血了。

"可怜的孩子！"布莱克见自己受伤的女儿手里拎着那双平底鞋，忍不住惊呼。这位赫斯特总裁一边冲过去安慰孩子，一边嘀咕着说自己早上就警告过她啊。说起这桩由鞋子太紧引发的尴尬局面，哈维表示："即使我没有听她的话，她仍会帮我。"

这个少女实习的地方就在她妈妈的摩天大楼办公室40层之下，和她一道的实习生大多20多岁。主管给她派发的任务也很简单，哈维说："她们太敏感我的妈妈是谁。"她也不喜欢给《十七岁》杂志撰写名人小问答。

因为母亲布莱克掌管赫斯特杂志（Hearst Magazines）集团，哈维说："我没法在那里获得真实工作的体验。我决定退后一步，不做出版。"布莱克坚持认为自己从没有给女儿施压，从未要她像自己一样成为出版行业的超能执行官。

随着高中毕业临近,哈维再次感到自己生活在母亲的阴影之下。她就读的康涅狄格州寄宿学校请了布莱克作为毕业典礼演讲者。哈维担心母亲的光环会抢了她的风头——她期待自己创作的一则短篇故事可以在学校拿奖。"这一天难道不能是属于我自己的吗?"哈维烦恼不已。

所幸学校在毕业典礼的前一天,在另一场典礼上把写作奖项颁给了哈维。"我拥有了自己的高光时刻,没人偷走它。"

成年后的哈维把妈妈当作好朋友,也看到母亲事事为自己着想。在几次启动事业无果之后,她决心攻读硕士学位,追逐创意写作的梦想。

另一位婴儿潮一代超能妈妈的成年女儿阿丽尔·曼(Arielle Mann),却在选择大学专业这一问题上遭到了母亲莉萨·曼的抨击。莉萨·曼拥有电气工程本科学位和哈佛大学工商管理硕士学位。2011年她接管卡夫食品规模高达20亿美元的饼干业务,带着先生和3个孩子从芝加哥搬到了新泽西。前面提过,就因为这次搬迁,莉萨的双胞胎女儿们曾大发雷霆。

母女二人性格顽固,阿丽尔就读于莉萨的母校塔夫茨大学第一年时,二人的矛盾升级。一天在曼哈顿的一家中东餐馆,阿丽尔突然对妈妈宣布:"我想读自然科学学科,很可能要选化学专业。"她刚考完了期末考,科学这一科成绩不错。不过作为大学新生,她对化学专业的就业前景一无所知。

莉萨怒气冲冲地质问她:"你他妈的在想什么?!你应该考虑选化学工程专业。"在她看来,工科专业提供了更强的商业导向和更广阔的职业选择，不像理科专业仅局限于学术领域。

莉萨的大动肝火并没有让阿丽尔乱了阵脚。她知道妈妈只有在她们双胞胎姐妹做出偏离正常轨道的决定时，才会喊出"你他妈的"这样的脏话。她试着向妈妈解释并安抚她的情绪，说化学专业可以让她进入科学前沿。

但莉萨从不轻易放弃。她鼓励女儿选择那些将来能够找到好工作、实现经济独立的专业。她说，自己"一向非常注意"不要依靠男人。

这位超能妈妈改变了策略，力劝阿丽尔当医生。她指出，这不但是一个绝佳的职业，而且阿丽尔还不用全职，将来可以兼顾孩子。她甚至许诺只要女儿肯同时完成博士和医学学位，她愿意支付所有学费。

倔强的阿丽尔这次依然拒绝了母亲的提议，理由是她不喜欢生物。这个23岁的姑娘在采访时告诉我："我不得不使出小联盟的招数对付妈妈。"

最后阿丽尔赢得了这场论战，她把自己的逻辑向莉萨解释得很清楚。莉萨说："我一向对职业有所规划，并且一路设置支点，一路前行。"莉萨后来接管了百事可乐的一个部门，市值高过她在卡夫食品管理的饼干业务。"我得确定我的孩子们也有前瞻思维，而不是像孩童时一样只顾眼前。我得确认她们对自己的职业是有规划的。"

最后，阿丽尔如愿去了纽约大学有机化学专业，一路攻读到博士。毕业后她打算进入企业研发部门，说到底她还是进军商业世界了——这也是她妈妈的愿望。

打开闪亮的机遇大门

当女儿已成年或接近成年,身处职场的妈妈常会给女儿提出一系列策略建议,帮助她在职场立足。帕梅拉·利纳恩在她的书中写道:"母亲可以传授给孩子们的商业技巧、经验、人脉都是极其宝贵的。成年子女们会对自己多才多艺的职场妈妈怀有深深景仰之情,许多女儿自己后来也成了职场妈妈。"[1]

第一代超能妈妈玛莎·奥尔森辛勤工作了很多年,以确保女儿梅甘·基恩衣食无忧,甚至她成年之后——很大一部分原因是她不幸流产4次才怀上了这唯一的孩子。她说起自己当年的想法:"这个奇迹小人儿,我一定要让她拥有很多选择,是她自己争取到了来这世上的机会。"

奥尔森担任服装公司华纳科集团(Warnaco Group)的高级主管时,觉得她颇有艺术天分的高中生女儿该开始建立职场人脉了。她把基恩介绍给一个熟人的侄女认识,后者在艺术品拍卖行佳士得工作。

正在青春期的基恩对妈妈这番建立人际关系网络的举动很是反感。她说:"我觉得妈妈是在替我扩展人际圈子。她没让我自发地探索我对什么感兴趣,而是要我遵循她的议程和时间安排。"基恩一点儿也不感激"母亲为她做的一切"。

---

[1] Pamela F. Lenehan, *My Mother, My Mentor: What Grown Children of Working Mothers Want You to Know*(Bloomington, IN: Archway Publishing, 2015), 131. ——作者注

尽管不情愿,她还是约了这位佳士得(Christie)员工喝咖啡,还参观了佳士得在曼哈顿的办公室。这次会面让基恩确认了自己不想成为一名艺术家,但是可以从事与艺术相关的其他工作。"回来后,我发现在知名机构与艺术一起工作这个主意也不错。"她说自己观念上的改变,也影响了她后来对实习机会的选择。

奥尔森也亲自参与了基恩大学择校经历。她制作了详细的电子表格,比较了一家人参观过的15所大学各自的优劣。可她的女儿一点儿也不在意母亲辛苦做出的详尽分析。

基恩说:"我参观每一所学校,都是凭直觉判断的。"她选择了科尔盖特大学,因为直觉告诉她,她在这里会拥有充实满足的大学生活。她的直觉没错。这个艺术史专业学生在校期间就去了两家大型艺术博物馆实习,并以优异的成绩毕业。

我们谈话之时,奥尔森25岁的女儿已是艾克斯因(iCrossing)的员工,这是传媒集团赫斯特公司旗下的一家广告公司,基恩的职位是客户战略顾问。得到这一职位是基恩的一个叔叔帮她打开了一扇门,当时他的一个朋友主管艾克斯因的战略顾问部门,基恩在2016年加入。

如今的基恩很认同人脉关系的重要性,因为"你的人际网络是你辛苦工作和经验的反映"。2019年7月,她成为日本电通集团旗下电通安吉斯广告公司的高级战略顾问。

这次的工作机会来自艾克斯因的一个前任高管,此人后来跳槽去了电通。"这个前同事觉得我是这个职位的合适人选,"基恩说,"我通过的每一扇门都是职场上认识的专业人士为我打开的。"

第二代超能妈妈达娜·斯皮诺拉(Dana Spinola)的妈妈也是

一名超能妈妈，后者在斯安诺拉大学毕业后的职业生涯发挥了关键作用。斯皮诺拉是家族里的第一个大学生，后来她成立了总部在亚特兰大的女性精品服装店法布里克（fab'rik）。到2019年11月，该公司分店数量已增至39家。

斯皮诺拉的父母青年时就结为伴侣，他们都是有艺术抱负留着长发的嬉皮士。"他们创造了自我。"斯皮诺拉说，家里的3个孩子"尽管没钱，却在精神上感到无比富裕"。母亲为她缝制衣裳，直到斯皮诺拉上了大学，母亲自己才开始全职工作，做室内设计。

斯皮诺拉是妈妈的第一个孩子，她说母亲总是激励自己要有远大的梦想——"如果一件事值得做，那就要全力以赴地去做"。这个44岁的创业者回忆起母亲的话，依然记忆犹新。"她从来不相信'不'这个词，她觉得一切皆有可能。"

我和斯皮诺拉约见在法布里克的总部，这是一处由仓库改建的办公室，仓库的门是黑色的。她的办公室四面都是玻璃，门外挂着大写的"灵感"。她记得自己在幼儿园的时候，老师问她长大要成为什么，她的回答是：最棒的。①

年近30时，斯皮诺拉已经是德勤咨询部门一颗冉冉升起的新星，这家大型审计公司甚至支付她的干洗费用。可她只想离开德勤开一家服装精品店。她料想将来做了妈妈，自己掌管一门小生意总比当管理顾问一周飞3个城市要好。

尽管还没有制定商业计划，斯皮诺拉希望母亲可以热情地拥

---

① Dana Spinola, *Love What You Do: A Plan for Greating a Life You Love Filled with Passion and Purpose*（Austin, TX: Fedd Agency, 2018）, 12. ——作者注

抱她的创业眼光。2001年的一天她坐在自己亚特兰大公寓的地上，四周是散落的纸张，她给妈妈打了个电话，告诉她这个重大消息。

"我要辞了企业工作，去开一家店。"她在电话里激动地宣布。

"那么，亲爱的，你打算怎么做呢？"母亲怀疑地问："你有什么计划呢？"她劝斯皮诺拉要慎重，为一个没有财务保障的职业放弃一个按时发薪的职位是危险的。"这对你来说是最艰难的抉择。"

母亲的怀疑让斯皮诺拉感到失望。回忆起母女之间这场紧张的谈话，这位法布里克执行官双臂交叉，咬紧牙关。"我对这个女人真是又爱又恨。她就是不挂电话，她不许我在计划未形成之前就去贸然尝试什么。"

心有抱负，这位企业家许诺起草一份正式的商业计划书。斯皮诺拉说她向14家银行推销了这份计划，14家全都拒绝了她。最后她从一个朋友的父亲那里筹到了7万美元贷款。

2002年，斯皮诺拉在亚特兰大市中心开了第一家法布里克店铺。将创业和母职结合，她做到了。"法布里克是我第一个孩子。"她俏皮地说。自2006年开始她相继生下3个儿子，还领养了一个女儿。也是在2006年，她开始出售法布里克的特许经销权。

对付职场的各种难题

每个在职场取得成功的人都要对付难缠的同事和棘手的工作。面对这些常见的职场难题，第一代超能妈妈用实战经验武装自己的女儿，帮她们应对。

梅拉妮·库辛（Melanie Kusin）就是这么做的。她在猎头行业工作了很久，屡屡遭遇性别歧视。如今身为光辉国际猎头公司的副总裁，她告诉女儿埃弗里·罗（Avery Rowe），除非自己为每一个猎头任务做好万全准备，否则自己的女性身份是不会被认真对待的。

有一次库辛和另一名女猎头向4个年长的男高管提案，提案内容是为一家零售商搜寻新的首席执行官。库辛和同事作为两名女性，已在这一领域积累了经验并证明了自己的能力优异。可是这4个男高管称她们为"女孩子"，在提案过程中表现出不屑一顾，肆意打断她们的报告。

库辛身为光辉国际高管，鼓励女儿罗在遇到这种令人不适的工作情形之时，要坚定自己的立场。她的女儿在进入职场之时已经对性别歧视有所了解和准备，库辛说："没人能够在这一点上压制她。"

罗自2011年毕业后曾在一个男性高级主管手下工作，这位男主管误以为她带领的团队里的一名年轻男子是团队带头人。这个男高管有次在一场会议中痛批她陈述的数值数据。罗说："这是再明显不过的性别歧视。"

这位男主管每个星期都会对她恶言谩骂。痛苦的罗几乎每天都要与母亲商谈，听取她的建议。"妈妈教给我一些实用小技巧，教我如何面对暴怒的人依然保持冷静，与对方交流。"罗当时只有20来岁，库辛建议女儿找一个证人见证这位男高管的恶劣行径。

罗向一位高层女性求助。这位女高层也监管罗手头的项目，只是不亲自参与每一场汇报最新消息的会议。在罗的请求之下，这位高层项目监理加入了一场会议，目睹了男高管的攻击性行为。

"他冲我大吼大叫，还拿手指着我的脸说：'你就等着完蛋吧！等你玩完了，几千个人都因为你要被炒鱿鱼！'"罗回忆道。

面对眼前这个暴怒的执行官，罗听从了妈妈的建议，不被他的凶恶气势吓倒。"你不可以这样跟我讲话。"说完，她就离开了会议室。

目睹了这一幕的那个女高管后来把她召去了自己办公室。罗以为自己要被炒鱿鱼了。没想到，她说她看到罗在那样的情形下依然保持冷静，为她感到骄傲。罗说："是我妈妈教导的。"这位高层女主管郑重许诺，从此以后她不会让那个男人参与该项目的一切会议。

说到婴儿潮那一代的超能妈妈自身经历的工作困境，后来成为女儿受益的经验，埃伦·库尔曼和玛姬（Maggie）这对母女是一个完美的例子。经历商场沉浮的库尔曼多年以后成为女儿的向导。

库尔曼的教育背景是机械工程师，她在1988年被杜邦聘用，职位是市场经理。1995年，39岁的库尔曼成为杜邦第一位女副总裁。因为她跳出了舒适区扛下了杜邦内部一个需要冒险的职位，加上她创办了安全咨询部门，她在2009年顺利晋升到角落办公室。她告诉我，除非你把自己推到舒适区之外，否则"你永远都不知道自己有多大的能力，也不会有多少进步"。我们相约在库尔曼位于特拉华州威尔明顿的家中，这是一栋庞大的红砖建筑，库尔曼坐在长长的餐桌旁，说这话的时候，挥动着双拳，以强调自己的观点。

她是杜邦公司的第一位女性首席执行官。杜邦以凯芙拉防弹衣和特氟隆不粘锅出名。库尔曼执掌这家大型化工原料制造商直至2015年10月。4年之后她加入了3D打印初创公司复写纸（Carbon），担任最高职位，管理当时仅有的500名员工；2016年至今，她担任该公司的董事会成员。

库尔曼的第二个首席执行官职位对她来说又是一次冒险。复写纸公司在2019年11月末宣布聘用库尔曼的那天，《财富》（Fortune）杂志报道，世界500强企业之中，只有两名女性领袖完成了跨行业后再次执掌企业的功绩，这两名女性其中之一就是库尔曼。[1]

库尔曼有3个孩子，老大玛姬可以说从很小的时候就开始接触职场了。1990年她才出生3个礼拜，库尔曼为了主持一场突如其来的会议，中断产假，把杜邦公司的团队召集到她家里。团队成员在厨房餐桌围坐一圈，每个人轮流抱这个新生儿。

玛姬2012年从妈妈的母校塔夫茨大学毕业。通用电气公司（General Electric Company）的通信领导力发展项目聘用了她。巧的是，库尔曼在进入杜邦公司之前，也曾就职于通用电气公司。她在通用电气的曼哈顿中城区和康涅狄格公司总部完成了短暂的轮转任务。

两年的项目结束后，玛姬被安排在通用公司的固定职位。她考虑过进驻公司内部的通信点：约有1000个工人的两处大型生产设施和德州沃思堡一处较小的工厂。这些工厂生产机车和采矿设

---

[1] Emma Hinchliffe, "Former DuPont CEO Ellen Kullman Takes Over 3D-Printing Startup Carbon," *Fortune*, November 21, 2019. ——作者注

备，这里的男员工占了大多数。

问题是，玛姬从没有离开大城市生活过，更没有在工厂打过工。她说："在工厂和一群领取时薪的工人们一起工作并不是我的舒适区。"

玛姬和母亲在曼哈顿一家餐厅用餐期间谈论了得州这份工作的利弊。库尔曼建议女儿接受这个职位，因为一份有挑战性的工作"能教会你业务的方方面面，让你看懂它们之间如何相互作用"。

玛姬告诉我，她最终决定接受这份工作，部分原因是她知道母亲自己就是走出了舒适区，创办了杜邦安全咨询事业部，才收获了职业成功。不过，对于一个习惯了身着裙衫和高跟鞋，出入通用公司华丽高档写字楼的年轻女性，这份工作比想象中的还要难。

在得州，玛姬头戴安全帽，脚蹬钢头靴，身着绣着她名字的公司衬衫和牛仔裤工装。沃思堡工厂里时不时有多毛毒蜘蛛，让她大惊失色。她说："这是我做过的最难的工作，也是我职业生涯中最陡峭的一段学习曲线。"

同时，她和这些蓝领工人们混熟了，也了解了他们的想法和担忧。"一个好的经理需要了解业务的方方面面，"玛姬强调说，似在重复她母亲的话，"这些知识在将来会帮到我，无论我做什么。"

玛姬2017年离开了通用电气公司，回到学校深造，2019年年中取得了工商管理硕士学位。新年伊始，她找到了一份新工作，担任位于加州森尼韦尔的软件初创公司单簧管（Clari）的营销项目经理。该公司生产一种机器学习系统，帮助企业预测和管理他们的销售和营销活动。

工作晋升的巨大推力

作为开拓者的第一代超能妈妈面对她们有事业心的女儿,往往会在战略战术上给她们一些指导,助女儿在职场上一路高升。霍普·奈曼(Hope Neiman)就是这样一位妈妈。奈曼担任蒂尔斯特(Tillster)公司的首席营销官。这是一家总部在洛杉矶,服务于餐饮行业的数字商务公司。奈曼几十年来都致力于在市场营销管理领域发展,她在20世纪90年代末期生下女儿亚历克丝·萨科夫斯基(Alex Sarkowsky),当时她正在沃尔特·迪士尼公司(Walt Disney Company)某部门做管理营销工作。

奈曼只有萨科夫斯基这一个孩子,母女俩关系十分密切。26岁的女儿说:"她随时都能找到我,什么问题都可以问,她给我的建议都很有帮助。"

萨科夫斯基就读了母亲的母校卫斯理大学,还听从了母亲的建议选择了人类学专业。2014年大学毕业后,奈曼敦促女儿进入商业领域——着重于产品的研发管理。

身为蒂尔斯特营销官的奈曼对女儿这样评价:"她对于别人没有做过的事,从来都毫无畏惧,所以我判断她适合做产品相关行业。她对我的提议否定了很多次,最后决定一试。"萨科夫斯基说,因为母亲太执着,她最终点头了。

这个初出茅庐的毕业生加入了美国鲜花电商企业布克斯公司(the Bouqs Company),职位是电邮实习生,后来一步步做到营销副经理。2017年公司的一个产品经理离职,她觉得这是自己申请这个职位的机会。

可是要怎么去跟布克斯公司高层毛遂自荐，她心里没有一点儿底，因为她完全不知道"该说什么行话，让自己显得可靠"。她向母亲求助，和她一起制订计划以取得这梦寐以求的晋升。

一个周末，母女俩在位于加州马麦斯湖的家中围坐在厨房桌边进行头脑风暴，这里也是她们拥有的第二处房产。谈话间，奈曼建议："一定要明确地告诉他们你可以为这个职位做些什么。"她还为女儿准备了她自我推销的陈述要点。萨科夫斯基把这些要点都记下来了，后来还致电母亲重温对话。

因为经验不足，布克斯公司只晋升她为产品副经理。萨科夫斯基下一任上司想要提拔她为产品经理，也没能成功。她对此并不介意，指出："重要的是我现在可以把'产品'写进我的履历了，有了这一笔我去哪里都能找到工作。"

她确实找到新工作了。2018年她注意到网上一则招聘启事：位于加州圣莫尼卡的一个租车业务初创公司"公正租赁"（Fair）招聘产品经理。不过该招聘启事指出，该职位合格人选需要具备两年经验。萨科夫斯基问母亲她该不该申请这个职位。

"必须申请。你可以说明自己的情况。"奈曼建议她尝试应聘，"生活中你想要的东西得自己去争取，比如眼前你想要这份工作，那就去争取。"

奈曼还利用自己的人脉帮女儿打通了关系。公正租赁公司正巧刚聘用了蒂尔斯特的一位前任执行官为公司产品副总裁。奈曼把女儿引荐给这位副总裁，后者给她上了一课，教她如何在面试时脱颖而出。

萨科夫斯基说:"多亏了母亲的引荐,公正租赁副总裁甚至没有核实相关推荐人信息,就给了我这份工作。"加入公司15个月后,她晋升为高级产品经理。

提及自己在短期内快速晋升的经历,萨科夫斯基说:"我的妈妈就是我的秘密武器。"

后来当我发现,不只是有权有势的高管们才能当上孩子们的秘密武器,我既惊讶又开心。有的妈妈尽管自己从没有做过高管职位,在女儿面对工作选项何去何从时,依旧可以提供宝贵的建议。

在职场图景和几十年前大不相同之时,第一代超能妈妈还是可以促进女儿的事业进程,这一点同样让我欣喜。她们身兼女儿的非正式向导,这一身份给予的洞见对任何一个职场女性都是有益的。比如:

- 建立和培育职场专业网络。
- 在做出冲动选择之前,深入了解一个新职位、行业或地区的相关知识。
- 和公司内部女性高管达成联盟,一同对抗性别偏见。
- 为自己的职业生涯从长计议——要有远大的梦想。

两代超能妈妈可以跻身公司管理高层,她们不仅能为女儿提供优良的职业向导,同样也是员工的好向导。好老板是如何成为好妈妈的?反之,好妈妈又是如何成为好老板的?你会在下一章里找到答案。

第八章

更好的妈妈,更好的老板

母职让很多女性焕然一新,成为更好的领导。

这一点对我来说千真万确——尽管后来才得到验证。直率、固执、不耐烦这些特质让我成为一个大放异彩的记者。但是我后来认识到这些特点不是成为一个好领导的充分条件。

我是在2000年早期得到这个惨痛的教训的,当时我在培养《华尔街日报》一个名叫克里斯·马赫(Kris Maher)的年轻记者。我们在纽约总部的编辑部是一间开放式办公室,有天下午,我公开批评了马赫,因为他写的一篇报道我前一天指导他编辑过,却仍旧有很多不足之处。

批评完马赫,我的老板大步走过来,公开批评了我,因为她觉得我对马赫太严苛了。我含着眼泪飞也似的逃出了编辑部。很多年后,马赫告诉我,我刺耳的批评让他意识到他需要让自己脸皮更厚些。我曾担心自己不是一个好妈妈,因为我性格直来直去又缺乏耐心，马赫接下来说的一番话打消了我的顾虑。他说："你是个好导师。"他说，在我的帮助下，他这个新人很快在工作中学会了新闻写作。他还说，在他1999年加入《华尔街日报》的那天，我递给他一份我自己积攒的管理新闻领域的消息来源清单。"你这番慷慨的举动是我没有料到的。"

后来又有几个《华尔街日报》的同事陆续告诉我，他们对我这些年给予的指导心存感激。作为母亲，我得教育我的两个孩子丹和阿布拉，这同时教会了我如何在工作中做一名合格的导师。我以身作则，为孩子们和员工们树立榜样。

两代超能妈妈都告诉我，养育孩子让她们自己成为更好的上司。身为父母，时间紧迫，她们于是磨炼出一系列技能，能清晰地区分事情孰轻孰重，同时完成好几个任务，也能有效地下放任务。她们还能带着同理心做管理工作。在当今社会，具有同理心是企业十分看重的素质，因为全球的经济环境越来越复杂，也越来越多元。

媒介测量公司康姆斯克前总裁莎拉·霍夫施泰特尔说："成为母亲后，你本能学会的第一件事就是具有同理心。"这位第二代超能妈妈说，有了孩子之后，你才能真正设身处地地为他人着想。"我可以感受到孩子的胃痛，这是发自肺腑的。"

霍夫施泰特尔在工作中也是一样。她经常深深卷入员工的个人问题。2012年她主理数字媒体公司360i的时候，就曾帮助一个助理处理她的家庭难题。

这个员工担心同事会认为她对工作不负责，就没有告诉他们她女儿住院的消息。霍夫施泰特尔从人力资源部门得知这一消息后,安排该员工和她一起拜访一个远程客户。长达90分钟的驾车之旅让俩人有机会衷心交谈。

她回忆:"我不但有机会表达同情,而且也展示我脆弱的一面。"她向该员坦诚分享了自己的难题:工作和两个孩子都需要她而她分身乏术,还说360i公司里有很多员工都面临同样的困境。

这个员工终于承认了自己没有更多时间陪伴生病的女儿,这让她非常自责。霍夫施泰特尔说:"如果你心不在焉,又怎能做好工作呢?去陪你的女儿吧。"女助理照做了。2019年4月,霍夫施泰特尔离开了康姆斯克,以总裁身份加入电子商务科技初创公司概要(Profitero)公司。

凭借善解人意的管理风格,好几位第一代超能妈妈成了公司职场父母身边的榜样。

2005年,化妆品巨头雅芳公司的首席执行官钟彬娴(Andrea Jung)要去开一场高管会议,一同与会的还有另一名女高管。会议中途,这个同事告诉她,自己得溜出去接个电话,因为儿子在学校荡秋千摔伤了,正被送往医院。

她立即"命令"这位焦虑不安的女高管离开会议。"你有紧急的事要办,这时候应该先去管你的儿子。雅芳怎么都能生存。"钟彬娴在一群男性团队成员面前当众宣布。

钟彬娴自己也是两个学龄儿童的母亲,听完同事的请求,她觉得自己必须"帮她去掉心理负担和内疚感"。

采访中,钟坦言她相信自己的这番宣告发出了一个信号,那就是"我们是一个'为女性服务的公司'"。目前,钟彬娴领导着非营利性小额信贷组织"格莱珉"(Grameen America)——这是一个帮助美国贫困妇女创业的机构。

无独有偶,好时公司首席执行官米歇尔·巴克常挂在嘴边的话是:"别管你在哪儿工作,关键是工作有没有做。"巴克允许自己的员工因为照看小孩迟到、早退。

正是因为她自己把3个小孩抚养长大,巴克愿意保障员工灵活的工作时间。"我自己都经历过,孩子的事情是我首要记挂的。在今天,你要以这样的方式支持自己的雇员。"她强调。

欧莱雅集团年轻的执行官马莱娜·伊格拉说:"我们在家里越顺利,在工作上就越得力。"为了不让两个儿子记恨,她从不错过他们的活动。"不知道为什么",她说工作上她会优先处理那些"先改变生活再创造市场份额"的事项。

执行官埃米·亨德森(Amy Henderson)在几年前产下第3个孩子之后,就母职可以提高职场工作效率这一话题做了一番探索。她是一项国家倡议项目的首席创新官,该倡议旨在培训青少年成为计算机编程员。亨德森在产后有些担心自己跟不上工作进度。

亨德森采访了223个看上去在工作和家庭生活都游刃有余的爸爸妈妈。她在2015年与人联合创办的"趋势实验室"的想法就是从该调研中萌芽的。该实验室面向雇主提供有效的扶持职场父母的策略,比如组建或扩大内部育儿小组。

为趋势实验室客户开办工作坊期间,亨德森描述了她与这些父母会谈的结果。她告诉我,参与访谈的父母们之中绝大多数都认为"成为父母帮助他们在职场上成为更好的员工"。约有80%的受访者目前或曾经是公司执行官。

亨德森还挖出了科学证据,证明从神经学角度,父母身份能激励我们发展出职场成功所需的技能。她说:"通过趋势实验室,我们希望可以改变我们文化中认为父母身份只会给职场绩效带来负面影响的传统观念。"

大规模研究表明,成为母亲对一个女性的领导力带来积极的影响。2018年的一份问卷调查显示,89%的在职美国人认为职场妈妈能让员工展现出最好的一面。84%的人认同一个企业高层之中有做了母亲的人,那么这个企业更趋于成功。

这项调查由大型托儿服务机构"光明地平线"发起,采访了2143名成人。做了父母和没做父母的人在受访者之中各占一半。该调研的结论:"职场妈妈是把21世纪领导力带入职场的最佳人选。"①

另一项研究表明,年轻的爸爸妈妈之中,有一大部分人赞同母职和父职使他们成为更好的领导这一观点。此外,一份2019年针对1003名有孩子和没孩子的个人调查显示:35岁以下的为人父母者之中有55%表示"强烈认同"这个观点;45岁以上的父母之中,只有28%表示认同。这项调查由WPP集团(WPP Group)旗下的柏林卡梅伦公司(Berlin Cameron)和另外两家机构联合发起。卡梅伦这家综合创意公司提供广告、品牌、设计全方位服务。

该调研指出,两代超能妈妈之间不同的观点"反映了社会观念在潜移默化地转变"。还有具有积极意义的发现:那些没孩子的员工觉得他们"做了母亲的老板"更能够带领和凝聚一个团队。②

总体来说,普通员工对女老板的满意度比对男老板的要高。

---

① Bright Horizons, *Modern Family Index 2018*, January 2019. ——作者注
② 同①。

这个结论来自2019年一份针对全球43个国家6万名员工的调研。员工普遍表示，比起高层全是男性的企业，一个高层至少一半是女性的企业让人更有信心，尤其是在企业使命、产品、公司战略这些方面。人力资源分析软件开发商"峰值"（Peakon）机构执行了这场全球调研。

当然，问题就在于，在全球企业中占据主导地位的女性高管的数量仍然相当稀少。一份2016年的研究表明，遍布91个国家的21980个企业之中，超过半数没有女性高层。[①] 同样让我感到可惜的是，竟没有研究人员系统地统计女经理人的数量。一个问题没有被注意到，也就更不会被解决。

善于倾听，善于领导

好的领导之所以是好的领导，是因为他们善于倾听——哪怕他们并不总是同意对方的观点。艾莉森·兰德和青春期女儿曾激烈交锋，这让她的专业倾听技巧得到了提升。我们约见的那个早上，这位44岁的新手高管跟我分享了管理高科技公司自动阁楼近60名设计师带给她的复杂挑战。

她的团队成员大多都比她年轻。许多人自命不凡、喜欢抱怨。这些团队成员要兰德帮他们解决工作中的问题，不然会说："要么给我个更好的项目，要么让我晋升。"

[①] Marcus Noland, Tyler Moran, and Barbara Kotschwar, "Is Gender Diversity Profitable? Evidence from a Global Survey," Working Paper 16-3, Peterson Institute for International Economics, February 2016, 2. ——作者注

兰德在努力了解他们的出发点之后，决定拒绝他们的请求。她告知员工："你得学会自己找到一个解决方案。"在养育16岁的女儿露娜的过程中，她训练出强大的倾听能力，并将这一能力展示在工作中。兰德说："我意识到，她需要的是我好好听她说话，而不是帮她想办法解决问题。"

女儿露娜2018年秋季的一天请求兰德准许她放弃大学预修西班牙语课程——妈妈扮演了一个认真倾听者的角色。女儿含着眼泪说："我讨厌这个老师，我的西班牙语糟糕透了。"

兰德一直渴望女儿可以说一口流利的西班牙语。身为西班牙裔，她在我们采访时提及："这是我们身上仅有的一点儿西班牙文化特点了。"

她告知露娜，除非她定期完成西班牙语作业，并按时参加西班牙语补习班，否则她不会出面去学校为她讲话。兰德还说到，这是女儿从失败中培养韧性的好机会。她对露娜说："失败是通往成功过程的一部分，这感觉很糟，但是你可以爬起来拍拍灰，继续前行。"

露娜没有放弃高阶西班牙课程——因为她的妈妈和老师都向她保证"你坚韧不拔的精神最终会闪闪发光"。一年后兰德告诉我："老师后来为露娜写了大学推荐信，主题就是她面对困难展现的韧性，收获的成长。"

安妮·史蒂文斯从青年女儿珍妮弗（Jannifer）身上学到了有效倾听的不同好处。这个性格火辣、无所畏惧的高管开过赛车，也驾驶过俩人座的战斗机。她曾担任两家上市企业卡彭特技术集团和吉凯恩公司的首席执行官。

"我这辈子收到的最诚实的反馈来自我的女儿,她让我成为一个更好的老板。"史蒂文斯生动地回忆起 1980 年的一幕,当时她在埃克森美孚 10 年的任期过半,女儿刚进入高中。

史蒂文斯向我透露:珍妮弗想去布朗大学。这所大学很难进,然而她并没有为此更加努力地学习,她还说:"想和朋友们一起度过有趣的时光。"有时她带回家的成绩单上写着大大的"差"。

有天,在他们位于新泽西郊外的家中,史蒂文斯一边爬上进入主卧的螺旋式楼梯,一边警告女儿:"这样的成绩,你是进不了布朗大学的。"

珍妮弗走近母亲身后,冲她大喊:"那是你对我的期望,又不是我对我自己的期望!"

面对女儿的勃然大怒,史蒂文斯停下了脚步。"你说得对。"她盯着珍妮弗的眼睛,大声确认。既然女儿愿意承担自己松懈的态度带来的学业后果——史蒂文斯最终也要接受她自己的决定。

"我被上了一课。我的期望标准和别人的是不一样的,"她说,"作为老板,你最好把你的期望向下属的期望看齐。"和珍妮弗的冲突敲醒了这位埃克森美孚硬核高管。她的期望脱离了女儿的期望,她的期望也脱离了员工的期望,她要解决这两个问题。

史蒂文斯说,有些员工在面对她给出的负面年度绩效评估时会大吃一惊,因为在他们自己眼里,他们觉得自己这一年的工作都完成得不错。

史蒂文斯改变了策略,她不再对员工做年底绩效评估,而是贯穿全年不时地与团队成员进行深度对谈,评估他们的目标并给出反馈。她会仔细倾听,找到"员工绩效不满意的原因"。她说,后来个人的绩效和团队的整体成绩都大幅提高。她也"再没有与团队失联"。

把经理气魄带回家

本书由我采写的许多超能女性的故事集结而成,她们之中的大多数人成为母亲时,已经深谙管理属下之道。好几位超能妈妈,是好老板,更是好母亲。

查利斯·洛就是一个典型代表。几十年前她是大陆银行第一任黑人女性执行官,后来她在3家大型企业获得人力资源顶尖职位。

洛于1971年加入芝加哥银行。当时她的两个女儿坎迪丝和达芙妮(Daphne)分别只有3岁和5岁。她说:"经过训练的我成了一个好老板,但是没人教我怎么做一个好妈妈。"

洛在1973年第一次接受管理发展项目培训,两年后承接行政职位。这次培训让她对管理职位有了顿悟:你可以引导员工,但是没法强迫他们做他们不愿意做的事。

这位银行高管的策略是,只给直属手下提出工作预期,而不告诉他们具体怎么完成各自的任务。她对下属宣告:"你们不但可以按照自己的方式完成工作,且只能用自己的方式完成。"

洛使用了同样的策略养育两个女儿——结果不尽相同。她也知道"你不可能期望孩子成为你想要的样子"。

这位商场老将觉得自己两个天资聪颖的女儿也可以成为商场的佼佼者。她承认:"我努力过……要把她们变成迷你版的我自己。"

坎迪丝大学期间曾利用暑假在大陆银行实习，母女二人一起通勤。洛也是在这期间改变了自己的想法。"我不要让她成为另一个我，"说这话的时候她紧张地用左手捂住了喉咙，"我要她成为成功版的她自己。"

她和坎迪丝的互动模式也随之发生了变化。女儿决定成为一名文化人类学家，洛既表示了支持，也怀有担忧。因为这一职业要求博士学位。洛说："我不确定她肯不肯下这番功夫，付出这么多时间去读博。"

如今，坎迪丝是瓦萨学院的一名副教授，这个职位也有行政职责，她要处理的事务和母亲作为执行官要处理的事务其实有许多相似之处。而达芙妮成为一名房地产投资商，利用自己敏锐的商业嗅觉，已在美国3个城市各买了一处住宅。

洛开玩笑说："她们努力要离我远点儿，可是有其母必有其女啊。"

教女儿当个好老板

像兰德这样的第二代超能妈妈对待子女有一套方式方法，让子女在成年后知道如何应对态度强硬的千禧一代。往前推，婴儿潮那一代的超能妈妈也教会了女儿一些明智的方法，助她们成为高效的老板。

这就要说到宝洁公司（Procter & Gamble Company）在北美地区的第一位女性掌门人梅拉妮·希利（Melanie Healey）。宝洁作为全球大型消费品公司于1990年在巴西本土聘用希利为品牌经理。在晋升管理职位的过程中，希利屡次表达了不受欢迎的观点。但也正是她成功推进宝洁改进了女性护理产品外观，而且第一次推出以消费者为中心设计的卫生棉条。

对于让自己感到不适的局面，希利从来都欣然接受。她说："我这一生都在不停走出舒适圈，这是我个性的一部分。"[1]

希利的成年女儿杰姬（Jackie）说她全然接受妈妈的哲学，因为希利教会她"做一个坚强、独立的人——不要忍气吞声任人欺负"。2017年8月，只有22岁的杰姬在亚马逊购物网站管理50名员工。这个电商巨头在肯塔基州的谢泼兹维尔有一个配货中心，杰姬手下的员工在这里配送鞋子。

这些工人大多都比她年长，作为一个年轻的上司要让手下听从她的指令，"一开始是很伤脑筋的，"杰姬回忆，"我对自己的要求也很严格，凡事要做到最好。"她解释说，自己这样的性格"一部分来自母亲，她的影响十分深远"。

希利建议女儿以身作则，加倍努力协助这些下属。杰姬的手下都是领时薪的员工，她和这些下属一样挽起袖子在肯塔基的货仓内拖运沉重的货盘，此举终于赢得了他们的尊重。她说："没有什么活儿是我不屑去做的，亚马逊的员工有信心从我这里获得帮助。这是我在亚马逊成功的关键。"

我们交谈的时候，杰姬已是一个部门的区域经理。后来她又晋升为运营经理，全权管理整个班次、大型项目，帮团队成员晋

---

[1] Joann S. Lublin, *Earning It: Hard-Won Lessons from Trailblazing Women at the Top of the Business World*（New York: HarperCollins, 2016），111. ——作者注

升到高阶职位。

在广告行业打拼的超能妈妈简·帕克（Jane Parker）的独生女萨曼莎·格拉迪斯（Samantha Gladis）也在营销行业早早地当上了老板，母亲帕克同样与她分享了自己的经验、见识和工作技巧。帕克已在奥姆尼康广告集团（Omnicom Group）旗下的健康关系（Interbrand Health）公司长期任职首席执行官。帕克曾为对手广告公司工作的某天，她二十几岁刚当上主管的女儿打来电话急于求助。

格拉迪斯需要约谈一个绩效欠佳的女下属。她说："我从没有过这样的经验，要去介入一个人的职业进程。这对我、对她都相当为难。"

格拉迪斯站在曼哈顿街头一处繁忙的街角向母亲描述了自己的两难境地。她告诉妈妈："我开完会回到办公室就收到邮件说'这件事必须今天处理'。"

帕克建议女儿要"诚实相待"。她还建议女儿接下来给出明确的纠正措施，还加上一句："但不要言语刻薄。"

母女俩在电话里就帕克建议的几个谈话要点展开了一场非正式角色扮演，为格拉迪斯做准备——她要确保自己在传达坏消息的时候也照顾到对方的情绪。她告诉我："我准备好了一张建设性的反馈意见表，都是我希望强调的要点，我们还讨论了谈话策略，帮助我既带着权威、建设性指导意见，也带有同情心地与这个员工谈话。"

帕克向女儿展示了反馈环节，这对她来说是再容易不过的事。我和她们母女二人相约在曼哈顿中城一家酒店的咖啡店共进午餐。

帕克说："我总告诉自己，要给手下的人正面反馈，这对我很重要。"我们的餐桌狭小，母女二人对坐着，席间不时温柔对视。

帕克对女儿的影响是深远的。格拉迪斯说："她给予我的专业向导和我们之间良师益友的关系，催化了我们母女之间亲密的感情。我生活中遇到大事，都想要她陪在身边。"

我们交谈之际，这个时年35岁的市场营销专家已是赫斯特集团的部门执行董事。她说，得益于自己20多岁时的职场历练，"我愿意冒险，也乐意接受失败，因为这都是宝贵的经验"。

格拉迪斯不再频繁地致电母亲询问最佳管理手段。她已经把母亲的职场智慧化作了自己的心理构想，她会问自己"妈妈遇到这种情况会怎么处理"或者"萨姆会怎么做"。

我问格拉迪斯："你是否常常对桌子对面的这个女人怀有感恩之心呢？"我冲着帕克点头。

"每一分每一秒，"她一字一顿地说，"没有她就没有今天的我。就这么简单。"

"谢谢你。"帕克喃喃地说，她金色的刘海垂下，挡住了笑意盈盈的眼睛。

几个月后，格拉迪斯晋升为赫斯特杂志广告产品营销副总裁。

女性领导助力职场父母

占据重要商务地位的女性领导有足够的权力改善更多职场父母们的处境。多丽特·J.伯恩在运营大码服装连锁公司购物迷的过程中，为总部的员工建立了一个托儿所。不光如此，她还聘请了一名护士,以备托儿所的小儿生病不时之需。

卡罗尔·巴茨在掌管设计软件制造商欧特克公司期间,坚持令所有员工每月至少拿出一天时间参与他们孩子的学校志愿服务(没有孩子的员工可参与其他形式的社区服务)。

也难怪哈里斯民意调查在2017年一份针对2066名成人的问卷调查显示,半数美国人更愿意为一家由女性领导的公司打工。约78%的受访者表示,女性领导的企业更有可能提供小儿托管服务。

当今第二代超能妈妈常有一些极具创新的策略,帮助新手父母平稳地返回职场。这些策略包括:提供慷慨的陪产假、母乳运动服务、管理训练等。租赁跑道的首席执行官珍妮弗·海曼就是这样一位第二代超能妈妈的代表。

不过海曼直到2018年——她成立了这家服装租赁公司8年之后,才把同等亲子福利惠及公司的时薪和月薪员工。海曼在《纽约时报》一则评论文章中提及:"如今,我们的仓库人员、客服人员、店铺员工和企业员工都享有同等的丧亲假、育儿假、家庭病假等休假套餐。"①

刚当妈妈不久的海曼写道:"安全网络的缺失导致失业、限制了社会流动,我对这一点深有感触……商业领袖们应当履行他们对社会的道德义务,应当平等对待每一个员工。"②

我们的采访约在海曼位于曼哈顿的办公室,她对我详细阐述

---

① Jennifer Y. Hyman, "Equal Benefits for All Employees," *New York Times*, May 7, 2018. ——作者注
② 同①。

了公司政策的变化。当时，租赁跑道的每个员工都享有 3 个月的带薪育儿假。我问她为什么等了这么久才让所有员工享有平等福利，她说："我成立公司的时候才 27 岁，别的公司怎么做的，我就照着做。"

海曼的公司成长为拥有 1500 名员工的企业，她目睹了数百个不同的生活情形。员工从未婚到订婚、结婚、生子……38 岁的海曼谈话间手指重重地敲在白色办公桌上："我自己的生活也经历了这一个个过渡期。"

我们约谈之际，海曼正怀着她的第二个孩子。要管理一家初创公司，又要育儿，她身上的担子已经很重了，有时她会多买些内衣和袜子，因为没时间洗衣服。我察觉到，她作为两个小孩都不满 3 岁的母亲，大概会进一步兑现她扶持职场父母的承诺。

海曼表示同意。"我一直都想建立这样一家机构，成为未来职场的范例。"

我们的采访快要结束时，一个合伙人走进首席执行官办公室，与她交头接耳了一番，海曼告知对方她很快就离开这里赶往下一场会议。片刻过后，身材高挑的她大步跨过走廊迈向 602 房间，门上标着"会议进行中"。

小小的会议室挤满了人。她冲大伙儿说："不好意思，我来晚了。"一群女同事和色彩鲜艳的气球包围了容光焕发的海曼。她们为她庆祝即将出生的第二个宝宝。

第一代超能妈妈有时会发现，要打造一个家庭友好的职场也不是一件容易的事。亚历山德拉·莱本塔尔对此就深有体会。1995 年她从家族手里接管了市政债券公司，当时 31 岁的莱本塔尔已有一个蹒跚学步的孩子，次年又诞下一个女儿。

刚做母亲，也没什么商场领导经验的莱本塔尔面对公司爆发的一场抗议毫无准备。这场抗议的起因是莱本塔尔在20世纪90年代末期开始实行弹性工作制，她准许有孩子的女销售员早上8点到岗，下午3点下班。

这引起了男销售们的强烈不满，他们要求公司就对待女员工的特殊政策做出解释。莱本塔尔对我说，来自这些人的指责让她"今天想起来都感到愤怒"。说起那些女员工，她质疑道："她们的工作业绩比全职在班时更优秀，又有谁在乎她们什么时候下班呢？"

显然，那些男员工在乎。6个月后，莱本塔尔迫于压力不得不低头，取消了给公司职场妈妈的弹性工作制。她说："我既无信心也无经验应对他们的攻击。"

接着，一个女销售员在弹性工作制取消后，辞去了工作不说，还以莱本塔尔取消这项特殊福利为由提出仲裁索赔。这位离职员工控诉莱本塔尔对待公司女性存在歧视和不公。

虽然她的公司毫无悬念地赢了那场仲裁官司，但莱本塔尔意识到，她不可以再一味相信"我凭一己之力就能做到"。说这话时她挥舞双臂，回忆当年。莱本塔尔后来聘用了一位名叫迪·索德（Dee Soder）的高管教练，学习如何成为一名更强大的领袖。

索德让她认识到，员工质疑她的领导力因为她是女性，人又年轻。莱本塔尔恢复了弹性工作制，这一次她让男同事也参与进来。"我非常有意识地提醒自己，哪些决定是由我的性格出发做出的，比如说，我总是苛求完美。"

在家里，莱本塔尔的高期望值让大女儿夏洛特·戴蒙德背上了压力。这个青春期少女在高中一年级末期患上了厌食症。莱本塔尔说，女儿感到"自己必须完美，必须找到一种方式控制自己进食"。

戴蒙德表示赞同，她说自己"需要掌控身边的一切才是饮食失调的根本原因"。与此同时，她立志要当一个完美少女，不仅总是面带微笑，还保证在父母下班到家之前做完功课。她告诉我："我总是想在周遭一切发生变化时要保持稳定。这种想法并没有帮到我。"

女儿接受厌食症治疗期间，一直是莱本塔尔的先生在照顾她，因为莱本塔尔这期间在负责一项房地产投资信托的工作。回忆起父亲对自己的照料，戴蒙德说："他每次都陪我一起去看医生和心理咨询师，不但给我做好饭打包好，还附上菜单和一张鼓励的小字条，他陪我吃饭，与我交流，给予我很多爱。我真的很幸运这段时期爸爸可以在家里陪伴我。"因为母亲忙于工作，她补充道："她没法像父亲那样陪伴在我左右。"

这世上没有完美的父母。但是从研究成果和我自己的访谈看来，有孩子的父母不比没孩子的父母更专注于工作，这种观点是站不住脚的。事实是，我约见的两代超能女性在当上妈妈、时间紧迫的情况下，无一例外都成了会区分轻重缓急、能身兼多项任务并有效地委派任务的高效执行官。

在成为母亲之前成为一个有效率的上司，可以助你今后更有效率地养育后代。你将懂得如何制定高标准并引导他人。更重要的是，你已经是一个极富同理心的倾听者了。

第九章

意志战胜病痛

2014年年初,阿布拉打来电话告诉我们一个坏消息:她总算找到了过去两年胸口不时作痛的原因。

我们31岁的女儿时不时地会说不上话,甚至喘不过气来,为此她甚至休了不带薪病假,离开了她深爱的工作岗位——为公司的国际咨询客户管理数百万美元的项目。病痛让她无力应付那份工作的需求。

医生的结论是阿布拉患有埃勒斯-当洛综合征(Ehlers-Danlos syndrome),这是一种无法治愈的传染病,也没有有效的对症处方。我们的身体由胶原质黏合在一起的,这是一种因身体无法生成足够胶原质而导致的先天结缔组织疾病。女儿从我身上遗传的此类型埃勒斯-当洛综合征导致她的骨骼关节高度活跃,可引发脱臼,极为疼痛。

我们通了一小时电话,阿布拉在电话那头控制不住地哭泣。

要和这没完没了的疼痛共处,她疲惫又沮丧。她问我和迈克遇到这种情形是怎么应对的,当我们看不到一线希望的时候,是怎么做的。我无言以对,我从没有过看不到一线希望的时候,也从没有担心过我会丢了工作。

"她现在是看不到希望,还担心丢工作,"我在日记里记下伤心的一笔,"然而我无能为力,为了让她好过些,我只能在电话这头和她哭得一样响亮。"

后来阿布拉不但回去兼职上班,还重获了全职工作,并晋升到管理岗位。短期内,理疗帮助她缓解了疼痛。女儿日复一日要应对埃勒斯-当洛综合征带来的疲乏和沮丧,她的精神让我惊叹。

几年后的一天傍晚,我们母女俩在她位于华盛顿的家附近散步,我忍不住问:"你知道自己天天都要面对这个病痛,怎么还能做到每天都起来呢?"

她回答:"要么结束生命,要么面对它。你会怎么选呢?"站在繁忙的人行道,我泪流满面,感恩女儿选择了活下去。

阿布拉摆出的如此鲜明对立的两种选择把我惊着了。我猛然发现,在她最黑暗的日子里,我未曾给予她足够的情感支持。我自己做记者出身,比起处理刺痛的情感,我更擅长挖掘事实。面对女儿的非理性痛苦,我急不可耐地要找到一个理性的对症方式。

或早或晚我们都要面临严重的健康问题——疾病不是撞上你,就是选中你的伴侣、父母或小孩。不计其数的超能妈妈们在面对严重的健康危机,甚至在至亲因为疾病去世的情况下,都表现出强大的定力和韧性。疾病的考验成为她们人生的转折点,带给她们启发和思考。她们改变了对自己的看法，改变了她们的职业轨迹，也改变了工作和生活的节奏。在工作和生活之间摇摆，意味着你接受生活的高低起伏，在关键的时候全心专注于工作——在其他时刻转而将重心放在家庭上。

在职场和生活上的磨砺让这些超能妈妈得以战胜痛苦，发挥出自己的超能力。斯泰茜·覃克就是这样一位超能妈妈，这位执行官在2009年和2014年两次怀孕都因为高血压险些丧命。

接着，2017年10月的一个星期六，她一向健康的丈夫特雷弗（Trevor）在亚特兰大的家中健身时突然中风。彼时，覃克刚刚晋升为公司的运营副总裁，特雷弗再过几天就要满39岁。

覃克在加入家装公司家得宝之前，曾在喜力啤酒和通用电气工作，负责企业公关危机处理。她处理过包括啤酒瓶召回和核电站危机在内的一系列危机事件。覃克本人是"一步一个脚印，一次专心处理好一件事情"的践行者。她说："你必须每时每刻都分清事情的孰轻孰重。"

特雷弗病倒的那天，覃克开车带着先生和两个儿子前往亚特兰大医院。回忆起那一幕，她皱起了浓眉，说："我从没见过有人病得那么重，真是太糟糕了。"

覃克在医院陪伴了先生4天4夜，这4天4夜里她都很镇静。她推着躺在轮床上的丈夫去走廊做测试，用冷敷法帮他缓解作呕症状，还做了大量笔记记录他大脑的受伤情况。她有条不紊地成为医生和护士的帮手。

她说："我就像一个商人在处理一个商业问题。"

特雷弗得重新学习吃饭、讲话这些关键技能，他学得很快。

这个数字技术专家中风 6 周后就回到了有限娱乐巨头公司康卡斯特。覃克说："他略有些遗留症状，但那没有影响到家庭和工作。"

这次惊恐事件让覃克更加认清了工作和生活之间的关系。在她看来，工作和生活之间的界限模糊了，"一个人并非可以简单地把自己划分成工作中的你和生活中的你"。

经历了先生的突然病倒，覃克也更坚定了自己的信念，这位 37 岁的副总裁告诉我："要把人文关怀带到工作中，也鼓励员工这么做。"小小的善意举动可以让一个人"振作起来，在他们最需要的时候感受到关怀和帮助"。

覃克在 2019 年的某天巡视家得宝的一个分公司时，一位时薪员工把她拉到一边，告诉她自己患上了转移性乳腺癌。这个女雇员说："我知道你母亲曾得过乳腺癌，你有突变的基因。我就是想告诉你，我在与这个病魔抗争。"

覃克和母亲都有 BRCA 突变基因，有该基因的人得遗传性乳腺癌和卵巢癌的概率大大提高，她母亲就患上了这两种癌症。作为家得宝的执行官，覃克曾公开和许多同事说起这个私人话题。

她拥抱了这个员工。这次交谈在她看来是商务旅行的重要一环。她说：拥抱看起来跟工作毫不相干，实则与工作息息相关，因为公司是由我们的员工组成的。我们的文化就是以家庭为导向的。"如果有员工自己或是家人生病了，那么治病更重要，工作由我们来做。"

当父母患上致命疾病

丹妮尔·斯卡佐（Danielle Scalzo）的父亲在 2012 年去世，享年 64 岁。这成为斯卡佐人生的分水岭。她是一名事业心极强的律师，供职于威尔基·法尔·加拉赫（Willkie Farr & Gallagher）律师事务所。这家成立于 1888 年的律所在业内颇受景仰，曾培育出两任纽约州州长和一名最高法院大法官。

斯卡佐伤心地回忆："我的父亲是突发心脏病去世的。"我们约见在威尔基·法尔·加拉赫律所办公室，这是位于 44 楼的一间会议室，窗外曼哈顿中城的景致尽收眼底。我俩坐在浅金色椭圆形会议桌旁。斯卡佐说，父亲是一家小型公司的财务主管，"他一辈子都在工作"。

父亲去世时，斯卡佐和先生还没有孩子。她说："我一心扑在事业上，无时无刻不在工作。我在办公室工作到凌晨 3 点，因为我可以这么做。"她说自己周末也在加班，因为她觉得应该这么做——"总有工作可以忙"。

斯卡佐 2006 年加入这家律师事务所，立志有一天能成为合伙人。可是父亲没能退休就突然离世，这一悲剧让斯卡佐猛然惊醒，她意识到工作可以侵占一个人大部分时间。"你会有种存在危机——'我在做什么？'"她开始考虑要不要放弃成为合伙人。

她没有放弃自己的职业目标，而是下决心找到工作和个人生活的平衡。她指出："如果我能找到一种平衡的工作方式，那么我可以把成为合伙人当作长期目标。我之前那样卖命地工作是不可持续的。"

斯卡佐取得这番平衡靠的是改变工作习惯。她不再把每份文件初稿都检查4遍，而是把更多的行政任务派发给下属。她自己将精力和时间用在对客户最重要的事情上。

2013年，斯卡佐生下了第一个孩子。她说："爸爸去世，女儿出生，这两件事加在一起……成为改变我生活的最大催化剂。"

2015年，斯卡佐在休第二次产假期间获得威尔基·法尔·加拉赫律所晋升，成为合伙人。她的母亲次年死于子宫癌。斯卡佐在2018年生下小儿子阿拉德·登贝。我们谈话的前几周她刚休完了自己第3个产假。

3个孩子都还小，这位公司法专家还在学习怎么更好地结合工作和生活。她说："你不能指望每天都能找到这种平衡。"

"但是可以灵活变通。即使今天在办公室工作到很晚，错过孩子们的就寝时间也没有关系，因为明天我会早点下班，在睡前给他们读一本书，"那个3月我们约见的时候，她告诉我，"这样就没有负罪感了。"

登贝曾是俄亥俄州立大学公共健康专业教授，现已退休。说到三十几岁的超能妈妈为什么需要放弃这种工作狂模式，他给出了很好的理由："因为这是在放弃未来的健康。"他发现，那些在职业早期工作太卖力的女性到了五六十岁时更容易患上慢性疾病。

登贝作为首席研究员将他的研究发现记录成文并于2016年发表。这篇论文分析了7492个美国人长达32年的职业历程。他与该论文合著者姚小溪一起，深入研究了长期繁重的工作和多年后患上8项重大疾病之间的关系。① 受访者中有51%是女性,她们比男性在晚年更容易患上重大疾病。

长期每周工作超过60小时的女雇员,比每周正常工作40小时的人患上心脏疾病、癌症、关节炎、糖尿病的概率高出3倍——患上哮喘或慢性肺病的概率是常人的两倍。即便是平均每周工作41—50小时的女性,在未来患上重病的概率也大大提高。

登贝在接受采访时说:"工作日工作超过12小时的女性患病概率高达正常者的3倍,这是一个令人意想不到的结果,我真是大吃了一惊。"他指出,职业健康研究人员直到最近才开始按性别分析数据,"以前他们都觉得这不重要"。

当一个工作狂的后果很严重。因为男性主导的科学界懒得追踪她们的健康状况,许多职业女性就从没意识到自己必须得避免一些健康风险。还有研究者指出,针对严重心脏疾病和肺部疾病的医学研究要么甚少有女性参与,要么干脆不以性别统计数据。

病重的婴幼儿

对职场妈妈来说,第一次当妈妈已经是个不小的挑战了。如果新生儿病重,就更把生活搅得一团乱——这正是南希·邦格的经历。2014年,就在大儿子马克斯出生前几天,邦格面试了奥本海默基金的一个执行官职位。当时36岁的她就职于竞争对手,另

---

① Allard E. Dembe and Xiaoxi Yao, "Chronic Disease Risks from Exposure to Long-Hour Work Schedules over a 32-Year Period," *Journal of Occupational and Environmental Medicine* 58, no.9(September 2016):861-867.——作者注

一家财富管理公司——路博迈。

邦格分娩超过 24 小时,孩子仍没有出生。最后医生紧急实施了剖宫产,终于迎来了 9 磅的马克斯。4 天之后她和先生准备带孩子回家了,可是"宝宝哭个不停,怎么哄都没用"。邦格回忆起当年,仿佛梦魇就在眼前。一名护士发现,宝宝癫痫发作。

马克斯因为颅骨骨折引发脑出血。他的脑受伤是医疗事故还是由于分娩导致的,原因尚不清楚。邦格说:"你能想象有多恐怖吗?"

宝宝在重症监护室待了 6 晚,医生延迟了手术,期待他的头颅可以自行修复。

医生这番"等等再看"的态度让这对本就睡眠不足的新手父母没有一刻不为自己的宝宝感到恐慌。邦格说:"我们不知道他是因为疼痛而哭,还是因为他是个婴儿所以要哭。我们也不知道他将来会不会成为一个需要特殊照料的儿童。"

邦格作为路博迈的员工休了 12 个星期产假,在第 4 周的时候收到奥本海默的聘书,职位是执行董事。邦格说:"这可是一次了不起的晋升机会,我简直不敢相信我拿到了。"

不过,她一来是新手妈妈,二来因为马克斯的健康状况承受了巨大的压力,疲惫不堪的她已没有精力与奥本海默协商一个丰厚的报酬。对此她评论:"我不建议你在睡眠不足的时候去给自己谈薪酬待遇。"2015 年 3 月她履职新公司的行政职位。

马克斯的头颅骨折最终自行治愈了,免去了手术之苦。但他因为说话晚,不得不在满 2 岁之前的那个夏天开始言语治疗。邦格告诉我:"哪怕到现在,他也没有朋友们那般口齿伶俐。我们应该会一直监测他的言语发展情况。"

她还说,有个生病的孩子"绝对能让你厘清头绪、分清要害"。2019 年她辞去奥本海默基金职务,加入了范达资产管理公司。公司出现问题的时候,她就提醒自己,无论什么挫折,比起当初儿子颅骨骨折,都不算什么。

职业中期的健康危机

好几位超能妈妈在晋升途中都遭遇过令人惊恐的健康危机,这给她们敲响了警钟。这其中就有佩妮莱·施皮尔斯-洛佩斯(Pernille Spiers-Lopez),她在 2009—2011 年任宜家家居集团(IKEA Group)全球首席人力资源官。此前她负责该家具行业巨头在北美的业务。

1990 年,宜家家居任命这位丹麦本土人为美国西海岸销售经理。到 20 世纪 90 年代末期,她负责掌管宜家家居在匹兹堡的分店,也就是在这时,她获得晋升,管辖宜家家居北美地区人力资源部门。

洛佩斯的先生是一名中学校长,夫妇二人育有一儿一女,当时都不满 6 岁。为了不把全家搬离匹兹堡,洛佩斯每周都往返于费城的办公室和匹兹堡家中。她的新职位工作强度大,还得频繁地出差。后来她追悔,"我一直在给自己加码",没有设定孰轻孰重,"我把这些年的经历称作'生活在高压锅里'"。

压力之上还有压力,那就是洛佩斯一直在力推宜家家居的男性高管们在重要岗位上多聘用女性的建议,可是她觉得进展甚微。

1999年前后，她主持了一次冗长的会议，主题就是为公司创建一个多样化议程。这场会议在费城开了一整天，她感到手臂发麻却没怎么在意。

当天晚上驾车回旅馆的途中她告诉同事："我觉得不舒服。"她觉得自己就要晕过去，赶紧把车停靠在高速公路边。她担心自己心脏病发作了。

救护车将她火速送到医院。途中，"我记得一闪一闪的红灯，我躺在那里看着自己的脚，问自己'这算成功吗'"。

急诊室医生诊断她是焦虑症发作了。医生严厉告知她："这就是长期在高压之下工作的后果。"

现在回看，洛佩斯觉得医生的这番严厉警告是对她的馈赠。这场焦虑症的发作让年近40岁的执行官认识到，自己不可以再这样永不停歇地卖命工作了。她花了几个月时间自省，并写日记记录，她终于承认了自己不是所向无敌的。

与此同时她还撰写了一份个人使命宣言和一份核心价值观清单，帮她在适时的时候对某些要求说不。她说："'应该'这个词可以给你招来麻烦。"

宜家家居在2001年提拔她为北美地区总裁，她并没有让这个位高权重的职位完全消耗自己。"现在没有什么能让我像从前那样慌乱了。"她说。先生在费城附近一所高中找到了校长职位，一家人也搬到了这里。

另一位第一代超能妈妈劳里·西格尔，在经历了双重肺炎的折磨之后，重新定义了什么对她才是最重要的。她回忆说："我很肯定就是因为工作太拼命才生了这场病。"和洛佩斯一样，她是在长途通勤的过程中发现自己的健康问题的。

2000年初期，工业公司霍尼韦尔国际（Honeywell International）将权力不小的人力资源岗位任命于她，地点在凤凰城。西格尔的先生——乔和他们的两个学龄女儿并没有即刻跟着她一起搬到凤凰城。她起初以为往返于新泽西莫里斯敦和凤凰城之间这样两地通勤的生活并不会持续太久。她的先生打算等到4个月后女儿们读完那一学年再带着她们一起搬到凤凰城。

但是，西格尔回忆道："那是我整个职业生涯中最糟糕的4个月，得到这一新职位，我得努力地证明自己。"

她每周工作12小时，因为她说自己"也没有别的事情可做"。这个44岁的人力资源主管太过劳累，一个人住在租来的公寓里，根本没有精力做饭。"（晚上）我一般就打开冰箱，看看还剩下什么午餐，拿叉子随便吃两口。"

一个星期天的早晨，她在例常从新泽西飞往亚利桑那的航班上呕吐起来。她回忆："我吐到昏迷。"飞机降落后，她就被抬进了救护车。

经检查，西格尔患上严重的双重肺炎，不得不在凤凰城的重症监护室待上5天。这也是她第一次生病住院。医生让她停飞两周，并且要求她在后来可以飞回家的时候戴上氧气面罩。

身体恢复后，西格尔重新审视了自己繁忙的职场妈妈身份。她意识到自己之前一直在一种脆弱的生态机制下运行。"我得认真想想该怎么分配自己的精力了。"她不像从前那样积极参加非重要的国际商务差旅。她更愿意为一家人安排一次难忘的度假。

西格尔的疾病也成为她先生人生的转折点。一家人搬到凤凰城后，乔辞去了美国电话电报公司的工作，全身心照顾他们的两个女儿。在成为全职父亲之前，乔的职务是监督这家通信公司在租赁业务方面的风险管理。

他对妻子说："得有一个人留在家里……为了孩子们，也确保我们生活的重心不会偏离。这个待在家中的人不可能是你，因为你已走上了高管之路，而我还没有。"西格尔后来当上了泰科国际的首席人力资源官。

当首席执行官患上重病

职场妈妈似乎总是在最糟糕的时间患上重病，比如在登上事业巅峰的那一刻却突然病了。卡罗尔·巴茨在当上欧特克公司首位女首席执行官的第一天，却得知自己患上了乳腺癌。

一个月后，巴茨做了双乳切除手术，并很快回到了欧特克的执行官岗位。在她坐镇角落办公室的 14 年间，公司的收入和股票价格都迅速增长。2006 年她辞去了该职位，不久成为雅虎公司的首席执行官。

美妆电商桦木盒子的首席执行官凯蒂娅·比彻姆有过相似的经历。2018 年年末，时年 35 岁的比彻姆患上了高危妊娠并发症。她不得不同意住院，因为彼时她已"面临出血致死的危险"。

比彻姆在孕晚期的最后 100 天躺在医院的病床上指挥公司运营，病床的四周摆了一圈照片，照片里是他 1 岁的儿子和 4 岁的双胞胎儿子。她的先生格雷格成了事实上的"单亲爸爸"，还好有保姆和偶尔来访的祖父母给他帮忙。比彻姆说："孩子们少了母亲这边的陪伴,担子落到他一个人身上,还是挺艰难的。"格雷格拥有一家电影和广告制作公司,他不仅白天要带孩子,还要"料理家事,比如购买食品杂务、孩子的必需品、安排他们的休闲文娱活动"。

在比彻姆漫长的住院期间,先生格雷格承担了如此多的育儿职责,这让比彻姆对夫妇间的合作育儿越发抱有积极的态度。她说:"夫妇共同育儿并非严格的'你做饭我洗碗',而是要着眼大局——我们各自可以贡献什么,让我们的生活更顺利更美好?"

尽管比彻姆并不想与家人分开,她在采访中告诉我:"我在医院的工作效率很高呢。"在《财富》杂志一篇报道高管怀孕生子的文章里,她回忆自己起初对于怀孕产子感到紧张:"因为不想变得那般脆弱,不过我很快就习惯了。"[①] 这篇刊登于2019年的文章写到,她把员工召集到曼哈顿的医院里开会,在病床上跟桦木盒子的董事会成员开视频会议。

她甚至在住院期间谈下了公司与沃尔格林的合作协议,但她没料到会恰巧在自己提前生产的那天达成了交易。

那个12月,沃尔格林药店在几个大城市首次上架桦木盒子的产品——也是在同一个星期,比彻姆刚出生的女儿感染了危及生命的呼吸道病毒,所幸后来痊愈。

另一个不"适时"患病的高管彭妮·赫尔舍,在连续几次中风之后,仍在工作上交出满意的答卷。这位第一代超能妈妈在

[①] Emma Hinchliffe, "11 Female CEOs and Founders on What It's Really Like to Have a Baby While Running Your Company," *Fortune*, August 14, 2019. ——作者注

1996 年开始了她的高管生涯，出任简答公司的首席执行官。这是加州的一家初创公司，制造半导体设计软件。她的女儿梅拉妮当时才 4 岁，儿子塞巴斯蒂安 2 岁。

时年 40 岁的赫尔舍在 2000 年正准备带公司上市时第一次中风。这次中风导致她讲话含糊不清，在床上躺了 6 个星期。她的首席财务官不得不撇开她完成了一个待收购项目。

赫尔舍痊愈后，带领简答在 2001 年上市。我们在 2015 年初次见面时，她回忆："我当时仍在卖命地工作，没有一刻停歇。我喝了太多酒精饮品和健怡可乐，没时间锻炼身体。"

次年，她把公司卖给了软件公司——卡得斯设计系统（Cadence Design Systems）。2003 年她又接连两次中风，当时她是卡得斯一个分部的总经理。严重的中风导致她无法正常使用眼肌，有一年时间无法正常阅读。

她本打算回去继续工作的，可是："压力太大了，我当时不明白雄心壮志要付出如此大的代价。"赫尔舍辞去了卡得斯的工作，去国外旅行，重新审视她这种不计后果的生活方式。她说："你得承认自己不会长生不死。"第二轮中风之后，她说，"我狠狠地被敲醒了。"

这个科技行业的资深人士终于决定要好好照顾自己。这场危及生命的疾病迫使她严肃对待自己的健康问题。在 2004 年拿下商业分析公司初雨公司的最高职位后，她开始坚持健康的生活方式。

她不但饮食健康，坚持游泳，还确保每天有足够的睡眠。她管理初雨公司至 2015 年，任董事会成员至 2017 年。如今，她常劝告自己成年的子女要活得健康。她的意思是："在你辛勤工作的时候不要依赖健怡可乐和布洛芬（Advils，一种止痛药）。"

因为成长过程中目睹了母亲过度劳累几次中风,女儿梅拉妮早就吸取了这个教训。我采访她的时候,她对我说:"妈妈这几次中风之后,每次想到她随时会死去,我都害怕极了。我可不想对真正重要的东西——我的健康、我的家人表现得如此无知。"

不知孩子的病痛而苦恼万分

丹尼丝·拉莫斯和彭妮·赫尔舍一样,是一名雄心勃勃且精力旺盛的执行官。尽管有成功的管理职业生涯,但在面对儿子常年不明原因的持续性疼痛时,她仍然手足无措。直到2016年,医生才诊断出她28岁的儿子患有埃勒斯-当洛综合征——我女儿阿布拉患有同样的致残性遗传病。

拉莫斯回忆:"我儿子的病情复杂,让人揪心。我的工作已经很复杂了,一个人的精力只能应付这么多。"

1979年,拉莫斯在拿到了工商管理硕士学位之后,加入了大西洋里奇菲尔德公司(Atlantic Richfield Company),成为一名金融分析师。靠着自己敏锐的金融嗅觉和A型人格,她在这家全球能源公司和其他几家大型企业的职业阶梯上节节攀升。

拉莫斯的不懈进取与努力在2011年带来了成果,这一年她拿下了制造业联合企业ITT公司的最高职位。这位新上任的执行官每天凌晨2点就起床投入工作,她觉得自己有义务每天24小时待命。"真的没有时间去想去做别的事情。"

拉莫斯儿子的疼痛始发于高中时期。这时,拉莫斯已是"好吃"品牌的财务总监,该品牌旗下有包括肯德基在内的众多快餐连锁店。她的先生是全职爸爸,夫妇俩和一儿一女住在肯塔基州的路易维尔。

儿子身体不适的原因不明,他只好"自己给自己止痛",拉莫斯说:"他的疼痛要用好些鸦片类药物才能控制住。"儿子就读的高中以行为反常和滥用药物为由,停了他的课。他一次又一次转学,在学习上非常吃力。

拉莫斯告诉我:"他就是没法控制身体的疼痛,对我们一家来说那真是一段艰难的日子。"

儿子高中三年级时,拉莫斯第一次当上了首席财务官,而且还是长途通勤。她被美国家具品牌公司聘用,这是总部设在圣路易斯的一家大型制造商。

拉莫斯坚持要先生处理儿子的病痛问题。"我全身心都扑在工作和事业上。我关闭了生活的另一面。"她与我谈起当年,情绪激动,声音哽咽:"我应该更多地陪伴在儿子身边的。我先生尽了力……但是我没有尽到做母亲的职责。"

拉莫斯对儿子最需要自己的时候没有陪着他感到无限悔恨。她说:"那是我当年做出的决定。放到今天我会做出不同的选择。"也是因为期望与儿子重建亲密纽带,2019年62岁这一年她决定辞去ITT的"一把手"职位。

谈及今天的生活,拉莫斯说:"我和儿子之间可以真实坦诚地交流,他也感激我现在可以陪着他。我们现在非常亲密,他什么都告诉我。我们的关系与往年大不相同了。"

我们交流之际,这位ITT前总裁刚刚聘请了纽约最好的止痛专家。她知道儿子的余生都将与埃勒斯-当洛综合征共处。

照顾一个患有慢性病的成年人

我仍在学习如何照顾一个患有慢性病的成年人。比如，我为了写这本书而与女儿交谈之前，一直不知道埃勒斯－当洛综合征毁了阿布拉的全球职业梦想。

阿布拉毕业于芝加哥大学国际研究专业，之后在马拉维工作了7个月，又从布兰戴斯大学取得了工商管理硕士学位。她的下一任雇主派遣像她这样的组织顾问前往全球各个国家完成短期项目。

确诊埃勒斯－当洛综合征让她万分沮丧："我不得不放弃我本来看待自己的方式，不得不放弃我本来为自己设定的长期计划。"我与阿布拉在明尼阿波利斯郊外一家喧嚣的餐馆共进晚餐时，她对我吐露了这番心思。

她还告诉我："我真的很希望能拥有一份全球视野的职业，我想出国工作，去发展中国家生活。可是我不得不放弃这一切，因为这些地方无法提供优良的医疗保健，我的健康状况也不允许我去做这类工作。"

阿布拉失去的不仅仅是她梦想的职业道路。她忧伤地说："我还失去了朋友，失去了我的个性，因为我没法按照自己的意愿参与外面的世界。"

面对痛苦的现实，我意志坚强的女儿最终走出了强烈的愤怒情绪，抵达了一种近乎禅意的境界，并完全接受了这个生病的自己。她解释："文化上，我们看重一个人的价值，很大程度上是看他做了什么取得了什么成就。你得意识到你还是有价值的——哪怕你做的事情不是你最初想做的。"

2015年,她参加了埃勒斯-当洛协会主办的一场会议,这个组织旨在改善患有该综合征的人群的生活质量。她永远不会忘记自己看到的一则留言。一个与会者在白板上潦草地写下:"记住,你生而为人,不是生来必须要做什么的。"

与慢性疾病长期共存还教会了阿布拉:她是可以寻求帮助的。提出请求"让我变得更真实",她说:"我比常人有更多表达自己脆弱的机会。"

我问女儿,我和其他的职场妈妈们该怎么做,才能更好地帮助我们患有慢性疾病的成年子女。

她回答:"完成悲伤的几个阶段是很有意义的。"因为你的孩子不会好起来,就我的例子来说,"你得放下自己的期望值,这样你的女儿才能过上对她来说真实的生活——而不是你为她设想的生活"。

阿布拉感激我理解她因为疾病产生的需求,不过她也指出,她希望我在这痛苦旅程的一开始就可以表达更多同情。她说:"如果你能说'啊,听起来真的很艰难啊,真让人灰心,我能为你做些什么吗'这样宽慰的话,会对我有帮助。"

真正揪心的时刻往往发生在我们自己或身边的亲人生重病的时候。我采访了一些高管们,他们有自己的方式把疾病的考验转变成人生的关键时刻。有的人用自己专业的危机管理经验来应对这场困难。她们的人生课程或许可以帮到每一个职场妈妈。

一个重要的教训是:一定要把自己的生理和心理健康放在首位。想一想你是不是工作太勤奋,给自己放假不够?在工作中尽量展示你自己真实的一面吧。在疾病找上门之前,评估你和伴侣的育儿安排，看双方承担的职责是否平均。

另一个重要的教训是：在这样糟糕的情况下，责备自己没有尽到做父母的职责（我就曾这样自责）不是一个好主意。我现在认识到，职场妈妈的自责是一种腐蚀性的、适得其反的情绪。明智的超能妈妈们懂得如何舍弃这种自责情绪，下一章我将讲述她们应对自责的 10 个技巧。

第十章

职场妈妈别自责

我曾在《华尔街日报》发表了一篇写如何把母职和事业结合起来的文章，没想到文章一发表激起千层浪，我同时收到了来自男人和女人排山倒海的敌意。

我本想给孩子哺乳更久，可是在儿子丹 7 个月的时候我给他断了奶。第二天，《华尔街日报》用了一整版刊登了编辑收到的读者来信。这些读者信件的内容十分苛刻，有一个读者说我不是个称职的妈妈，若我回去上班会对我的儿子更好；另有 40 封措辞更刻薄的信没有被印刷，它们在我的办公桌上高高堆起。[1]

看到这些读者来信，我感到一阵阵反胃，更感到痛心。那天下午我早早地离开了华盛顿的办公室。从公交站走回家的路上，闷闷不乐的我按响了一个朋友的门铃。这个朋友是苏珊·维尔德

---

[1] Joann S. Lublin, *Earning It: Hard-Won Lessons from Trailblazing Women at the Top of the Business World*（New York: HarperCollins, 2016），144. ——作者注

斯特罗姆（Susan Wildstrom），她有两个儿子，同时也享受在高中兼职教数学课。

我坐在朋友客厅的扶手椅上，哭着跟她讲述我在《华尔街日报》发表了这篇文章后招致的读者毒舌回复。我向这位朋友坦言，这些来信把我搅得心绪不宁，我恨不得辞职算了。

"但是，你喜欢工作吗？"她问我。

"当然喜欢了，"我回答，"我不甘心当一个全职主妇的。"

"那你管他们说什么呢！"她回我。

朋友的话是对的。我们一家住在马里兰的郊外，我认为自己在家庭之外有一份工作，这样的我对儿子来说才是更好的妈妈。我更加坚定了决心，要当好一个职场妈妈。从这以后我再没有怀疑过自己的决定——尽管时不时地我会感到焦虑苦恼。我甩掉了20世纪80年代的狭隘社会规范强加给职场妈妈的自责感。

在当今美国社会，由于人们对性别角色的期望并无多少改变，许多女性仍无法摆脱作为职场妈妈的自责感。两代超能妈妈之中都曾有人被这种自责深深困扰。多数妈妈会断然拒绝这种自责感，因为她们认清了这是一种内耗的情绪。

梅拉妮·希利是宝洁公司在北美地区的第一位女性集团总裁，她一贯鼓励年轻的妈妈们甩掉自责。"当一个职场妈妈，给孩子树立榜样，你带来的正面效应太多了……而且孩子最需要你的时候你还是可以陪在身边。"希利说，与其为自己在工作日回家太晚导致晚餐延迟而自责，不如把这种负面情绪转换成正面思维，提醒自己"至少我们一家人在一起吃饭啊"。

她不出差的时候都会和孩子们一起吃早餐和晚餐，给他们读睡前故事。她告诉我:"和孩子在一起的时候,创造高质量的陪伴时间……可以帮你甩掉那种负罪感。"

钟彬娴是第一代超能妈妈,也是雅芳产品的第一任女性首席执行官。她通过放弃过于严格的自律而甩掉了一部分自责情绪,钟彬娴决定不再担忧自己是不是在两个小孩的运动会和自己的商业会谈二者间做出了明智的选择。

钟彬娴在 1994 年被这家化妆品公司聘为产品经理。她掌舵雅芳的 12 年间,还是一名单身母亲。在家庭和工作之间做出艰难的选择意味着"雅芳赢一天,孩子们赢一天",她在采访中说:"对我职业生涯帮助最大的一句话是'不要去想我现在不能身在何处',要活在当下。"

但是活在当下也不是那么容易做到的,这个信条也无法完全解除职场妈妈的自责感——X 一代执行官妈妈凯西·奥沙利文(Kathy O'Sullivan)可以做证。奥沙利文是大型会计和咨询公司安永会计师事务所(Ernst & Young)房地产业务的审计合伙人。她在 2013 年 6 月生下了三胞胎儿子,几周后她得知自己将被公司聘用为合伙人。4 年后她生下了女儿。

奥沙利文说:"我和孩子们在一起时,争取全心全意地陪伴他们。这样我就不内疚。"

相信"要陪伴就全身心陪伴",奥沙利文在 2018 年感恩节前夕带了 4 个孩子陪她一起去采购食材。那一年的感恩节,她和先生在家中举办盛宴,邀请了 33 位客人。那个星期六,她的先生在纽约皇后区家中整理床铺收拾家务,她则带着孩子们走走停停采购食材。

她说:"只要能跟我在一起,孩子们就很开心。"可是没开心多久,她就发现儿子们把购物车里塞满了自己喜欢的零食。

她懊悔地说:"我的购物车里堆了 3 袋奥利奥饼干。为什么没把他们留在家里让先生照顾呢?不带他们出门就容易多了。"她觉得自己是因为平时陪伴孩子不够,对此感到内疚,所以才要带着 4 个小孩子一起陪她购物。

伊芙·罗德斯基在她的《公平竞争——太多事务缠身(太多生活要过),该换个方法了》一书中写道,职场爸爸们通常不会有类似的负罪感:"近来针对职场妈妈自责情绪的研究表明,职场妈妈比职场爸爸的自责情绪要严重很多,尤其在错过了'本该和孩子在一起的'那些时刻,母亲的自责情绪更为明显。"①

有几个当代的超能妈妈就直言不讳地批评母职惩罚带来的自责。天狼星 XM 电台(SiriusXM Radio)卫星广播公司的企业金融部副总裁邦尼·李(Bonny Lee)说:"职场妈妈的自责完全是社会一手打造的。"我们的采访约在 2018 年,她有一个 10 岁的女儿弗朗西丝卡(Francesca)和一个 8 岁的儿子裘德(Jude)。李上班的地方在曼哈顿中城一家写字楼,那天大厅里回荡着弗兰克·辛纳特拉(Frank Sinatra)响亮的歌声。

"我对于自己要工作这一事实并不感到抱歉。我甚至对于有时需要选择工作而不是陪伴孩子,都不感到抱歉。"这位 43 岁的执行官说:"我看重的自我价值很大程度上来自我的职业成就。我不

---

① Eve Rodsky, *Fair Play: A Game-Changing Solution for When You Have Too Much to Do（and More Life to Live）*（New York: G.P. Putnam's Sons, 2019）, 76. ——作者注

在乎人们是否认为这是肤浅的表现,因为我的工作太重要了。"

我采访了不少超能妈妈们,她们都说,甩掉职场妈妈的自责给自己的职业和孩子都带来了正面效应。以下是她们摒弃自责的10个小窍门。

寻找并留住一个优秀的育儿者

一个职场妈妈要想在工作上有所作为,没有什么比得到可靠的、高质量的育儿者更重要的了。有的高管前辈如律师安妮·韦斯伯格几十年雇用同一个保姆和保洁员,让自己可以安心工作。"要不是这样,我也没法取得今天的成就,"这位宝韦斯事务所的高管说,"你得先把育儿问题解决好,才好投身自己的事业。"

明迪·格罗斯曼的职业轨迹也是得益于一个长期稳固的保姆帮她带孩子。格罗斯曼曾两次带领上市公司,她在自己的独生女伊莱莎白(Elysabeth)18个月的时候雇用了保姆莱斯比亚·雷兹(Lesbia Raez)。

格罗斯曼对雷兹很满意,觉得她是自己的"秘密武器"。保姆和女儿丽兹之间感情深厚,这让她"倍感欣慰",她说:"我们都是一家人,齐心协力解决生活中碰到的难题。"

2000年左右,格罗斯曼在确认雷兹可以来帮她带孩子后才接受来自耐克的工作邀约,管理耐克的全球服装业务。这家运动鞋巨头总部在俄勒冈州的波特兰市。她接受这份工作意味着要在家和公司之间长途通勤。

格罗斯曼与保姆雷兹、先生尼尔一同商讨这个新工作可不可行。雷兹必须在尼尔上班之前赶到家,如果他要出差,雷兹还得陪孩子过夜。保姆认可了她的新工作日程安排,格罗斯曼才正式履新,管理耐克公司全球服装这一大部门。①

当时她是公司高级管理层的唯一女性。在耐克任职期间,她有一半的时间都用来飞往东部探望家人。格罗斯曼不在家的日子,雷兹加倍付出照顾尼尔和丽兹。她早上 6 点就开始工作,有时在他们的曼哈顿公寓工作到晚上 9 点甚至更晚才离开。

格罗斯曼执掌耐克的 6 年时间里,耐克的全球服装业务营业值增长到 40 亿美元。接下来,她当上了家庭购物网络零售商 HSN 的首席执行官。2008 年 8 月她和高管同事们一起带领 HSN 上市,公司重新开始盈利,还成功转型到电子营销模式,她也因此赢得了声誉。2017 年,格罗斯曼接管 WW 国际,这是一家饮食健康公司,之前的名字叫慧俪轻体。

格罗斯曼深知保姆的价值,把她一留就是 20 年。我们约见在 WW 国际位于曼哈顿总部的办公室。她告诉我,丽兹上大学后,保姆雷兹"转而照顾狗狗,打理家务"。她的办公室面积不大,还堆满了二十几张家人照片,几乎没剩下多少地方留给她办公。

雷兹参加了丽兹的婚礼和婴儿送礼会②。格罗斯曼说:"我们每个假期都会通电话。她会来家里做客。我们至今都非常亲密。"

劳里·西格尔的保姆波莱特极大地帮她缓解了自己的自责。波莱特连续 7 年每天详细记录孩子们的日常活动。西格尔曾是人

---

① Joann S. Lublin, *Earning It: Hard-Won Lessons from Trailblazing Women at the Top of the Business World* (New York: HarperCollins, 2016), 153. ——作者注
② 婴儿送礼会是指专门为准妈妈和即将出生的小宝宝准备的产前派对。——作者注

力资源高管,她说:"这让我了解到孩子们每日生活的重要细节。我与他们对话也有内容可聊。比如问他们为什么打架,今天的游泳课上得怎么样。"

我们约见时,西格尔小心翼翼地递过来一本陈旧的黑白作文笔记本,里面是保姆记载的她两个女儿的日常生活。有一句手写的话是朱莉亚和爱玛"在上完芭蕾舞课回家的路上闷闷不乐"。翻到另一页,波莱特写道,爱玛"今天一天都不开心,没来由地大发脾气"。

如今两个女儿都成年了。西格尔扔掉了她们儿时的画作和她们从夏令营、冬令营写来的信,却舍不得扔掉保姆写的这些日常记录。她说:"这里记录了我孩子们的整个童年啊。"

有些超能妈妈需要两个保姆的帮衬,才能应对繁忙的生活。她们在相对年轻的时候就赢得了一份薪水丰厚的工作,因此可以负担额外的开销。美国银行高管劳拉·切普卡维奇在2018年生下第4个孩子后,就聘用了第二个保姆。

她的全职保姆每天从早上7:30工作到晚上6:00,下午2:30到7:30之间还有一个兼职保姆过来帮忙。切普卡维奇通常在6:30回到家。她说自己"到家后可以上楼换个衣服,花几分钟整理好自己",然后再跟第二个保姆一起给孩子们洗澡。

当然了,能赚到足够多钱请得起好几个保姆并非一般职场父母所能。不过也有不那么费钱的解决方案,比如和别家共享保姆,或者和全职妈妈们换着带孩子。卡夫食品的前任联合执行官贝齐·霍尔登就偶尔求助邻里妈妈照看她的儿子和女儿。作为回报,她会邀请邻里妈妈的孩子们在星期五的晚上来她芝加哥郊外的家中品尝卡夫试验厨房推出的新产品。

埃米·韦斯特维尔特在《别想拥有一切：美国社会如何搞砸女性育儿，又该如何解决》一书中写道："你应该创建属于你自己的一群'异亲族'（alloparents）。"她在书中给"异亲族"的定义是：一个社区来自各家的一起承担养育孩子的责任的成人们。她建议读者"与社区其他父母结成紧密小团体，选择那些你可以轻松与之交换育儿职责的人"。①

让孩子在你的职场生活中发声

梅拉妮·希利在儿子和女儿小的时候常常出差，这也是她在宝洁公司频频获得晋升的一段时期。她回忆说："孩子们从来没有让我为此感到内疚。"

一个重要的原因：希利每次出差之前都会对儿子和女儿解释缘由，让孩子们觉得自己在妈妈心里很重要。她在儿子尼克5岁、女儿杰姬3岁起就开始这么做了。等孩子们到了学龄，这位超能妈妈会在和孩子们玩曲棍球游戏时，告知他们自己即将踏上的差旅。

"我想要你们知道，我一直想着你们。我为你们加油。""等我回来的时候，咱们一起玩下一场游戏。"她还鼓励孩子们从校历上选择他们认为最重要的，希望妈妈参加的活动。

为了写这本书，我采访了希利，她向我详细地阐述了她的方法。希利说，教孩子参与职场父母的决策过程可以"让事情一开

---

① Amy Westervelt, *Forget "Having It All": How America Messed Up Motherhood—and How to Fix It* (New York: Seal Press, 2018), 37. ——作者注

始就有一个积极的全方位走向"。

达娜·斯皮诺拉是一名第二代超能妈妈,她为了让3个儿子融入自己的职场生活,做出了更多也更不寻常的努力。斯皮诺拉在亚特兰大创立了精品服装连锁店法布里克,为此她组织了一群个人"董事会成员",并把3个儿子安插了进去。这个"智囊团"提醒她时刻记得自己的工作和生活目标。

斯皮诺拉说,和孩子们在一起时,是他们提醒自己不要太过关注工作。"他们比任何人都有智慧,其实他们并不会说'我需要你陪我',除非在真的需要的时候。"基本每周一次,就有一个儿子行使自己的"董事会成员权利",要求全家人一起看一部电影。

一家人共享影片的晚上,"我决不工作",斯皮诺拉说。工作项目、电脑、手机统统都禁用,因为"这是全家人看电影的时间"。

带上孩子一起出差

像斯皮诺拉一样,不同于前辈超能妈妈们对于职场妈妈自责感这一问题只是拨弄皮毛,哈密尔顿真的对症下药了。毕竟,婴儿潮一代的妈妈们很少为了和孩子们相处一天而缺席工作。

哈密尔顿作为全球资讯公司埃森哲的执行董事,从2018年9月开始,为3个儿子每人都设置了一个"妈妈日"。当时大儿子提奥(Theo)刚刚满4岁,双胞胎儿子威廉(Willian)和马库斯(Marcus)还在学走路。

每个季度她都从自己的年假中抽出3天,带一个儿子去旧金山的博物馆、公园。她说："我要给每个孩子单独创造回忆。"

最初她本想每个月都安排一次和儿子们的出游，后来发现这目标难以企及。她说："从长远来看，我们在一起创造特别的回忆——这些回忆越稀有大概就越珍贵吧。"

"妈妈日"对她的3个儿子来说总是充满魔力的时光。哈密尔顿回忆，儿子提奥在加州科技馆看了戴水肺的潜水员之后，"对潜水深深地着迷了好几个月"。她的双胞胎儿子喜欢的地方有钟塔高楼、带旋转木马的儿童创意博物馆。

从大家庭寻求帮助

两代超能妈妈之中，有不少是自己的妈妈帮着带孩子的，她们因此不容易为自己的职场妈妈身份感到自责。一个典型的例子就是信用卡发行商同步金融的首席执行官玛格丽特·基恩。

基恩在1989年生下儿子布莱恩时，是花旗银行的一名中层管理员。回去上班后，她每个工作日的早上都把孩子送到妈妈家。基恩妈妈的住处离她在纽约布鲁克林的家不远。基恩的先生杰瑞（Jerry）是曼哈顿一处公寓楼的门卫，他下班后去岳母家接布莱恩。

夫妇俩的女儿凯蒂在1992年出生，她2岁时，基恩的母亲搬来与他们同住，这一住就是22年。母亲每天都准备晚饭，基恩说："我的孩子们每天同一时间都能吃上饭——不管我回家没有，6点准时开饭。我很少在饭点准时赶回家。"她把自己晚回家归咎于长途通勤。

"我妈妈是个了不起的人物，是个大格局女人，"基恩缅怀往日和母亲一起生活的时光,"她什么都会做。"2017年母亲在89岁的高龄去世,基恩为她送终。

腾出时间关爱自己

身为高清视频播客网站维密欧(Vimeo)公司的领导,安贾莉·萨德(Anjali Sud)的工作时间很长。维密欧是美国互动媒体(Inter Active Corp,简称IAC)集团旗下的网站,帮助电影制作人、小企业主和其他视频制作人制作和发行网络视频。萨德管理的团队有600余人。

萨德之前是一名投资银行家,2017年年中,IAC宣布任命她为维密欧首席执行官,那一年萨德才33岁,是IAC部门最年轻的领导。2018年,维密欧创收高达1.6亿美元。

工作日的晚上和周末,萨德都会尽量和儿子萨文(Saavan)相处。萨文出生在2018年11月。不过,每个星期天,萨德都拿出两小时时间给自己。

"我需要……与自己相处。"她的产假一结束我们就相约在她位于曼哈顿二楼的办公室。那天她身着一件宽松蓝毛衣、紧身牛仔裤,坐在一面宽大的白板前与我交谈。

她的先生马特(Matt)是一名全职投资家。萨德每个星期天独处时,马克也很享受和儿子的父子时光。她双手抱膝,告诉我,她会戴上自己的蓝牙无线耳机,"在城市里走走停停。要么买杯咖啡,处理一些琐碎事务,或翻阅一本名人杂志"。有时她也会约上三五好友在星期日吃早午餐。

"我非常主动且明确地要让自己每个星期恢复活力,"她指出,"这些时间花在我自己身上,我真的没有一丝一毫自责感。"

这样做的结果是,她甚至比当妈妈之前更享受这份高强度高压力的工作。萨德说:"拿出一些时间关爱自己不但让我成为更高效的首席执行官,也帮助我成为一个更轻松、更快乐、更有满足感的妈妈。"

花闲暇时间在自己身上而不感到自责,对许多父母来说都是一个挑战。为人父母者和没孩子的人相比,更会为花时间在自己身上而感到自责。线上美容公司桦木盒子在2019年进行了一项针对1070个成人的调查,没有孩子的受访者里面有26%对于时间花在自己身上感到自责,这个比例在有孩子的父母那里是36%。

许多第二代超能妈妈已经认识到,花一点儿时间关怀自己,其实可以让她们成为更好的高管和更好的妈妈,从而减轻作为职场妈妈的自责感。有的人在家里安装了尖端家用健身设备帮助自己维持健康,比如美国互动健身公司佩洛顿(Peloton)出品的高科技健身自行车。用户可参与实时直播的健身课,女性还可以加入佩洛顿妈妈的脸书群。

切普卡维奇传统殖民式风格的房子里就有一套佩洛顿设备,设备放在客厅旁边的一间屋子里。这位银行高管跟我说:"佩洛顿完全改变了我的健身方式。我不必开车去健身房了。"

切普卡维奇喜欢每周两次在早上4点50分骑她的固定自行车。孩子们入睡之前喜欢围在一旁,一边看她踩踏板一边玩儿。"如果我选择减重模式,孩子们会一齐上来,和我一起运动。"

还有一位第二代超能妈妈埃米莉·夏达克(Emily Chardac),

她在全球资产管理公司古根海姆合伙人（Guggenheim Partners）公司工作的4年时间里没有制定任何健身计划。我们约谈之时，这位34岁的执行官有两个学龄孩子和一个学步的孩子，是古根海姆合伙人公司人力资源部门的"二把手"。

我们在2020年1月再次约见，夏达克刚刚辞去高位，成为一名全职人力资源顾问。她说自己厌倦了每天回家都觉得耗尽了精神、疲惫又没有方向感。"这种自责是自己给自己的。我问自己'我在给孩子们树立怎样的榜样？'我对答案并不满意。"

如今当上自由职业者，夏达克可以全权掌控自己的时间和日程安排。在成为独立顾问的第一周，她就拿出大量时间让自己去上普拉提、瑜伽、芭蕾舞训练班。

"客户为我的专业知识和我平衡工作生活的能力买单。我需要找到新的方式照顾好我自己，"她说，"如果我可以真诚坦荡地生活，我希望作为职场妈妈的自责会成为一闪而过的念头。"

简化你的优先事项

职场妈妈的时间是宝贵的。身为家得宝公司副总裁，已经很忙碌的斯泰茜·覃克还要腾出时间担任5家非营利机构的董事会成员。她的秘诀是什么？她把一天活出了25个小时。

"通过'简化所有能简化的工作'，你会感觉自己赚了一个小时。"我采访覃克时，她说，"在次要事务上提高效率，你就有更充足的时间处理重要的事情。"

覃克精心安排自己的日程，为的是尽量减少不必要的压力和重复劳动。她组装了一个数码照片文件夹，里面是自己的商务着装，搭配了合适的鞋子和首饰。只要看一眼合适的穿搭组合，她就能为频繁的商务旅行快速打包。

她还买了一种特殊的毛巾，吹干头发的时间比从前少70%。覃克留着一头长褐发，以前要15分钟吹干，现在只需要3分钟就能吹干。

在覃克看来，设计高效率的策略就像玩一场游戏。赢得了这场游戏意味着有更多时间和她的两个儿子相处——从而减轻她作为职场妈妈的自责感。

学会战略性地歇息

有几位超能妈妈克服自己职场妈妈自责感的方式是，暂时离开她们的高压岗位去休假。如今光辉国际的副主席简·史蒂文森在2009年休假一年，以便和两个孩子——八年级的埃米莉和五年级的乔纳森建立更亲密的母子关系。当时史蒂文森就职于光辉国际的竞争对手猎头公司海德思哲国际，已经做到了合伙人位置，是公司创收最高的员工。她负责公司最大业务板块——首席执行官的招聘。她说："当时的我是蜡烛三头烧。"

我问史蒂文森，为什么要在近50岁，在自己取得巨大的职业成就时去休假。

她回答："每个人都说，'小孩到了一定的年龄就不再喜欢你'。我不想错过这段时期。"

但从职业立场来说，她承认："这是个可怕的决定，我也没少焦虑。"海德思哲坚持要她在休假期间仍然承诺创收 100 万美元。

史蒂文森是一个基督教徒,她在签订法律条款之前,会进行祷告。她回忆:"我需要休一个长假,这仿佛是种召唤。我说,'神啊,你知道我是怎么走到今天的'。我不知道接下来该怎么办,但是我决定签了这个协议,因为我要休假一年,一切都会水到渠成。"

她休假的那一年,为公司创收了 200 万美元,而且没有为业务拓展打过一个电话。当企业客户有新的用人需求找到她时,她就把客户引荐给相关的同事处理招聘需求。她说:"我这一生辛勤的工作终于获得了回报。"

这次长期休假还让史蒂文森当上了儿子乔纳森在学校的"课堂妈妈",还能陪着女儿埃米莉参加为期一周的班级旅行。"拿什么我也不换那一年,那是我一生中最快乐的一年。"她觉得职场妈妈若想摒弃自责感,休个长假是个不错的选择。

史蒂文森这次休假的经历,是她掌握生活和工作钟摆的一个缩影。她成年的女儿对我说:"妈妈教会了我如何全心全意投入一件事。"这意味着"工作就全身心工作,在家就全心陪伴家人"。

听到女儿埃米莉的话,一向镇定自若的史蒂文森哽咽了。她忍着不让泪水流出,说:"我一辈子都在竭尽全力。你比自己想象中的更能干。但是你得接受自己的选择。"

当然不是每个人都可以休几个月的假。休一个短暂的假期,哪怕拿出一周或一天,约别的小朋友来家里玩,借机感谢那些在危机时刻帮你照顾过孩子的全职妈妈,也是值得的。

每天练习钟摆术

要做到对自己的选择没有愧疚，有时候需要坚守自己职场生活的原则。亚历克西斯·迪雷斯塔在2012年就有一次捍卫自己价值观的经历。当年她32岁，已经做了母亲，一家小型化妆品生产商邀请她成为产品发展部的副总裁。

这个高级职位开出的薪水要比她当时的薪酬高出3万美元。迪雷斯塔明确自己想要第二个孩子，就询问了这个家族企业的产假政策。

企业主承诺她："我们没有正式的产假政策。但是我保证给你3个月的产假。"

她询问："你们为什么没有一个正规的政策呢？"

企业主回答："因为我不可能让每个人都休产假。"

在这里产假是非正式福利，是高层才有的特权，这让迪雷斯塔感到愤怒。她说："如果我作为高管才能享有产假，而一个身为助理的员工没有产假，这不是说一套做一套吗？这不符合我的立场。"

迪雷斯塔拒绝了这家公司的工作邀约，并将这个理由陈述在她的拒信里。她在信中说，自己立志要成为年轻女性的榜样，而公司的产假福利政策与她的价值观不符，这让她感到严重不适。她写道："对我来说，最重要的事莫过于别人眼中的我和真实的我是一致的。"

许多年后她从雅诗兰黛离职，在后续的工作面试中，她坚持了同样的原则。她会告知面试官，自己把两个孩子放在第一位，如果有紧急家庭事务,她得离开公司去处理。

她自2019年秋季开始掌管旅行用品公司"出发"的一个新部门。"出发"尊重她把家庭放在第一位,允许她每周的工作日中有两天在家办公。遗憾的是,2020年9月因为疫情引发的经济低迷导致她被公司裁员。

杰莉·德瓦德在1990年初期就经历了一场工作与生活冲撞的考验:一个重要工作会议的时间正好与女儿学前班的游戏派对安排时间冲突了。身为皮尔斯百利公司的营销经理,被邀请参与一个重要高管主持的会议,她倍感荣幸。

"我当时想:'天啊,这场会议太重要了。女儿学校的游戏我就不能参加了。'我记得自己整晚睡不着,内心矛盾又自责,不知道要怎么开口告诉女儿我去不了她班级的游戏派对了。"

接下来的几个晚上德瓦德还是无法入睡。就在女儿布鲁克游戏派对的前一天,她改变了主意,决定缺席皮尔斯百利的那场重要会议,她说:"我无法不去陪伴女儿。"她的老板是个职场爸爸,对她这一选择表示支持。

这一事件说服了德瓦德不以工作标准和职位高低衡量自己的价值。她说:"工作很重要,但那不是我生活的全部。"德瓦德后来当上了欧迪办公的执行副总裁,于2020年3月离职。

支持全职爸爸

一个全职在家陪孩子长大的爸爸可以保障在职场打拼的妈妈不必有任何内疚感。不过,要想这一招管用,超能妈妈要做到:

一不去事无巨细地干涉全职爸爸,二要懂得表达自己的感激之情。

以天狼星XM电台副总裁邦尼·李为例。她在中国香港出生,2岁的时候和父母移民美国。李从14岁就开始兼职工作,2013年还是金融规划经理的李被天狼星XM电台聘为高管,这也是她人生中的第一个高管角色。

李的先生山姆在2018年6月辞去了安永会计师事务所的顾问一职,从那时起就一直在家照看学龄的孩子。她在采访中说:"(一开始)他对自己不上班很敏感,害怕我会……把他当作用人一样呼来喝去。"

山姆的担忧成真了。一天晚上吃过晚餐,李要求丈夫去把盛着生肉的盘子洗了。"大概我的口气是在命令他做事。他冲我大发脾气。"

现在,当她觉得先生作为全职爸爸有做得不好的地方,会犹豫再三要不要说。她说:"这是我们家一直要面对的一个现实问题。"

宝洁公司的老员工梅拉妮·希利的丈夫布鲁斯在1998年结束了自己的保险管理职业,一门心思照顾两个孩子——尼克和杰姬,对此希利充满感激。消费品巨头宝洁公司刚刚把他们全家从巴西搬到了委内瑞拉。获得这次晋升的希利负责宝洁在拉美地区的女性用品业务。

希利说:"布鲁斯很快就成为史上最棒的全职爸爸。这让我大松了一口气。"

希利在这个职位上一直做到宝洁再次提拔她,这一次她搬到了美国,出任女性产品的美国地区总经理。2009年,她接管宝洁整个北美地区业务。

希利在八年级时就认识了先生布鲁斯。在她眼中布鲁斯也是一个"好妈妈"。孩子们小的时候，夫妇俩会一同庆祝母亲节。她鼓励孩子们在她的节日对爸爸说一声"父亲节快乐"。

希利感激地说："我的伴侣为了家庭不惜放弃自己大有前途的事业，全身心养育两个了不起的孩子。少有男人有这个勇气。"

接纳自己的不完美

超能妈妈们摒弃自责感的另一个办法，就是接纳自己在家和在职场的种种不完美。对好几个第一代超能妈妈来说，这条自我发现的路走了几年之久。

"如果你要追求完美，那么只会两头失望，怎么做都不会幸福。"好时公司的高管米歇尔·巴克说。不过，直到她坐进了该糖果制造商的角落办公室，这之前她也没能做到完全接纳自己的不完美。"如果你足够优秀可以攀到企业阶梯的顶端，"她说，"那么我想不完美也是可以接受的。"

明迪·格罗斯曼在管理耐克公司全球服饰业务时，也力争当一个完美的妈妈。她解释说，力争完美是因为她"唯一知道的生活方式就是控制，一切都按照计划有条不紊地进行"。

她力求完美的计划却进行得并不完美。有一回，格罗斯曼从波特兰飞回纽约，一到家就立即开始整理她曼哈顿的公寓——当时已经凌晨1点了。先生尼尔非常不满："你总算回家了，这就是你现在要做的事？"

格罗斯曼从前相信,那些因为耐克的工作而缺席女儿丽兹成长的时光,可以通过带她参加国际商务差旅(比如环法自行车赛、世界游泳锦标赛)来弥补。格罗斯曼讲话语速极快,她说:"我以为我让她参与我的职场生活也是陪伴她一起成长的好机会。如今看来,我更希望自己当年创造了更多与工作无关的母女独处机会。"

格罗斯曼成年的女儿说,她也希望自己曾经在这些旅程中可以有更多的时间和母亲相处。丽兹·格罗斯曼-西尔盖(Lizzy Grossman-Sirgey)如今是一名全职妈妈,她说:"我自愿不工作,就不必做出类似的选择。"她的两个女儿分别出生在2017年和2019年。

"我承诺我们再也不会分开超过3个星期之久。"刚升级当上祖母的格罗斯曼在接受WW国际最高职位之前,这样对女儿说。作为这家饮食健康管理企业的首席执行官,她信守了自己的诺言。不但如此,她每天都跟女儿交谈5—8次,其中3次是吃饭时的视频聊天。

我问格罗斯曼:"你是为了弥补自己过去没能陪伴丽兹的时光吗?"

"可能有这个因素吧。"她承认。如今回头看,"完美不是解决方案"。她说"应该在她最需要你的时候陪伴在身边"——在你不能陪伴的时候,也无须责怪自己。

法布里克的达娜·斯皮诺拉曾力争当一个完美的职场领导,无奈失败。尽管她很想和同事们、和职场上的联络人保持更密切的联系,却忙到累积了30万封邮件没有时间处理。"我的自责有30万封邮件之多,"她承认,"我欠这些人的,也没法还清,因为我自己已筋疲力尽。"

2017年9月，她的工作倦怠症一度恶化到同事们强迫她休假。斯皮诺拉后来逐渐恢复工作，到2018年初期才全职回归。她的职位换成了首席远见官，这一任务相对轻松，她也调整了自己的工作节奏。每个星期天的晚上她都在一张记事板上安排下一周的工作，她会用红笔标出没有妥协余地的工作和家庭事务，那些可商量的事务则用绿色笔标记。

斯皮诺拉意识到自己在某些方面不足，但在其他方面擅长之后，就放弃了追求完美。她指出，像她这样的职场妈妈曾经都期望自己可以是"面面俱到"的一代。尽管这是一个不现实的目标，至少"我们这一代……开启了这番对话。我们在问工作和生活交融的问题。我不再为了不让电话那头的男人知道我有孩子而躲进壁橱开电话会议"。

我采访的两代超能妈妈都曾为自己职场妈妈的身份感到自责，这让我很伤心，这充分证明了美国社会应当更加善待职场父母。而另一方面，看到这些超能妈妈为摆脱自责感而精心设计的各种策略，我也倍受鼓舞。她们之中，有的为孩子设计了"和妈妈共处的一天"，有的高效处理日常琐事，有的安排时间照顾好自己的身心，还有的妈妈积极地支持她们全职在家的配偶。

第二代超能妈妈，如斯皮诺拉、哈密尔顿、覃克、迪雷斯塔，相较于第一代超能妈妈，在减轻职场妈妈自责感的道路上已前进了一大步。下一章将探索超能妈妈就职场妈妈身份自我评价做得好和做得不够好的地方，还有两代人对彼此的评价。

第十一章

当今与往昔

身为职场妈妈,在人生的几个关键转折点,我都觉得自己是一个人。我最初体验这可怕的孤独,是在年近30岁,《华尔街日报》老板宣布要提拔我为美国某分社社长。

如获得这次晋升,我将成为《华尔街日报》的首位女社长。但我婉言谢绝了,因为我和先生迈克准备要孩子。同时当上主管和妈妈在我看来是不可并行的——更不要说我的公司没有一个有孩子的女性担当经理一职。

1983年晚期,《华尔街日报》准许了我4日工作制,这在当时并非惯例,我再一次感到孤独。接下来的3年,每个星期五我都和孩子们一起度过,可是我没法让同事知道我缩短的工作周是多么快乐,因为我不想透露自己和公司达成的这个特殊协议。

和许多婴儿潮妈妈们一样,我觉得自己在工作中不得不担当独行侠的角色。现在看来,我当年错失了一个良机,我本可以帮助改善《华尔街日报》女员工的工作和生活质量，我本可以在几十年前就大力提倡公司应该有更多的女经理，也应该大力倡导将缩短工作日列为正规的政策。

当然了，我现在这么想，是事后诸葛亮。这也是我为什么要采访超能妈妈们，我希望她们可以分享那些让她们记忆深刻的、属于职场妈妈的成就和短板。就前辈和后辈做得好和不够好的地方，两代妈妈们都分享了自己的见解。

婴儿潮那一辈的超能妈妈们作为开拓的一代，她们的伴侣很少参与共同育儿，雇主也不够支持，同时身边缺乏有孩子的可以共情的女性导师，这一代妈妈一路跌跌撞撞。佩姬·戴奇（Peggy Daitch）说："感觉自己是一个人在孤军奋战——身为一名超能妈妈，要独自闯出一条路来。"她是杂志发行商康泰纳仕（Condé Nast）集团的前副总裁，有两名已成年子女。

通用电气的第一任女副总裁贝丝·科姆斯托克补充道，她们单凭一己之力是没法改变职场环境的。"我们要主动大方地寻求帮助，不要觉得问心有愧。"

《魅力》杂志的前高管吉纳维芙·罗思认为，前一辈妈妈们不愿寻求帮助来减轻自己育儿的负担，这阻碍了她们的职业发展。她们的焦虑"导致没有一个妈妈们可以共享的支持系统"。与我分享这番话时，38岁的罗思已是"看不见的手"联合创始人之一。罗思的运营理念不同，她在关键岗位上都雇用当了妈妈的女人，因为她"从没见过有谁可以比职场妈妈更高效"。

像罗思这样的超能妈妈得以享受前人栽树后人乘凉——她这一辈的妈妈们还有先进科技、更平等的社会态度，以及更愿意善待职场父母的雇主加持。

科姆斯托克说,今天来找她咨询的年轻妈妈们看起来要镇静得多,因为她们"觉得自己可以把事情料理妥帖"。可是就算这些妈妈们可以在工作和生活之间自如摇摆,也没法完全甩掉内心的自责感。科姆斯托克说:"这样的案例我见过很多。她们觉得自己必须面面俱到。"社交媒体对这些妈妈更是糟糕,因为网上那些图片展示的是完美平衡的生活。

以下是两代高管妈妈们看待现今和往昔的6处不同:

当今:被科技服务而非为科技服务

餐馆连锁店"焦点品牌"的年轻高管卡特·科尔说:"今天你要担心的事一样多。"我们相约在亚特兰大一家咖啡馆,店里放着轻音乐,科尔来晚了,因为她刚撞上一场育儿危机——她保姆的母亲突然过世,科尔把自己的孩子小海(Ocean)交给一名临时保姆照料。

我们相约吃早餐,才吃到一半,科尔的手机开始震动。临时保姆发来短信:"你儿子还在睡觉,我要不要叫醒他?"此时是早晨8点45分。

科尔立即把屏幕切换到宝宝监视器摄像头拍下的图片——小海睡得正香甜。科尔自问自答:"他什么时候入睡的?哦,摄像头说,8点19分。"

这是40岁的科尔第一次做妈妈,她知道了孩子是几点入睡的,便给临时保姆发短信:"你9点45分再叫醒他吧。"科尔说,随时随地都能接触到高科技"让你面对未知的时候不会惶惶不安，因为可以跟保姆实时在线交流"。

科尔喋喋不休，说了一连串用得上的应用软件，其中有一个网站，用来识别全国范围内拥有资格证的保姆，还有一个为新手妈妈建立的网上帮扶机构，声称能为新手妈妈们"立即减压"。她说："（与20年前的超能妈妈们比起来）如今我们拥有的信息和资源真是有了翻天覆地的变化。有了这些渠道，我相信自己哪怕有了孩子，甚至好几个孩子，我还可以继续过着相对不变的生活。"

科尔在2019年生下了第二个孩子，3个月后回归自己的高管职位。

科技让劳拉·切普卡维奇和自己的4个孩子联系得更紧密。身为美国银行高管，她每天清晨5∶30就要离家去上班，她会在单位与孩子们视频聊天。切普卡维奇每个星期一、星期二、星期四的早上8点都留出15分钟，在她曼哈顿办公室的隔音间分别跟每个小孩视频聊天。

他的大儿子出生在2010年，她会问他："你刷牙了吗？今天穿什么？带好了作业吗？"

科技让最新一代的超能妈妈们有了更多的主动权，最大程度减少与伴侣在家务分配上的摩擦。夫妻通过"使用为职场设计的项目管理软件分配家务活，跟踪待办事项，以此达到家务劳动的公平分配"。《华尔街日报》在2019年11月报道："使用数字化项目跟踪管理从根本上改变了游戏规则。"[①]

[①] Julie Jargon, "Honey-Do List Goes Digital," *Wall Street Journal*, November 6, 2019. ——作者注

据社会学家凯特琳·科林斯调查,在那些耗时耗力的任务上,美国的职场妈妈们比欧洲的职场妈妈们更依赖科学技术解决方案。她这一结论来自与美国、瑞典、德国、意大利的135位妈妈的对话。

科林斯在她2019年出版的《为母之道:女性如何管理事业和育儿》一书中写道:富裕的美国母亲们"使用食材配送服务、网上购物服务、家政保洁和保姆、智能手机应用软件,并通过共享日历管理家庭复杂的时间表和待办事项"。①

不过,第二代超能妈妈对科技解决方案的广泛使用也有一定风险。美国最大的线上保姆市场网站"照料"(Care.com)就是一个例证。我采访的好几位超能妈妈都从这个热门网站上聘用过保姆。2019年,《华尔街日报》报道该网站对其发布的保姆审查不够透彻,已发生过好几起悲剧。有的保姆甚至有过往作案记录。

《华尔街日报》的这篇深度调查记录了这个在全球20个国家有3500万注册会员的公司,实际却将大部分背景审查的任务扔给了需要聘用保姆的家庭,让他们自己去确认网站上发布的某一个保姆是否放心可靠。《华尔街日报》指出,这一网站并不做全面的背景调查,也并未验证这些求职保姆的资格证是否真实有效,更没有对网站上的日托中心进行任何背景审核。该报道发出后,网站首席执行官请辞,这一网站在2020年被卖给了IAC集团。同年6月,"照料"同意支付100万美元民事罚款和赔偿金,以解决

---

① Caitlyn Collins, *Making Motherhood Work: How Women Manage Careers and Caregiving*(Princeton, NJ: Princeton University Press, 2019), 241. ——作者注

有关虚假背景调查和未经客户批准自动续订的指控。①

首领是一个为女性领导成立的私人俱乐部,其联合创始人之一林赛·卡普兰对科技有所忌讳,因为担心母亲们会受到伤害。"科技让父母有种错觉,以为有了科技他们就是真正的父母了,其实真实的父母要给予孩子高质量的陪伴,跟孩子一起读一本书也好,躲在被子里玩'怪物来了躲起来啊'的游戏也好,这些是任何应用软件没法给你的。"

与此同时,这些婴儿潮妈妈担心她们的后辈因为有了科技的加持,无时无刻不与工作拴在一起。杰莉·德瓦德说:"你得让科技为你服务,如果你总是很快地回复,人们就指望你每次都要迅速回复。"当时任职欧迪办公高管的她有个习惯:每晚睡觉前都把手机放在床头柜上,然后关机。

当今:超能妈妈努力推动共同育儿

专家说,夫妇如果可以分摊育儿职责,那么他们就能从幸福的夫妇过渡到幸福的父母。当下年轻的伴侣们趋于接纳这一理念,这一观念上的重大转变正在美国家庭生根发芽。苏·谢伦巴格(Sue Shellenbarger)当了近30年《华尔街日报》职场家庭专栏作家,她在2020年点评:"归功于千禧一代在性别上更平等的态度,我观察到,今天的职场父母们比我那一辈要做得好多了。"②

---

① Gregory Zuckerman and Dave Sebastian, "IAC to Buy Care. Com in $500 Million Cash Deal," *Wall Street Journal*, December 20, 2019. ——作者注
② Sue Shellenbarger, "The Challenges That Working Mothers Still Face," *Wall Street Journal*, January 3, 2020. ——作者注

我采访的一些第二代超能妈妈会有意识地选择那些看上去愿意付出和参与育儿的伴侣。就拿来福威食品首席执行官朱莉·斯莫扬斯基举例子。她和杰森·伯丁相爱时，二人就决定将来要一起组建家庭。斯莫扬斯基说自己在恋爱之初就能感觉到，未来的这个伴侣会是一个好的抚育者，这也是她"愿意和他生孩子"的原因。

夫妇俩刚刚有了大女儿的时候，身为宝石学家的杰森·伯丁放弃了家庭珠宝生意，专心在家照顾宝宝。斯莫扬斯基说："他真的是个好爸爸，还会给女儿扎麻花辫呢。"不仅如此，伯丁还会让女儿们给他涂指甲油。

伯丁在2017年重返职场，担任艺术经理。43岁的斯莫扬斯基在采访中向我透露，在家办公的先生"还是可以在女儿需要的时候陪在她们身边"。她说她很欣赏自己这一辈的女性对"男人承担女性传统育儿角色"持有的肯定态度。

除了不能忍受懒惰不出力的孩子爸爸，超能妈妈们常要面对根深蒂固的社会观念——因为她们的女性身份，社会认定她们必须成为孩子的主要抚育者。奢侈品公司拉尔夫·劳伦（Ralph Lauren Corporation）的高级副总裁凯蒂·约安尼利（Katie Ioanilli）说，这种刻板印象逼迫母亲们"要证明平衡工作和育儿的合理性"。

约安尼利第一次遭遇这过时的理念，是在2015年生下大儿子休完产假之后。当时她是一家大型公关公司的合伙人，她的先生是一个投资关系专员。我和她的采访约在曼哈顿一家喧闹的小店，我们吃着虾肉沙拉，聊着天。这位住在布鲁克林的33岁超能妈妈告诉我："我的先生是个超能爸爸。"

然而当她返回工作岗位时，公司的男女同事都不停问她同一个问题:"你是怎么做到生了孩子还回来上班的?"问这个问题就反映了他们对职场妈妈的成见,这让她大吃一惊。

约安尼利说:"如果你说的'做到'意味着同时拥有事业和当一个母亲,那我也不是独自一人完成这个任务的。我有一整个关系网都为我提供育儿的帮助啊。"她说的这张网就包括老公和保姆。2017年这位超能妈妈生下了二儿子。

当今:妈妈们在职场上互帮互助

许多当代的职场女性把自己单一的育儿问题转化成更广泛的企业解决方案,让更多的同事和她们的孩子受益。米根·施密特就是这一做法的典型人物。

我在之前的章节里写到,几次流产的创伤促使施密特决定在艾睿铂内部为职场父母们发起一个员工资源交流组(父母资源小组)。艾睿铂是一家全球咨询公司,施密特是纽约地区的执行董事。她后来还牵头为来公司上班的哺乳期妇女们提供母乳运输服务——这一切都源于她自己的艰难经历。

2015年,施密特生下第二个儿子后的那个夏天,长途通勤到加州去拜访一位客户。她每个星期五带着40磅的母乳穿行于两地的机场。让她倍感沮丧的是,航班延误导致母乳坏掉,漏出的母乳又弄脏了她的衣服。

施密特作为父母资源小组的领头人,提议艾睿铂在员工出差结束时为她们支付运输母乳的费用。她在2016年12月休第3个产假之前就开始游说公司改变政策。她对我说,知道二儿子是自己最后一个孩子了。"我这么做是为了艾睿铂的下一代母亲们。"

施密特成为这个试验项目的"试验牛"——2017年6月从艾睿铂的会议室往家里寄母乳。不久之后，她的老板就在全公司范围内推行了这项福利政策。2018年9月，公司在政策上迈出更大一步：公司男员工在哺乳期的妻子们如陪伴先生出差，或是她们自己工作场所不提供此福利的，也可以享受艾睿铂提供的母乳寄送服务。

往昔：奋力开辟的先锋道路

第一代超能妈妈越过了无数障碍，而且经常被自己成年的女儿和当今的职场女性视为有影响力的楷模。这些女性在取得高管职位上的突破性成就，消除了那些曾妨碍职场妈妈们职业发展的耻辱和污名。

美国零售电商"杰特网"（Jet.com）一位经验丰富的经理人妈妈就曾给予了苏迈娅·巴尔巴莱极大的支持。33岁的巴尔巴莱在2014年9月加入这家初创公司，当时她的儿子才7个月大，她期望在上班之后可以继续母乳喂养。

公司是一家网上零售商，办公点设在新泽西郊外。这位新上任的首席营销官对于在男女共用的洗手间里泵奶觉得不适。在开放式跃层办公室里，男工程师们可以听见她泵奶的声音。巴尔巴莱遵从穆斯林教规，会用头巾遮住头发，她问自己："我到底在做什么啊？"

随着巴尔巴莱开始向一个年长女高管汇报工作，这种不适感很快就消退了。这个新上任的上司自己是一名骄傲的职场妈妈，在公司没有顾虑地谈论自己上中学的孩子们，说他们是自己生命中不可或缺的一部分。巴尔巴莱回忆："她的权威并没有因此受损，她成为一个兼顾工作和家庭的楷模。"

受到这位女上司的启发，巴尔巴莱重新看待自己的母亲身份，认为这一身份也是"在职场成功的原因"。在养育小孩方面，她尽力做到公开透明。沃尔玛在2016年以33亿美元收购了"杰特网"，任巴尔巴莱为美国区副总裁。巴尔巴莱在2019年2月从这零售巨头公司离职，次年加入了红杉资本（Sequoia Capital）公司。

好几位第一代超能妈妈都后悔，自己没有在多年前与女儿建立更紧密的联系。贝丝·科姆斯托克在1998年获得通用电气企业副总裁职位之时，抱有很高的期望，以为自己会有很多时间陪伴6岁的女儿梅雷迪思。她把全家搬到了康涅狄格州附近的一个郊区。

"好消息！我的办公室离家只有15分钟车程！"那个夏天，科姆斯托克对女儿宣布："我可以赶回家陪你一起吃午餐哦。"

可是通用电气的这个新工作充满挑战，新上任的科姆斯托克忙得没有闲暇。她忏悔道："我从没有一次赶回家吃午餐。"2011年，梅雷迪思上了纽约大学，她的父母也在这一年卖掉了康涅狄格州的房子。"我会想念在这里和你吃午饭的。"女儿面无表情地跟妈妈说。

科姆斯托克力劝年轻一代的超能妈妈们不要对孩子轻易许诺自己办不到的事。"孩子把这个看得很重。"她伤心地说。10多年过后，梅雷迪思"还在等着妈妈回家和她一起吃午餐"，"两个人的心都碎了"。

身为通用电气的老员工，她也后悔自己没有与梅雷迪思和凯蒂坦诚沟通，告诉她们为什么这份管理职业对自己这么重要。如果两个女儿见证了母亲在一群通用电气员工面前主持一场会议，她认为："她们会看到我的另一面，她们会看到我变了一个人。"如今，梅雷迪思终于欣赏到母亲作为女强人的另一面。她的抱负是成为一名女演员，现在给母亲担任行政助理。

另一位前辈商业领袖觉得有时很难做到与年幼女儿的情绪对接。斯蒂芬妮·松阿本德（Stephanie Sonnabend）在晋升到索尼斯塔国际酒店公司（Sonesta International Hotels Corporation）顶尖职位的过程中，一直在频繁出差。她的先生经常随同她一起出差。他们的两个孩子——1987年出生的女儿安东尼娅（Antonia）和1989年出生的儿子尼克（Nick）由住家保姆照顾。

安东尼娅向我详细讲述了儿时母亲频繁出差给她造成的分离焦虑症。"母亲一走，我就感到强烈的胃痛。"小小的安东尼娅对保姆也不太信任，她说："我们家频繁地换保姆，我觉得自己得照顾弟弟，保护好他。"

她记得有个星期六，跟母亲一起在杂货店买东西时，5岁的安东尼娅哀求母亲在杂货店找份工作："这样你就可以每晚都在家了，你就不用出差了。"

松阿本德回答女儿："可是我现在的工作很有趣，我喜欢自己现在的工作呀。"

我们的采访约在新泽西州霍博肯，松阿本德女儿的公寓附近的一个餐馆。我问这位索尼斯塔前任执行官，当年面对安东尼娅的苦苦哀求，自己有什么感受。她哽咽着说："我觉得很悲哀，我再次认识到我频繁的出差给她带来那么大的困扰。"

但直到许多年后，她才知道自己每次出差，女儿都会因为焦虑引发严重胃痛。松阿本德说："患胃痛这一点她自己也没有告诉我。"

安东尼娅不同意母亲这一说辞。她说母亲知道自己童年时患上的胃病，只是不知道每次她出差的时候女儿的胃痛就会加剧。安东尼娅在高中时患上了肠易激综合征，她说这种病症"与焦虑高度相关"。

今天，已婚的安东尼娅·科恩是美国运通的一名中高层管理。这家大型金融服务公司安排给她的出差的时间如超过全年工作时间的四分之一，她就会果断拒绝。她当妈妈后第一次出差是在2018年6月，那时她的宝宝才11个月大。她说："我不希望儿子像我小时候那样长大。"

她对于出差的严格限制也意味着："我大概永远都当不上首席执行官。对我来说这也没什么。"

往昔：独自踏上孤独的小径

第一代超能妈妈苦苦坚守她们的一套自助哲学，因为在职场表达自己对工作生活的担忧是有风险的。"跟位居高层的男人说自己'有家有孩子'，会让他们觉得你不够专业。"《职场妈妈》编辑梅雷迪思·博德加斯（Meredith Bodgas）如是说。

妈妈经理人的稀缺又加剧了她们面对的这一难题。为餐饮行业服务的电子商务公司蒂尔斯特的首席营销官霍普·奈曼说,这些妈妈们把自己看作一座孤岛,所有的问题都想自己解决。"你不认识与你有同样困境的人,没法聚在一起找到合适的逻辑和解决方案。"

回首往日,奈曼多么希望这些婴儿潮一代的妈妈当初可以建立一个互相帮扶的微型姐妹会,助力彼此的职业发展和育儿道路。她认为,这些妈妈如若联合起来,既能帮彼此保持理智也能一同应对变化。她承认:"可是有时候,你真的是一个人在孤军作战。"

华特迪士尼公司在1995年聘用了时年39岁的营销专家奈曼来带领某个新部门。当时奈曼的女儿就要满3岁。据说这家大型娱乐公司以其对家庭友善的政策而出名。

可是奈曼体验的完全不同。"这大概是我供职过的对家庭最不友好的公司了。"她说部门里除了自己之外所有的副总裁都是男性,她手下的女部门经理没有一个有小孩。

1998年,迪士尼的两位没有孩子的高层女性各自给了奈曼职场建议,可谓糟糕。"这些女高管对我说,我不应该有任何'家务事'要去处理。如果我想在迪士尼获得晋升,那我的先生得在家当全职爸爸照顾女儿。"

她的先生是一名专业投资银行家,并没有兴趣在家当全职爸爸。迪士尼这两个女高管的职场建议让奈曼惊呆了,不久后她就辞去了这份工作。

自1998年以来,女性职场环境的改善让奈曼感到欣喜。她坚信今天职场妈妈们之间强大的友谊"是这一代人之间最棒最了不起的成就"。

往昔：种下明智育儿的果实

第二代超能妈妈比起前辈之所以能更轻松应对自己职场妈妈的双重身份，还有一个原因：婴儿潮一代的妈妈们把自己的儿子们抚养得很好——她们教儿子要公平对待女性。这些男孩成年结婚后，在家中打破传统育儿模式，在职场坚定反对性别歧视。

购物迷公司的前任首席执行官多丽特·J.伯恩自豪地说，她的3个儿子如今都是了不起的爸爸，他们会主动担起喂孩子吃早餐的任务，让妻子有时间更衣准备上班。"如果他们自己不是被职场妈妈抚育长大，他们会这样做吗？我觉得不会。"68岁的伯恩说。

摩根娜·德万也没有想到自己可以收获上一辈超能妈妈明智育儿的果实。前时代华纳（Time Warner）旗下特纳体育（如今已被AT＆T收购）在2016年提拔德万为公司副总裁，几个月前33岁的她刚生下了第一个儿子。

次年，她和公司的19位男性高管、中层经理一道在亚特兰大开会。会议为与会者订的午餐送晚了。特纳体育的一个执行副总裁不停地问德万："午餐什么时候送到啊？"问话的这个男高管很清楚德万在公司的头衔。

德万一遍又一遍地回答："我不知道，我跟你一样饿。"因为她是会议室里的唯一女性，那个执行副总裁坚持要她去看看午餐送到哪儿了。

一个男同事打断他的话："就因为她是女性，不代表她就知道午餐在哪里,这又不是她一个人的会议。"这位男同事的妈妈也是一位女高管。

被打断的男高管很不悦,大步流星走出会议室去觅食。此时一个助理终于用推车把午餐送进会议室了。会议结束后,德万不停地对那位仗义执言的同事表达感谢,她说:"那话由你说出来,比我自己说,要响亮10倍。"

"那个人的要求真是太过分了,"他答道,"替他感到抱歉。"

德万说,这位同事的干预,彰显了"在女性遭遇性别歧视的时候挺身而出帮她"的男性力量。尤其那些自己也有一位超能妈妈的男性是"最具进步观念也最愿意支持女性的"。

我认为我成年的儿子也是这样一位支持女性的男士。许多迹象都表明,我们给予了他正确的教养。儿子丹和妻子二人都担任管理职位,夫妇俩育有3个孩子,二人十分明确地共同分担养育职责。比方说,孩子生病时他们会轮流在家看护。

2019年一次家庭旅行中,丹不到一岁的女儿一直哭哭啼啼。丹拿出了自己的一件毛衣垫在女儿的便携式婴儿床里。宝宝闻着熟悉的味道,得到安抚,很快就睡着了。这个毛衣小技巧在他的大儿子和大女儿小时候也一样奏效。

丹认为,他这一代的男性如果没有试着"像他们的伴侣那样积极参与育儿",他们会羞愧难当。但是要当一个尽职的父亲,"你得牺牲一些东西"。他说:"我现在的业余爱好已经很少了。"他的这番话让我想到了我1980年发表在《华尔街日报》上的那篇文章,写的就是一边工作一边养育他的故事。

2013年,丹在明尼苏达州众议院工作。儿子出生后妻子回到工作岗位，他获得了两个月的全薪休假，专心在家陪伴新生儿。当时他也担心如此长的休假会损害他的职业发展。

他回忆："众议院男雇员休育儿假，并不是惯例。"2018年，丹的二女儿出生时，他已是明尼苏达州政府机构高级领导，这一次他休息了7个星期"育儿假"，所有州政府雇员都享有的带薪福利。

"父母双方均享有带薪育儿假这一政策最重要的意义是对整个职场做出的声明：谁负责养育孩子？"他强调，"我们都该负责。"

新手父母的带薪育儿假越来越受欢迎，但仍旧罕见。据人力资源管理协会针对2763名人力资源专员所做的调查：2019年为在美国境内员工提供这一福利的雇主比例达到27%，2016年这一比例是17%。该调查预计雇主会继续扩大带薪育儿假这一福利。

随着这一福利的扩大，第二代超能妈妈的事业也将获得进一步腾飞，毕竟她们已拥有先进科技、更尽职的伴侣和更为平等的社会观念。从婴儿潮一代到现在，我们走了一段漫长的路，那些超能妈妈为实现她们的抱负不得不艰难奋斗，孤军作战。

对于未来职场父母面临的迫切问题，我们仍没有答案。什么时候，职场妈妈们才不会被问及："你是怎么又当妈妈又工作的？"怎样才能加速社会的转变，减轻职场父母在工作和家庭之间的艰难权衡？为什么美国的雇主们不能更好地帮助有孩子的员工？本书的最后一章深入研究了4家拥有前沿技术的企业，它们所处的背景正是"亏欠职场父母一个未完成议题"的美国社会。

第十二章

让父母可以成为职场父母

第一次怀孕的时候,得知《华尔街日报》会给 10 个星期的带薪产假,我高兴坏了。可我的喜悦很快就消失了。

企业政策要求我在预产期之前 4 周就停止工作。我向上司投诉这荒谬的规则,他同意我可以不遵守这一条。

那是 1979 年,我一直工作到丹出生的前一天,之后休满了 10 个星期的产假。回到《华尔街日报》的华盛顿分社上班,我得知在同一时间生产的 5 个女同事之中有 4 个决定辞职。

几十年之后,道琼斯公司对新父母的政策已经改善了很多。作为出版《华尔街日报》的新闻集团单位,道琼斯自 2018 年起为员工提供 20 周的带薪育儿假。不论性别,孩子的主要抚养者都可享受此福利。不论是分娩、领养,还是寄养,《华尔街日报》的爸爸妈妈们在休完育儿假之后重回新闻编辑室,已屡见不鲜。

美国父母们周旋于工作和生活之间的挑战在多方面都得到了

显著缓解，这不只是因为许多公司将带薪育儿假这项福利延伸至新手爸爸。这一波政府要求的呼声之中，私营企业极有可能在此举上更上一层楼。

到 2020 年初期，8 个州加上哥伦比亚特区已颁布立法，要求企业为有新生儿、身患疾病或有生病的家庭成员的员工提供带薪家事假。这 8 个州是纽约、新泽西、加利福尼亚、罗德岛、俄勒冈、康涅狄格、马萨诸塞州和华盛顿。这项指令的财政支持来自企业雇主和雇员小幅度上涨的工资税。

全国范围内，美国法律仅保证不带薪休假。但 2020 年 10 月生效的一项新立法规定，联邦机构的文职工作人员必须享有 12 周的带薪育儿假。

雇主广泛地提供陪产假，对不管在家还是在职场的妇女都产生积极的影响。麦肯锡咨询公司和"向前一步"的联合组织在针对 329 家美国公司的调查报告中指出，2019 年参与调查的"男性在成为父亲后，休育儿假的可能性与女性大致相同"。[1]

积极参与育儿的父亲们创造了父职的良性循环，这是记者埃米·韦斯特维尔特在她的《别想拥有一切：美国是如何搞砸女性育儿，又该如何解决》一书中提到的观点。这样的父亲"更会在职场上为女性发声，比如为她们争取家事假和弹性时间制"。[2]

在为男性提供带薪育儿假的国家，男人们在假期休完很久之

---

[1] Jess Huang, Alexis Krivkovich, Irina Starikova, et al., "Women in the Workplace 2019," McKinsey & Company, October 15, 2019, 34. ——作者注

[2] Amy Westervelt, Forget "Having It All": How America Messed Up Motherhood——and How to Fix it (New York: Seal Press, 2018), 253. ——作者注

后仍会帮助料理家务。研究表明,"与不提供这项福利的国家的男性相比,和孩子同住的男性中,享受这番福利的男性每周要多做 2.2 个小时的家务"。临床心理学家达西·洛克曼在她《风靡一时:母亲、父亲、平等伴侣关系的迷思》一书中这样说。①

还有一项针对 91 个国家 21980 个公司的调查显示,那些为父亲们提供宽松育儿假的国家有更多的女性在董事会任职。这篇发表于 2016 年的论文说,那些育儿负担较轻的女性"可以培养商业敏锐度和专业人脉,从而有资格进入董事会"。②许多研究都表明,在管理层和董事会均以性别平等为目标的企业,不但市场价值得到提高,竞争优势也得到提升。

公司在制定弹性工作制政策上取得的巨大进步也让许多美国的职场父母受益。2019 年,有 42% 的雇主准许员工兼职并远程办公,与 2016 年的 31% 相比是个显著的增长。该数据来自人力资源管理学会组织的民意调查。

我采访的不少第二代超能妈妈常会用到兼职远程办公这一选项。例如,塔蒂安娜·兹洛茨基每个星期三和星期五都在家里办公,处理美国运通的事务。在新冠肺炎疫情开始之前的一周,美国运通就有近一半的员工开始远程办公了。兹洛茨基后来离开了美国运通,以首席营销官身份加入了一家老年人辅助生活转诊机构,该机构名叫"妈妈的地盘"(A Place for Mom)。

---

① Darcy Lockman, *All the Rage: Mothers, Fathers, and the Myth of Equal Partnership* (New York: HarperCollins, 2019), 219. ——作者注
② Marcus Noland, Tyler Moran, and Barbara Kotschwar, "Is Gender Diversity Profitable? Evidence from a Global Survey," Working Paper 16-3, Peterson Institute for International Economics, February 2016, 13. ——作者注

2020年的这场疫情迫使几百万美国人全职在家办公。可是许多在餐馆、酒吧、酒店工作的人没法转移到家中办公。《华尔街日报》在2020年4月报道，专业技能、科学、技术服务行业中超过77%的工作都可以远程完成，而餐饮、住宿行业中，这一数据只有3%。此外，女性在餐饮服务和住宿业劳动力中占据大多数。①

这也就不难解释，为什么又当妈妈又工作对许多美国女性来说，是一项精疲力竭的单人运动。雪莉·桑德伯格总结了背后的原因。身为脸书的首席运营官，她在2020年接受《华尔街日报》采访时说："我们如果要创造一个对父母可行的工作环境，就得重新定义这个问题，它不只是妈妈们面对的问题，也是爸爸们要面对的问题。"② 桑德伯格是畅销书《向前一步：女性、工作及领导意志》(*Lean In: Women, Work, and the Will to Lead*)的作者。

父亲们一般不会像母亲那样休满新生儿育儿假，这也主要是因为社会对男性角色的成见。2016年德勤(Deloitte)事务所对1000名有工作的美国成人调查表明，三分之一的男性认为，休假会危及他们的职位。一个名为"更好的生活实验室"(Better Life Lab)的政策研究小组在2019年调查了2966名美国人后，发现担当养育者的爸爸同样面对经济的顾虑，也甚少得到管理层的支持。

来自婴儿潮一代的超能妈妈安妮·韦斯伯格(Anne Weisberg)引用了更多例证来说明该问题的进展是如何缓慢。她在为《纽约时报》撰写的一篇意见稿中指出，职场妈妈们享有的福利，

---

① Harriet Torry, "Coronavirus Pandemic Deepens Labor Divide Between Online, Offline Workers," *Wall Street Journal*, April 3, 2020. ——作者注
② Sue Shellenbarger, "The Challenges That Working Mothers Still Face," *Wall Street Journal*, January 3, 2020. ——作者注

比如说母乳的寄送服务，也加剧了她们的工作压力，让她们感到有义务时刻保持工作状态。她还写道："一名优秀的员工不应该是接到通知就能随时登上飞机出差的人，哪怕她有保姆在身边帮忙。一个优秀的员工应该想办法不必出差就能把会开了。"[1] 韦斯伯格目前是宝维斯律师事务所妇女倡议小组的主管，她发表这篇文章时，还同时担任纽约一家智库"家庭工作研究所"（Families and Work Institute）的高级副总裁。

女权法学者、加州大学哈斯汀法学院工作生活法中心主任琼·C. 威廉姆斯（Joan C. Williams）对此表示赞同。她认为，在重新定义优秀员工这一话题上，我们取得的进步甚微。太多的男人通过繁重的日程表定义自己的道德价值和男子气概。

颇受职场父母青睐的减少工作时长这一办法是否可持续，人们对此持担忧态度。雇主始终未能落实弹性工作制政策，这也就意味着"在大的经济环境变迁和经理的任意决定权之下"，这一福利随时可能被剥夺。[2] 提出这一警示的是社会学家帕梅拉·斯通。她在2019年与人合著了一本书，书名叫《选择回去：母亲们回到职场后的真实状况》（*Opting Back In: What Really Happens When Mothers Go Back to Work*）。

确实，在1583名对工作日程有一定灵活掌控的白领专业人士之中，只有19%可以参与所谓的"结构化弹性工作项目"。这

---

[1] Anne Weisberg, "What Flying Nannies Won't Fix," *New York Times*, August 24, 2015. ——作者译

[2] Pamela Stone and Meg Lovejoy, *Opting Back In: What Really Happens When Mothers Go Back to Work*（Berkeley: University of California Press, 2019），185. ——作者注

份2018年的调查结论来自威客企业（Werk Enterprises）的联合首席执行官安妮·迪恩（Annie Dean）和安娜·奥尔巴赫（Anna Auerbach）。[1] 威客是一家倡导弹性工作制的初创公司，使用一个名为"人员分析"（people analytics）的软件为客户提供劳动力数据和见解。它的客户大多是财富2000强公司，可以借由这些数据和分析修补弹性工作制的漏洞。

迪恩和奥尔巴赫主张，结构化的弹性工作制应该满足6个选项，包括：最大程度减少工作差旅，意外情况下有离开工作室几小时的自由等。二人在《哈佛商业评论》的一篇文章中指出，企业在实现所有类型灵活工作制上都做得不够好。

她俩在2016年推出威客企业之初，将这里作为面向有兴趣寻求高阶职位和弹性工作制的女性的求职公告板。她们记录一个个公司通过改造企业文化而提高的生产力，以此倡导和推进工作灵活制。

接受我的采访时，迪恩再次重申："职场父母们要成功，弹性工作制是能起到决定性作用的根本改变。你没法装作没孩子似的去工作，也没法装作没工作一样去养育一个孩子。"

若干大型美国企业认识到这一新的现实，已经开始着手改变企业文化。我采访了4家企业，它们的创新改良方式不但激励了职场父母的成功，也给企业注入了生机。这几大雇主登上了2019年《职场妈妈》杂志列出的"100个最佳雇主"，还入选了"爸爸们的50个最佳雇主"名单。

---

[1] Annie Dean and Anna Auerbach, "96% of U.S. Professionals Say They Need Flexibility, but Only 47% Have It," *Harvard Business Review*, June 5, 2018.——作者注

美国运通:完善育儿假福利

美国运通一位名叫安德鲁·R.约翰逊(Andrew R. Johnson)的副总裁帮我安排了对塔蒂安娜·兹洛茨基的采访。在一个宜人的春日下午,我来到位于曼哈顿"9·11"纪念馆旁边的运通公司总部办公室,约翰逊却不在。

我得知,他刚刚开始休为期5个月的带薪育儿假,陪伴他的第一个孩子。美国运通作为信用卡巨头,公司里已有好几个和约翰逊平级或职位更高的新手爸爸休了长假。男性高管休这么长的假,突显了该公司在满足职场员工需求这一点上做得多么好。2017年,公司将带薪育儿假的期限延长至20周——分娩中的妈妈们还能获得8周额外产假。

公司此前的育儿假政策是,主要抚育者可休6周,次要抚育者可休2周。美国运通在公司概述中说,这有限的福利传达了一个讯息,那就是"作为养育者,父亲不如母亲有价值",也因此公司修改了育儿假福利。公司执行副总裁大卫·卡西兹(David Kasiarz)说,哪怕是在今天,"社会也没有全然认可和接纳父亲们在家休长假"。卡西兹是分管同事整体福利和健康的副总裁。

正因如此,美国运通给第一线的老板们发放"临时置换津贴",以填补因员工休育儿假产生的人员缺口。主管们还要参加培训,学习如何在有人长期缺勤的情况下管理好余下的团队员工。公司还会举办"爸爸们的早餐会",两性员工都受邀参加,职位高至副总裁的爸爸们会在早餐会上透露自己作为职场爸爸的困难。

卡西兹说："我们希望战胜那些针对延长育儿假的反对意见。"

同时，美国运通还定期主持帮扶小组座谈会，讨论的话题是如何准备陪产假以及休假结束后如何准备复工。《华尔街日报》的一名记者参与了在公司总部举办的一场会谈。一位名叫拉杰夫·苏布拉曼扬（Rajeev Subramanyam）的高管在2017年儿子出生后，休了5个月的陪产假，在那天的座谈会上他对男同事们说："你的职业是长久的，这只是一时的。"这话就像一颗定心丸。

为了鼓励男员工休陪产假，公司还在电梯两边和其他公共区域张贴了男人带宝宝的海报。有一张海报上面写着："未来的爸爸们，不要错失这些时光哦。"[1] 另一张海报的图画是一位父亲怀抱着熟睡的婴儿，下方的文字是："育儿假长达20周，你们都值得拥有。"

结果如何？卡西兹告诉我："公司里大多数当了爸爸的员工都会休这个育儿假，有的休几周，有的会休满整20周。"

美国运通从2017年开始还提供一项额外福利——面向新手父母的"金钥匙服务"。员工从备孕到休假再到复工，公司会为他们提供个人定制服务。卡西兹说，只要他们愿意，公司提供一周7天，一天24小时的协助。

也有越来越多的企业提供面对面或在线的亲子教练。"远景咨询"（Broad Perspective Consulting）的顾问芭芭拉·帕默（Barbara Palmer）已签约了10多家科技公司和律师事务所，为他们提供她的"新父母课程"，名为"你的第4个三月期[2]（trimester）"。

---

[1] Vanessa Fuhrmans, "As More New Dads Get Paternity Leave, Companies Push Them to Take It," *Wall Street Journal*, July 11, 2018. ——作者注

[2] 三月期在此处指孕期的3个阶段，每一阶段为3个月。——译者注

"这个课程名字对男人来说并不合适。"她自己也承认。不过没关系,她说,那些渴望高度参与孩子生活的热心父亲们需要找到某种支持。她面向这些父亲们提供的咨询服务项目包括如何应对职场爸爸的内疚情绪。

贝恩:会议上的宝宝们

2018年的一天,我踏进了一家大型酒店的宴会厅,这里挤满了几百个供职于贝恩公司(Bain & Company)的女性管理咨询顾问。她们之中许多人甚至是从国外远道而来,就为了参加这场在华盛顿举办的全球女性领导力会议。

让我印象深刻的是,与宴会厅相邻的房间里到处是婴孩,他们有的躺在五颜六色的毯子上,有的在婴儿车里打盹,紧挨在身边的是看护人。宴会厅里的新妈妈们只需走几步,就可以来到这间屋子喂奶或是陪孩子玩一会儿。

这不是贝恩公司第一次举办这样别出心裁的会议了。早在10多年前,这家管理咨询公司就开始为参加女性领导力论坛的新妈妈们预留出照看婴孩的空间。后来公司将同样的安排扩展至一年好几次的培训会议。

公司合伙人兼全球女性领导委员会前任主席朱莉·科夫曼(Julie Coffman)说,安排这样一间特殊的屋子,让贝恩的新手父母们可以全面接触贝恩的培训和人际关系网。如果贝恩的咨询顾问自己无法负担看护人随行参会的费用,贝恩将支付一切相关费用。

公司内部对此的反应"非常积极",公司全球多样性和包容性事务主任梅丽莎·阿塔班（Melissa Artabane）说："新手妈妈们把此举看作贝恩全方位投资员工的讯号，因为公司认识到一个员工要想在职场取得成就，需要整合工作和家庭的优先事项。"

虽然还没有新手爸爸带着婴儿和看护人参加过贝恩的培训会议，不过他们会利用公司准许的弹性日程安排，这也是公司在几十年前就开始实施的制度。公司全球首席人才官拉斯·哈吉说，在贝恩，已经或正在使用弹性工作制的员工多达30%。

公司提供的替代方案还有：工作共享、极少或不必出差的客户任务、为期6个月在其他雇主的"外部实习"，以及一系列不同日程安排的兼职工作。科夫曼说："我们持续投资于真正灵活的工作模式，以解决为人父母的需求。"2019年，贝恩公司第一次登上了《职场妈妈》列出的"十大最佳雇主"。

强生：帮助全球的新手父母

强生公司（Johnson & Johnson）在《职场妈妈》于2019年评选出的"最佳雇主"之中名列第一。起初我很惊讶。作为泰诺和好几个标志性健康产品的生产商，强生公司提供的不分性别的8周育婴假，实在不算出彩。

我后来得知，强生公司全球范围的所有新手父母都享有这8个星期的带薪育儿假。截至2019年末，该企业在全球60个国家的雇员多达13.2万人。

"以我的经验来看，这等规模且在全球运营的美国企业，能在全球各地施行一视同仁的育儿假政策，是非常少见的。"育儿假领导中心的创始人和首席执行官埃米·比科姆说,"能做到这一点的企业,两只手数得过来,甚至一只手就能数过来。"

一些小型企业会比强生公司提供慷慨得多的育儿假。比如电子商务平台埃特西(J&J. Etsy)公司给予员工 26 个星期的带薪育儿假。作为一家网络原创手工市场,埃特西在 2019 年 9 月全球工资单上的雇员数量仅为 1209 个。

强生公司于 2017 年在全球范围内推行了带薪育儿假,此前 3 年它们将此福利引入了美国。公司为新手妈妈提供的好几项额外福利也同样在全球范围内推行。

强生在 2016 年就开始提供全球母乳寄送服务。公司首席人力资源官彼得·法索洛(Peter Fasolo)说,这是因为"我们的妈妈们在全世界出差"。他指出,供职于强生公司的女性,"绝大多数都是职场妈妈——从低层到最高层"。在过去 20 年里,公司一直为哺乳期妇女在每一处企业设施中提供私人哺乳空间。

强生公司在全球范围内提供的育儿福利,体现了公司领导用人长远、要留住员工的意愿,他们相信员工可以自如地穿行于职场和家庭之间。法索洛说:"我们不是要求工作和家庭的平衡,我们是要把工作和家庭整合起来。"

普华永道:向"妈妈导师"寻求经验

普华永道(PwC)作为一家全球专业服务公司,早在大多数美国公司之前就实施了家庭友好政策。例如,2018 年普华永道创立了"妈妈导师"项目,将准妈妈和新手妈妈的福利待遇与内部同行中级别较高的进行对标。

我采访了普华永道的多元化战略执行董事珍妮弗·W.艾琳（Jennifer W. Allyn），她担任这一职位由来已久。艾琳说：以前，一个女人成为母亲即意味着身份的转变，这与她的事业相冲突。很遗憾，"在今天仍是如此"（艾琳于2020年离开了普华永道）。

普华永道的另一名经理通过一次偶然的机会指点了一位年轻女同事，教她怎么应对苛刻的客户和高需求的孩子。这位经理随即向公司发起"妈妈导师"项目，她自己作为一个经理妈妈，替准备复工的妈妈们向公司建议：她们应当在产假休完之前拿到公司哺乳室的钥匙，而且让她们在星期三复工，这样会感觉轻松些。

艾琳在女儿10岁那年加入了普华永道的"妈妈导师"试点组，组里一共有60位"妈妈导师"。她接触到两个焦虑的新手妈妈，就职场妈妈面对的棘手问题（比如分身乏术、矛盾的心理等）给出了自己的建议。普华永道的员工在准备休产假之前，会从公司内部数据库提供的个人资料和照片之中选择一位"妈妈导师"，公司里这样的妈妈有200名，任何一个被选中成为导师的妈妈在接下来的18个月将为"妈妈学员"提供指导和支持。

普华永道10年前还做了一次激进的改革，让员工不再为休假而担忧。这一举措就是：对于新手妈妈和任何休假16周的员工，公司在对其进行年度绩效考核时，将不把他们与全年工作的员工做比较。这一改革极大地留住了新手妈妈。我和同事曾就此写了一篇报道，刊登在《华尔街日报》上。[1]

---

[1] Nikki Waller and Joann S. Lublin, "What's Holding Women Back in the Workplace?," *Wall Street Journal*, September 30, 2015. ——作者注

2014年，普华永道约有98%女性休完产假后返回职场，2009年这一比例是88%。《华尔街日报》的那篇文章写道：艾琳认为"该数字的增长说明女性认识到，她们的职业仍在正轨上"。

在提供福利留住新手父母这一点上，普华永道是美国公司的领跑者。艾琳告诉我，新手妈妈在高压之下产生抱怨，促使公司在2018年制定"阶段性复工"政策。新手父母在休完育儿假之后的4个星期只需要负担平常60%的工作量，薪水仍保持100%。

从这一政策实施以来到2020年2月，约有800对新手妈妈和新手爸爸——36%的新手爸爸使用了"阶段性复工"这一政策。一名普华永道的发言人说，参与者感到这种渐进式复工"给了他们一些缓冲余地，使之有时间建立新的时间表，适应新的育儿安排"。

阶段性复工不是一个新概念，通常也伴随减薪。《职场妈妈》杂志报道，2018年该杂志列出的100个最佳雇主之中，约有79%的公司为员工提供阶段性复工选项，但几乎所有雇主在允许员工阶段性复工的同时，都把原有薪资削减了一半。①

一个允许员工阶段性复工但不减薪的例外是服装租赁初创公司租赁跑道。首席执行官珍妮弗·海曼自己身为一名年轻的超能妈妈，准许新手父母复工后一周工作两天且享受全薪待遇。海曼说，租赁跑道的员工"可以用他们感觉最灵活最弹性的方式返回工作岗位"。

可是，艾琳觉得在普华永道这样一家以客户为导向的公司里，员工很难接受一个工作时间缩短了的父母工作表。她说："这其实

---

① Barbara Frankel, "How Phase-Back Programs Are Making It Easier than Ever for Moms to Return to Work After Baby," *Working Mother*, September 19, 2018. ——作者注

是一场文化的转变。企业主想要为职场父母提供不一样的解决方案，惯性和不变通仍是一大障碍。"

职场父母未完成的议题

"职场父母，男人和女人，都需要社会从结构上给予更大的支持。"我在 1980 年刊登于《华尔街日报》的那篇文章①中提及，自己在平衡工作和家庭遇到的难关时，给出了这样一个泛泛而谈的解决方案。"我们要选出那些能把这些私人问题转化成政治行动的工会代表和公职人员，"我在文章中说，"但是到目前为止，我们还没有一个由职场父母组成的公认的选民主体。"

尽管当代职场父母们数量不小，可他们还没有形成一个被广泛认可的选民主体。这也可以解释为什么国会未能通过由雇主资助的带薪探亲假这一法案。

2020 年 2 月，唐纳德·特朗普（Donald Trump）表示支持一项联邦法案——该法案允许新父母用提前领取的儿童税收抵免来支付他们的休假费用。特朗普在收到商业圆桌会议来信，国会领导人也支持该立法后的几个星期才做出这一决定。国会领导人说该立法可以"让尽量多的在职美国人"享受带薪家事假。这一群体代表由超过 1500 万工人的公司负责人组成。

"当今的商业气候和以往大不相同了。"凯蒂·贝瑟尔（Katie Bethell）说。她是"美国需要带薪休假"（一个倡导带薪家事假的

---

① Joann S. Lublin, "What Should a Mother Do About Her Career?," *Wall Street Journal*, March 21, 1980. ——作者注

非营利组织）的创始人和执行董事。

但是,《纽约时报》一篇分析文章指出,特朗普支持的这一项狭隘立法并不能保护父母的工作,也缺乏支付他们休假期间薪水的资金来源。"该法案的反对者担心这一法案在取得任何成果之前,反而会终结带薪家事假背后的推进力。"[1]

国会为应对新冠肺炎疫情通过了临时立法,给予某些雇员长达12周的家事假,并发放三分之二的薪资,让他们可以照看因学校或育儿机构的关闭导致留在家中的小孩。这一措施的施行范围和持续时间都很有限,它不适用于所有雇主,而且在2020年末失效。

即使国会没有做出更广泛的行动,那些想吸引和留住年轻人的美国企业也很有可能加快他们对职场父母的承诺。德勤公司在2016年的一份民意调查显示,千禧一代比任何一个时代的人都更重视带薪育儿假。77%的成人受访者对民调人员表示,该假日的长短可以影响他们对新雇主的选择。

随后的调查也得出了类似的结果。据两位哈佛商学院研究员在2019年做的一份调查显示:32%有孩子的美国职场人因为无法兼顾家庭和工作职责而离职。26—35岁的职场人员流动性更高。

《华尔街日报》的一篇报道在提到哈佛的这项研究时,曾点评:"这也许和每个人的直觉相悖:比起女人,大概有更多的男人坦言他们因为家庭职责而辞去工作。"[2]作者在文章中指出,企业没有意识到育儿责任对员工绩效产生的影响。"公司因员工流失、

---

[1] Claire Cain Miller, "Why Few Democrats Clapped for Trump's Call for Paid Family Leave," *New York Times*, February 6, 2020. ——作者注

[2] David Harrison, "Employers Need to Address 'Caregiving Crisis', Study Finds," *Wall Street Journal*, January 16, 2019. ——作者注

机构知识损失和临时招聘产生数百万美元的隐形成本。"[1]

美国雇主们的待办事项

美国企业还能做些什么来协助爸爸妈妈们就业呢？首先，大企业应该在那些应用程序、小工具、产品、服务都迎合幼儿父母需求的新兴初创产业中入股。过去6年，投资者已经在那些"参与新手妈妈经济"的企业中注入了5亿美元。福布斯在2019年估计，这个细分市场价值约460亿美元。[2]

这些年轻公司的诞生通常都是源于有人做了妈妈。桑德拉·欧琳（Sandra Oh Lin）是一位第一代超能妈妈，她的经历可谓典型。欧琳经营的基维科（KiwiCo）公司是一家基于订阅模式的儿童活动套件供应商。这家公司是她在2011年与人合办的，到2019年春天公司已卖出1000万个套件，年销售额达到1亿美元。

欧琳说，基维科启发孩子们"增强创造能力，培养解决问题的能力，希望他们有一天认识到自己有力量改变世界"。我们相约在公司位于加利福尼亚的山景城总部的平层办公室，会议室的墙壁涂成柠檬绿色。基维科的儿童套件不是科学实验就是工程项目。44岁的欧琳说："我们正在转变儿童的游戏方式。"

---

[1] Joseph B. Fuller and Manjari Raman, "The Caring Company: How Employers Can Help Employees Manage Their Caregiving Responsibilities——While Reducing Costs and Increasing Productivity," Harvard Business School, January 2019, 2. ——作者注

[2] Tanya Klich, "The New Mom Economy: Meet the Startups Disrupting the $46 Billion Millennial Parenting Market," Forbes, May10, 2019. ——作者注

欧琳还在襁褓里的时候就随父母移民来到了美国。她本科学习化学工程,并取得了哈佛大学工商管理硕士学位。在宝洁公司和其他企业工作过,她加入易贝(eBay)掌管一项价值数十亿美元的业务。2010年她离开了这个电商巨头,希望在规模小些的企业寻求新的机遇。当时她并没有自己创业的打算。

基维科的概念是欧琳在和两个孩子共处时萌发的,当时她正在找工作。"我在家陪孩子们做手工活。"她很不喜欢为了买材料拖着两个4岁以下的孩子从一家店铺逛到另一家店铺。她带孩子们做的手工颇有创意,比如用冷冻气球制作冰球。

她说,基维科"诞生于个人需求",而且她的需求也并非罕见。"很多工作繁忙、爱孩子的父母……想要孩子们拥有充实丰富的活动经历。基维科的员工大多是女性,她们为不同年龄段的孩子设计了从新生儿到青少年的一整条产品线。"

公司创建了几年后,直到2016年才开始盈利,这一年欧琳生下了第3个孩子。她开玩笑说:"其实他是我第4个孩子,因为'Kiwi'是老三。"

欧琳说决定创业时,她募集到了1000万美元多一点儿的资金,让公司有足够的资本支持后续的发展。与此同时,大环境中,好几个为职场父母提供服务的企业都开始吸引投资者,比如,威克就在2020年被收购。

要把职场父母的工作转变成真正的团队运动,促进更公平的家务劳动分配,还有一些用得上的策略。为达成这一目标,像冰岛和瑞典这样的国家赋予男性大量陪产假,公司和社会也会施压让他们休假。

社会学家帕梅拉·斯通在她2019年的书中写道:"冰岛90%

的父亲都会使用他们专属的陪产假。①瑞典分配给同一家庭母亲和父亲的带薪假是分开且不可转让的,父亲的产假不休则作废,这也是促进爸爸们主动休产假的激励政策。"②

提供带薪产假的美国企业可以朝着这个方向努力,将该政策规范化,脸书已经这么做了。据《华尔街日报》报道,脸书作为社交媒体巨头力劝主管们会询问待产的妈妈和妻子即将临产的爸爸们"什么时候"休4个月带薪产假,而不是问"你会不会"休这个假。③脸书的创建者和首席执行官马克·扎克伯格(Mark Zuckerberg)自己的两个女儿出生时,他都分别休了两个月陪产假。

美国企业应当提拔更多的母亲担任高层管理者,展示她们的成就,提出这一建议的是全国女性高管协会主席贝蒂·斯宾塞(Betty Spence)。后继者可以亲眼看到"她们可以做到领导者高位,同时拥有家庭"。

该协会和职场妈妈研究院在2019年对3038个专业人士做了一份调查,探究为什么做到高管职位的女性这么少。女性专业人士提及的最大职业障碍,在她们看来是"有孩子和做高管是不相容的"这种观念。

"女人们到今天还这么想,真是震惊!"斯宾塞说,"谁都认为世界已经今非昔比了。"

---

① Pamela Stone and Meg Lovejoy, *Opting Back In: What Really Happens When Mothers Go Back to Work* (Berkeley: University of California Press, 2019), 190. ——作者注
② 同①,第189页。——作者注
③ Vanessa Fuhrmans, "As More New Dads Get Paternity Leave, Companies Push Them to Take It," *Wall Street Journal*, July 11, 2018. ——作者注

我认为，超能妈妈们拥有改善职场父母生活的能力和影响力。她们可以通过自己较高的职业地位、政治权威、个人财富发挥影响力。在和当今、往昔一共86名超能妈妈们以及她们孩子中的25个女儿接触后，我认为她们是自带强效武器的。

我不会忘记当代商业领袖在职场引领的有意义的变革。她们有：艾睿铂的米根·施密特、桦木盒子的凯蒂娅·比彻姆、租赁跑道的珍妮弗·海曼。

海曼对平等育儿理念的拥护不止体现于制定并施行公司的全薪分阶段复工政策。我采访海曼时，她正怀着孕，作为公司的联合创始人，她说："身为首席执行官，我的工作职责之一就是要让男员工们休他们的育儿假。"在她的鼓励之下，公司的首席科技官刚刚休了为期12周的带薪育儿假。此举促进了公司更多男性对新爸爸休长假照顾新生儿这一行为的接受度。海曼回忆："在他之前，很少有人这么做；在他之后，没有一个男员工不是休满了自己的陪产假的。"

我也不会忘记来自婴儿潮一代的先锋超能女性所做的努力。好时公司的米歇尔·巴克、卡夫食品的贝齐·霍尔登、雅芳公司的钟彬娴，这一批女性代表职场父母迈出了一大步，也为她们自己的女儿展示了一张清晰的职业蓝图。

还有一位令人印象深刻的超能妈妈是艾达·萨博（Aida Sabo）。她在权衡是否要担任药物研究公司精鼎医药的多样性和包容性事务副总裁的过程中发挥了极大的影响力。当时，萨博任医疗保健服务公司嘉德诺的多样性和包容性事务副总裁，在这里她成功引入一个叫作"让男人参与进来"的项目。通过与男同事建立非正式联盟等活动，嘉德诺的男雇员携手促进女性进步，萨博希望在新雇主那里也能复制这一项目。

她在权衡要不要加入精鼎医药时,曾告诉对方:"如果我在这里不能实施这一项目,恕我无法加入贵公司。"精鼎答应了她的要求。让男性成为变革伙伴是她在精鼎最重要的倡议。

但是,让男人参与和代表女性利益,是否会改变他们对于分担家庭职责的看法?采访中我对萨博抛出了这个问题。

她激动地说:"我见过男人在我面前流下喜悦的、悲伤的泪水……因为他们可以利用自己的优势帮助改善每个人在职场和家中的待遇。男性也希望看到一个不一样的未来。"

管理国家政府的母亲们也在为后人打造一个不一样的未来。自1960年以来,我们已走过很长的路。那个叫斯里兰卡的小国打破了全球性别障碍,选举了该国第一位女总理。她的丈夫作为前总理遭遇暗杀,身为3个孩子的母亲,她于一年之后上台。

2018年,新西兰首相杰辛达·阿德恩生下女儿后休了6个星期产假照顾新生儿。阿德恩的宝宝多数时候都是她的伴侣在带。

次年末,34岁的桑娜·马琳成为芬兰历史上最年轻的首相。选上总理的那一年,马琳的孩子刚学会走路。2020年2月,马琳政府推出新政,准予每人近7个月的带薪育儿假,实现男女在这一政策上的平等。这一新政取代了基于性别的福利:此前芬兰的妈妈可享有4个月带薪产假,爸爸只有2个月。

对未来的大胆愿景

超能妈妈们为改变职场父母的现状,尤其是为了改变职场妈妈们的现状，发挥了自己巨大的影响力。改变职场妈妈们的现状也是梅琳达·盖茨雄心勃勃的计划之一。她和科技巨头先生比尔·盖茨育有3个孩子，夫妇二人的资产净值达数十亿美元。梅琳达·盖茨成立了一家投资孵化公司——毕威拓（Pivotal）风险投资。

梅琳达·盖茨已投入10亿美元，旨在通过她的业务增强女性力量、扩大女性影响力。其中一项优先任务就是"消除女性发展的职业障碍"。她在《时代》（Time）杂志的一篇文章中宣誓："当今社会尽管大多数女性都全职工作（甚至比全职更卖力），但我们在家中仍承担着大部分的养育职责。"①

这篇文章写于2019年。对于消除阻碍女性发展的不平等现象，她在文末表达了自己对前景的乐观："美国人不愿意以冰川融化的速度去改革，我很幸运生活在这个时代，我们不必缓慢地变革。"

我们同样幸运地生活在这样一个时代，许多超能妈妈在职场和家中都取得了前一辈难以想象的职业成就。如今带孩子的女性攀升到职场最高阶，要比从前容易，因为她们得到了来自雇主和伴侣的大力支持。

我们生活在一个女性很快就能登上月球的时代。等到那一天，希望所有女性不再为处理工作和生活的矛盾而担忧；希望那位女宇航员不必因为焦虑地给孩子保姆发信息而耽搁了自己名垂青史的月球漫步。因为这才是更大的成就——一个女人的一小步，是所有女性的一大步。

---

① Melinda Gates, "Here's Why I'm Committing $1 Billion to Promote Gender Equality," *Time*, October 5, 2019. ——作者注

致　　谢

希拉里·克林顿在她 1996 年的书中写道:"养大一个孩子,需要全村的努力。"

要写一本超能妈妈养育孩子的书,也同样需要许多个村庄的努力。我很幸运地通过不少熟人和亲戚接触到这些"村庄"。

我十分感激 86 位超能妈妈和 25 个女儿向我敞开了心扉,讲述她们的成功与艰辛。她们描绘了一幅幅难忘的画像,展现了两代人在融合工作、生活这一目标上取得的进步。她们取得的成就很快就能激励更多的母亲进入美国企业高层。

哈珀·柯林斯出版社的霍利斯·海姆布奇和丽贝卡·拉斯金给予了极大支持。我的文学经纪人凯伦·甘茨(Karen Gantz)一直坚持鼓励我,将我介绍给甘茨的是白内障专家耶尔·费舍尔(Yale Fisher),他不但介绍我们认识,还拯救了我越来越弱的视力。

这本书得以诞生,我的家人同样功不可没。我的父亲母亲——贝蒂(Betty)和欧文·卢布林(Irv Lublin)在我很小的时候就鼓励我发展充满色彩的创意写作。我的母亲自己就是一位职场妈妈的好榜样。在我的大部分童年时光，她都担任主日学校老师，有时还在公立学校做代班教师。我很敬佩她在1965年带着4个4—16岁的孩子，还能全职教书。我第一次从职场妈妈嘴里听到的那句"我不知道自己是怎么做到的"，就来自我妈妈。2020年春天，在我即将完成本书书稿之际，母亲与世长辞。

我的两个成年孩子，阿布拉和丹也带给我很大的启发。阿布拉对于我们母女关系的深刻见解让我大开眼界，也丰富了我与婴儿潮一代超能妈妈和她们25个成年女儿之间的对话。阿布拉患有一种痛苦的无法治愈的遗传性疾病，她与病痛的抗争启发我在本书添加了第九章"意志战胜病痛"。

她的哥哥丹，是一位支持女性的父亲，他曾两度休产假照顾新生儿。2013年他第一次休陪产假，此举使他成为办公室的带头人。他最近一次休陪产假是在2018年，当时他已是明尼苏达州政府机构的高级领导人。他的妻子是一名企业律师，夫妇二人高度合作，共同抚育3个孩子。

我最感激的人是我的先生、我的爱人、我的知己。这本书经历了漫长的过程得以问世，迈克一直不知疲倦地陪伴在我左右。在我情绪低迷的时候是他让我振作，我碰到的技术问题也是他帮我修复，我初稿的每一章都经他的妙手修改润色。正因为他包容我敏感易怒的自尊心，还帮我巧妙地修改文章，才有了你们读到的这本书。

迈克恳求我："不要在'致谢'这一部分吹捧我啦。"来不及了，我的爱人。我刚刚已经赞美过你了！

附录[①]

本书作者采访的 86 位妈妈和 25 位女儿

在受访的 86 名超能妈妈之中,有 15 位(17%)曾经或正在担任上市公司首席执行官,在表格中已用星号(*)标出。

本书作者采访的第一代超能妈妈

序号	姓名	职位
1	温迪·阿布特(Wendy Abt)	WPA 公司首席执行官
2	谢里尔·A. 巴赫尔德(Cheryl A. Bachelder)*	派派思路易斯安那厨房(Popeyes Louisiana Kitchen)前首席执行官
3	玛丽·L. 巴利沃(Mary L. Baglivo)	盛世长城纽约公司(the New York office of Saatchi & Saatchi)前首席执行官
4	乔安娜·巴什(Joanna Barsh)	麦肯锡咨询公司(McKinsey & Company)前高级合伙人
5	卡罗尔·巴茨(Carol Bartz)*	雅虎(Yahoo!)公司和欧特克(Autodesk)公司前总裁和首席执行官
6	多丽特·J. 伯恩(Dorrit J. Bern)*	购物迷(Charming Shoppers)公司前首席执行官

[①] 本附录根据本书英文版原著附录整理而成。——编者注

续表

序号	姓名	职位
7	凯茜·布莱克（Cathie Black）	赫斯特杂志（Hearst Magazines）集团前总裁
8	黛安娜·M. 布赖恩特（Diane M. Bryant）	新星信号（NovaSignal）公司主席兼首席执行官，英特尔公司（Intel Corporation）和字母表（Alphabet）公司前任高管
9	米歇尔·巴克（Michele Buck）*	好时公司（the Hershey Company）首席执行官
10	希拉·巴克利（Sheila Buckley）	酿酒厂（Distillery）公司高级副总裁
11	贝丝·科姆斯托克（Beth Comstock）	通用电气公司（General Electric Company）前副总裁
12	佩姬·戴奇（Peggy Daitch）	康泰纳仕（Condé Nast）集团前执行副总裁
13	杰莉·德瓦德（Jerri DeVard）	欧迪办公（Office Depot）公司前执行副总裁
14	弗吉尼亚·甘贝尔（Virginia Gambale）	德意志银行（Deutsche Bank）前高管
15	劳丽·安·戈德曼（Laurie Ann Goldman）	新雅芳（New Avon）公司前首席执行官
16	林恩·朱克曼·格雷（Lynn Zuckerman Gray）	雷曼兄弟控股（Lehman Brothers Holdings）公司前高管，"校园童子军"（Campus Scout）组织创始人兼首席执行官
17	明迪·格罗斯曼（Mindy Grossman）*	WW 国际（WW International）集团首席执行官
18	梅拉妮·希利（Melanie Healey）	宝洁公司（Procter & Gamble Company）北美地区前集团总裁
19	彭妮·赫尔舍（Penny Herscher）*	初雨（FirstRain）公司和简答（Simplex Solutions）公司前首席执行官
20	贝齐·霍尔登（Betsy Holden）*	卡夫食品（Kraft Foods）公司前联席首席执行官，麦肯锡咨询公司现高级顾问
21	安娜丽莎·詹金斯（Annalisa Jenkins）	普拉克科技（PlaqueTec）公司前首席执行官和生物科技企业家
22	克丽·乔丹（Kerry Jordan）	多拉齐奥资本合伙人（D'Orazio Capital Partners）公司
23	钟彬娴（Andrea Jung）*	雅芳（Avon Products）公司前首席执行官

续表

序号	姓名	职位
24	玛格丽特·基恩（Margaret Keane）*	同步金融（Synchrony Financial）公司首席执行官
25	梅里利·基克（Merrilee Kick）	波波球预调鸡尾酒/南方冠军（Buzzballz/Southern Champion）公司创始人和首席执行官
26	埃伦·库尔曼（Ellen Kullman）*	3D打印复写纸（Carbon）公司现任首席执行官，杜邦（DuPont）公司前首席执行官
27	梅拉妮·库辛（Melanie Kusin）	光辉国际（Korn Ferry）公司副总裁
28	亚历山德拉·莱本塔尔（Alexandra Lebenthal）	莱本塔尔公司（Lebenthal & Co.）前首席执行官
29	查利斯·洛（Challis Lowe）	共益企业（Beneficial Corporation）、莱德系统（Ryder System）、达乐公司（Dollar General Corporation）前最高人力资源官
30	莉萨·曼（Lisa Mann）	雷恩斯国际（Raines International）猎头公司首席营销官，百事可乐（PepsiCo）全球营养品部门（Global Nutrition Group）前总裁
31	尼娜·麦金太尔（Nina McIntyre）	卓越（ETQ）公司首席营销官
32	霍普·奈曼（Hope Neiman）	蒂尔斯特（Tillster）公司首席营销官
33	玛莎·奥尔森（Martha Olson）	华纳科集团（Warnaco Group）前高管
34	简·帕克（Jane Parker）	奥姆尼康广告集团（Omnicom Grou）旗下健康关系（Interbrand Health）公司首席执行官
35	丹尼丝·拉莫斯（Denise Ramos）*	埃梯梯公司（ITT Corporation）前首席执行官
36	艾达·萨博（Aida Sabo）	百瑞精鼎国际股份有限公司（Parexel International Corporation）多样性和包容性事务副总裁
37	贾娜·施洛德（Jana Schreuder）	北方信托公司（Northern Trust Corporation）前首席运营官
38	劳里·西格尔（Laurie Siegel）	泰科国际（Tyco International）集团前首席人力资源官
39	斯蒂芬妮·松阿本德（Stephanie Sonnabend）*	索尼斯塔国际酒店公司（Sonesta International Hotels Corporation）前总裁兼首席执行官

续表

序号	姓名	职位
40	佩妮莱·施皮尔斯-洛佩斯（Pernille Spiers-Lopez）	宜家家居集团（IKEA Group）前全球首席人力资源官
41	安妮·史蒂文斯（Anne Stevens）*	吉凯恩（GKN）集团和卡彭特技术公司（Carpenter Technology Corporation）前首席执行官
42	简·史蒂文森（Jane Stevenson）	光辉国际（Korn Ferry）公司董事会副总裁和首席执行官
43	约翰娜·托尔松（Johnna Torsone）	必能宝（Pitney Bowes）公司首席人力资源官兼执行副总裁
44	安妮·韦斯伯格（Anne Weisberg）	宝维斯律师事务所（Paul, Weiss, Rifkind, Wharton & Garrison）妇女运动倡议人

本书作者采访的第二代超能妈妈

序号	姓名	职位
1	吉纳维芙·阿伦森（Genevieve Aronson）	尼尔森控股（Nielsen Holdings）公司北美通讯副总裁
2	苏迈娅·巴尔巴莱（Sumaiya Balbale）	红杉资本（Sequoia Capital）公司首席营销官，沃尔玛（Walmart）集团美国地区前副总裁
3	凯蒂娅·比彻姆（Katia Beauchamp）	桦木盒子（Birchbox）公司联合创始人兼首席执行官
4	米图·巴尔加瓦（Mithu Bhargava）	美国计算机服务公司（NCR Corporation）高级副总裁
5	贾内尔·比勒尔（Janelle Bieler）	德科集团（the Adecco Group）美国分部高级副总裁
6	南希·邦格（Nancy Bong）	范达（VanEck）资产管理公司私人银行部门主管
7	埃米莉·夏达克（Emily Chardac）	古根海姆合伙人（Guggenheim Partners）公司前全球人力资源官
8	劳拉·切普卡韦奇（Laura Chepucavage）	美国银行（Bank of America）执行董事
9	卡特·科尔（Kat Cole）	"焦点品牌"（Focus Brands）北美地区总裁兼首席运营官

续表

序号	姓名	职位
10	摩根娜·德万（Morgan Dewan）	美国电话电报（AT&T）公司旗下媒体公司特纳体育（Turner Sports）内容合作部副总裁
11	亚历克西丝·迪雷斯塔（Alexis DiResta）	雅诗兰黛（Estée Lauder）前高管，出发（Away）公司前部门主管
12	劳伦·范宁（Lauren Fanning）	弗里曼公司（Freeman Company）助理法律顾问
13	安妮·格拉纳茨坦（Annie Granatstein）	爱德曼（Edelman）国际公关公司执行副总裁
14	瓦妮莎·哈利特（Vanessa Hallett）	菲利普斯（Phillips）拍卖行全球影像部门主管兼副主席
15	玛丽·汉密尔顿（Mary Hamilton）	埃森哲（Accenture）咨询公司执行董事
16	马莱娜·伊格拉（Malena Higuera）	欧莱雅（L'Oréal）集团旗下"皮肤专家"（Dermablend Professional）品牌总经理
17	萨拉·霍夫施泰特尔（Sarah Hofstetter）	康姆斯克（Comscore）公司前总裁，概要（Profitero）公司总裁
18	林·胡－克雷默（Ling Hu-Kramer）	桥水基金（Bridgewater Associates）公司首席转型官
19	珍妮弗·海曼（Jennifer Hyman）	租赁跑道（Rent the Runway）公司联合创始人兼首席执行官
20	凯蒂·约安尼利（Katie Ioanilli）	拉尔夫·劳伦公司（Ralph Lauren Corporation）高级副总裁
21	林赛·卡普兰（Lindsay Kaplan）	首领（Chief）公司联合创始人
22	邦尼·李（Bonny Lee）	天狼星XM电台（SiriusXM Radio）卫星广播公司金融部副总裁
23	桑德拉·欧琳（Sandra Oh Lin）	基维科（KiwiCo）公司联合创始人兼首席执行官
24	玛丽萨·迈耶（Marissa Mayer）*	雅虎（Yahoo！）公司前首席执行官，雪花（Lumi）实验室联合创始人
25	安·米勒（Ann Miller）	耐克（Nike）公司副总裁
26	凯西·奥沙利文（Kathy O'Sullivan）	安永会计师事务所（Ernst & Young）合伙人
27	艾莉森·兰德（Alison Rand）	视觉（InVision）公司高级总监兼设计运营负责人

续表

序号	姓名	职位
28	吉纳维芙·罗思(Genevieve Roth)	"看不见的手"(Invisible Hand)组织创始人兼总裁
29	丹妮尔·斯卡佐(Danielle Scalzo)	威尔基·法尔·加拉赫(Willkie Farr & Gallagher)律师事务所合伙人
30	米根·施密特(Meaghan Schmidt)	艾睿铂(AlixPartners)集团执行董事
31	史宗玮(Clara Shih)	传闻系统(Hearsay Systems)公司首席执行官
32	朱莉·斯莫扬斯基(Julie Smolyansky)*	来福威食品(Lifeway Foods)公司前首席执行官兼执行总裁
33	达娜·斯皮诺拉(Dana Spinola)	法布里克(fab'rik)公司创始人兼首席远见官
34	梅拉妮·斯坦巴克(Melanie Steinbach)	麦当劳(McDonald's)集团美国区前首席人事官,前首席人才官
35	斯蒂芬妮·斯特拉克(Stefanie Strack)	VIS控股(VIS Holdings)集团首席执行官,耐克(Nike)公司和瑞格布恩(Rag & Bone)公司前副总裁
36	珍妮弗·斯蒂贝尔(Jennifer Stybel)	枢纽风险投资(Pivotal Ventures)公司护理计划战略部门主管,自由意志(FreeWill)公司前副总裁
37	安贾莉·萨德(Anjali Sud)	美国互动媒体(IAC)集团旗下维密欧(Vimeo)公司首席执行官
38	赵人熙(Inhi Cho Suh)	国际商业机器(IBM)公司副总裁兼总经理
39	斯泰茜·覃克(Stacey Tank)	喜力啤酒(Heineken)公司副总裁,家得宝(Home Depot)公司前副总裁
40	卡罗琳·蔡(Caroline Tsay)	电脑软件(Compute Software)公司创始人兼首席执行官
41	海迪·扎克(Heidi Zak)	"三爱"(ThirdLove)品牌联合创始人兼首席执行官
42	塔蒂安娜·兹洛茨基(Tatyana Zlotsky)	美国运通公司(American Express Company)前副总裁,"妈妈的地盘"(A Place for Mom)机构首席营销官

本书作者采访的 25 位第一代超能妈妈和她们的成年女儿

母亲	女儿
温迪·阿布特（Wendy Abt）	埃米莉·阿布特（Emily Abt）
斯蒂芬妮·松阿本德（Stephanie Sonnabend）	安东尼娅·科恩（Antonia Cohen）
约翰娜·托尔松（Johnna Torsone）	凯蒂·柯伦（Katie Curran）
亚历山德拉·莱本塔尔（Alexandra Lebenthal）	夏洛特·戴蒙德（Charlotte Diamond）
乔安娜·巴什（Joanna Barsh）	加布里埃拉·加尔巴斯（Gabriella Garbasz）
简·帕克（Jane Parker）	萨曼莎·格拉迪斯（Samantha Gladis）
林恩·朱克曼·格雷（Lynn Zuckerman Gray）	埃米莉·格雷（Emily Gray）
明迪·格罗斯曼（Mindy Grossman）	伊莱莎白·格罗斯曼-谢尔盖（Elysabeth Grossman-Sirgey）
凯茜·布莱克（Cathie Black）	艾莉森·哈维（Alison Harvey）
梅拉妮·希利（Melanie Healey）	杰姬·希利（Jackie Healey）
彭妮·赫尔舍（Penny Herscher）	梅拉妮·赫尔舍（Melanie Herscher）
安娜丽莎·詹金斯（Annalisa Jenkins）	奥利娃·詹金斯（Olivia Jenkins）
玛莎·奥尔森（Martha Olson）	梅甘·基恩（Megan Keane）
埃伦·库尔曼（Ellen Kullman）	玛吉·库尔曼（Maggie Kullman）
佩妮莱·施皮尔斯-洛佩斯（Pernille Spiers-Lopez）	西内·洛佩斯（Sine Lopez）
查利斯·洛（Challis Lowe）	坎迪丝·洛-斯威夫特（Candice Lowe-Swift）
莉萨·曼（Lisa Mann）	阿丽尔·曼（Arielle Mann）
玛丽·L. 巴利沃（Mary Baglivo）	玛莎·梅格瑞安（Martha Meguerian）
劳里·西格尔（Laurie Siegel）	埃玛·诺索夫斯基（Emma Nosofsky）
谢里尔·A. 巴赫尔德（Cheryl Bachelder）	凯特·巴赫尔德·奥德尔（Kate Bachelder Odell）
梅拉妮·库辛（Melanie Kusin）	埃弗里·罗（Avery Rowe）
霍普·奈曼（Hope Neiman）	亚历克丝·萨科夫斯基（Alex Sarkowsky）
希拉·巴克利（Sheila Buckley）	萨拉·沙克尔（Sara Shaker）
简·史蒂文森（Jane Stevenson）	埃米莉·史蒂文森（Emily Stevenson）
安妮·史蒂文斯（Anne Stevens）	珍妮弗·泽克曼（Jennifer Zechman）